作者简介

胡孝红，男，1968年出生，湖北当阳人，三峡大学马克思主义学院院长、教授，法学博士。长期从事社会管理创新和思想政治教育理论与实践研究工作。近年来，主持国家级和省部级项目6项，出版《社会管理模式创新的法理与实证研究》《各国能源法新发展》等学术专著4部，在《理论视野》等刊物发表学术论文20余篇。

刘明君，男，1962年出生，湖北十堰人，三峡大学政治学与基层政治文明研究中心主任，马克思主义学院教授，湖北省政治学会常务理事。长期从事政治学、马克思主义理论等学科的教学与研究工作。先后主持国家社会科学基金项目"多元化冲突与主流意识形态理性权威的建构"（2004年）、"民主样式的转型与我国乡村群众自治制度的创新研究"(2009年)，出版《当代中国政治文明走向》《多元文化冲突与主流意识形态建构》《民主政治与和谐发展》专著3部，在《江汉论坛》等核心期刊发表《在政治权威与理性权威之间》等学术论文30余篇。

·本书是三峡大学武陵山片区乡村政治治理协同创新中心研究成果·

恳谈民主与乡村政治治理的转型创新

——基于武陵山片区宜昌区域基层民主政治的探索与观察

胡孝红 刘明君 著

厦门大学出版社 国家一级出版社
全国百佳图书出版单位

图书在版编目(CIP)数据

恳谈民主与乡村政治治理的转型创新:基于武陵山片区宜昌区域基层民主政治的探索与观察/胡孝红,刘明君著. —厦门:厦门大学出版社,2016.6
ISBN 978-7-5615-5864-5

Ⅰ.①恳… Ⅱ.①胡…②刘… Ⅲ.①农村-民主管理-研究-中国 Ⅳ.①D638

中国版本图书馆 CIP 数据核字(2016)第 005720 号

出 版 人	蒋东明
责任编辑	甘世恒　邓　臻
封面设计	张雨秋
责任印制	许克华

出版发行　厦门大学出版社
社　　址　厦门市软件园二期望海路 39 号
邮政编码　361008
总 编 办　0592-2182177　0592-2181406(传真)
营销中心　0592-2184458　0592-2181365
网　　址　http://www.xmupress.com
邮　　箱　xmupress@126.com
印　　刷　泉州新春印刷有限公司

开本　720mm×970mm　1/16
印张　14.75
插页　2
字数　250 千字
版次　2016 年 6 月第 1 版
印次　2016 年 6 月第 1 次印刷
定价　60.00 元

本书如有印装质量问题请直接寄承印厂调换

厦门大学出版社
微信二维码

厦门大学出版社
微博二维码

目　录

导　言 …………………………………………………………………… 1
第一章　民主的历史发展与民主样式的转型创新 ……………………… 1
　一、民主内涵与民主原则 ……………………………………………… 1
　二、民主样式的变迁与发展 …………………………………………… 9
　三、我国基层民主样式在政治实践中的不断创造与刷新 …………… 13
第二章　60年来中国农村基层民主的历史演变 ……………………… 23
　一、基层民主的含义 …………………………………………………… 23
　二、新中国成立以来农村基层民主发展的历程 ……………………… 24
　三、60年来农村基层民主发展的趋势 ……………………………… 28
　四、存在的问题 ………………………………………………………… 34
　五、基层民主进一步发展的途径展望 ………………………………… 35
第三章　我国基层群众自治的发展历程与未来走向 …………………… 38
　一、我国基层群众自治理论 …………………………………………… 38
　二、我国基层群众自治的历史发展 …………………………………… 44
　三、我国基层群众自治的现状分析与考察 …………………………… 53
　四、发展我国基层群众自治的对策与展望 …………………………… 63
第四章　"恳谈民主"与基层民主机制的创新 ………………………… 71
　一、农村基层民主机制概论 …………………………………………… 75
　二、作为一种新型基层民主机制的"议事恳谈会" ………………… 82
　三、"议事恳谈会"对基层民主机制的创新 ………………………… 89
　四、"议事恳谈会"发展过程中存在的问题及思考 ………………… 95
　五、和谐农村视野下基层民主机制的创新 …………………………… 106
第五章　协商民主视角下基层群众自治的完善与发展 ……………… 118
　一、理论脉络：协商民主学说及其在中国的发展 …………………… 118
　二、现实瓶颈：协商民主视角下基层群众自治困局 ………………… 128

三、民主恳谈:协商民主视角下基层群众自治的样式创新……… 140
四、未来方略:协商民主视角下基层群众自治的完善与发展……… 155

第六章　新时期党内基层民主建设的探索与实践……… 167
一、党内基层民主的基本内涵、特征和功能……… 167
二、中国共产党党内基层民主建设的历史进程……… 171
三、新时期党内基层民主建设的新要求……… 175
四、宜昌市党内基层民主建设的探索和实践……… 179
五、宜昌市党内基层民主建设的启示和存在的不足……… 184

第七章　改革开放以来我国乡村民主政治发展的困境与对策……… 191
一、改革开放以来我国乡村民主政治发展的历程及成就……… 191
二、乡村民主政治发展中存在的困境及原因分析……… 197
三、推动我国乡村民主健康发展的主要对策……… 208
四、新时期中国共产党党内基层民主创新与发展的对策分析……… 217

参考文献……… 221
一、中文类……… 221
二、英文类……… 227

后记……… 229

导　言

当下,中国民主政治在机遇与挑战面前健步前行,公民政治参与从表层走向深入,基层民主样式在政治实践中不断创造与刷新,政治文明发展成果逐渐显现。

将"基层群众自治制度"首次纳入中国的政治制度范畴,这是我们党不断推进政治制度自我完善与发展的生动体现。基层民主必须作为发展社会主义民主政治的基础性工程重点推进,"实现政府行政管理与基层群众自治有效衔接和良性互动",这进一步凸显了基层民主的重要性。经过长期的发展,中国基层群众自治制度体系已基本确立,组织载体日益健全,内容不断丰富,形式更加多样,城乡基层群众自治正在社会主义民主政治建设中发挥着越来越大的作用。基层群众自治制度作为中国政治制度的一项基本内容,必将产生深远的影响。

近十多年来,我国基层群众自治制度不断完善,国内外学者关于基层群众自治制度的研究不断深入。学者们对中国农村基层群众自治制度的研究,主要是根据国家基本法律和地方法规,结合各地的实际经验进行个案研究,总结各地在实施基层群众自治制度中形成的特色。有代表性的成果包括:徐勇《中国农村村民自治》,温铁军《半个世纪的农村制度变迁》,贺雪峰《村民自治的功能及其合理性》,党国英《乡村民主政治的重要发展》,李凡《中国基层民主发展报告》等。另外,一大批学者在基层群众自治制度的研究方面也取得了可观的成果。

基层群众自治也引起国外学者的关注。主要有欧博文(O'Brien)、弗里德曼(Freedman)、柯丹青(Kelliher)、赵寿星(Cho soo-sung)、李连江、徐斯俭、舒伯特(Gunter Schubert)等人。他们多从国家减轻财政压力、降低治理成本、国家与社会分离等理论视角进行分析。邱越伦(Allen C.Choate)从功利主义角度评价基层群众自治,他在《中国的地方治理》中认为国家实行基层群众自治是为了举旗帜、树样板。另外,Jude Howell将基层群众自治看作一种手段,目标是实现经济发展、政权合法化和社会秩序,而不是民主过程或民主制度本身的优点。李连江、柯丹青、郭正文（F.W.Crook）等则基本上一致承认，基层群众自治制度实施的重要意义在于有利于推动中国政治的民主化进程。总之，国内外学者们在中国基层群众自治制度方面的研究成果对于我们深入探讨我国基层群众自治制度提供了广阔的背景，具有重要的参考价值。

目前，我国乡村民主政治建设中的创新模式不断出现，如"两票制""村民联合提名""三上三下"等选举模式，"海选"也在全国得到普遍推广。近年来，武陵山片区宜昌区域则全面推行了以"两推一选"制、"交叉任职"制和"议事恳谈会"为主要内容的"两制一会"。尤其是"议事恳谈会"这一新型的基层群众自治制度和民主样式，使基层民主管理、民主决策和民主监督在民主选举的基础上进一步得到落实。它不仅调动了村民的民主参与热情，而且解决了和谐农村建设中的许多现实问题，取得了比较好的成效。对武陵山片区宜昌区域"议事恳谈会"进行探讨的文章不仅有政府部门的报道，也有学者的专论，如邹正金《关于村级民主制度建设的实践与思考》（《改革》2003），易正春的《议事恳谈会：扩大基层民主的一种新机制》（《学术探讨》2003）。但是，学界把"议事恳谈会"作为我国新时期一种新的基层群众自治制度和民主样式来做定性研究还比较少见，而且对于"议事恳谈会"这一富有成效的新的基层群众自治制度和民主样式的特点、问题、意义、功能和前景等，学界的探讨也并不充分。

当前，在建设社会主义和谐社会的伟大征程中，建设社会主义新农村的首要任务应该是在推进农村物质文明建设的同时，寻求新农村基层民主政治尤其是基层群众自治制度及民主样式的进一步转型与创新。由此，根据马克思主义历史唯物主义的基本观点和我们党关于新时期社会主义和谐社会和新农村建设的基本要求，结合"议事恳谈会"的伟大实践，深入探讨如何创新基层群众自治制度和民主样式，建设乡村政治文明，就具有十分重要的理论价值和实践价值。

在我国经济社会发展战略的整个架构中，武陵山片区作为一个特定意义的区域，具有特定的和重要的发展价值和研究价值。近年来，武陵山片区宜昌区域伴随着中国政治的改革与发展，在基层群众自治制度和民主样式建设等方面都取得了长足进步，特别是十六大前后，武陵山片区宜昌区域在农村大力推行了以"议事恳谈会"为主要内容的基层群众自治制度和民主样式，极大地推动了本地区的政治文明建设和经济与社会发展，在湖北乃至全国产生了较大的影响。近年来，武陵山片区宜昌区域推行"议事恳谈会"的事件已被中共中央组织部、宣传部《党建研究》《湖北日报》等媒体宣传报道，但对这一特定区域的有代表性且具有推广价值的基层群众自治制度和民主样式建设个案,学界还没有进行系统的研究和把握,对其间的启示和意义还没有从学理上进行梳理和挖掘。这给我们的课题留下了拓展的空间。

本书立足于武陵山片区宜昌区域乡村政治发展的历史传统和现实状况,根据马克思主义的基本观点和我们党关于社会主义和谐社会及社会主义新农村建设的基本要求,拟通过对武陵山片区宜昌区域"议事恳谈会"的考察,深入分析和探讨我国群众自治制度和民主样式建设的成就和面临的问题,以期梳理出武陵山片区宜昌区域基层群众自治制度和民主样式建设的基本路径和价值取向,从而为武陵山片区宜昌区域的经济、政治与社会发展服务,为我国基层群众自治制度和民主样式的创新与乡村政治文明建设提供具体的和个案性的参照模式。

需要特别说明的是,本书著述时间为2012年前,故十八大以来一系列重要文献和相关资料,未纳入本书内容中。未来笔者将深入研究我们党的最新理论成果,助推基层民主自治制度和乡村政治治理研究向前发展。

第一章
民主的历史发展与民主样式的转型创新

政治的嬗变与演进是人类不断追求并达成公平正义、民主法治和社会和谐等目标体系的艰难过程。在这一过程中,从古希腊民主政治的发端到近现代以来各种政治安排与制度设计构成了人类政治智慧的不朽篇章,展现出民主的历史发展与民主样式转型创新的壮丽图景。

一、民主内涵与民主原则

(一)民主的内涵

一般认为,民主制度起始于古希腊时期,被理解为"人民统治",用中国人的话语来表达就是"人民当家做主"。希腊人在两种不同意义上使用"demos":通常它指整个公民团体,即全体希腊人。在民主城邦里,公民大会正式决议开头一句话就是"The demos has decided"(人民决定)。"demos"在这里就指公民集体。但有时它也指普通民众(the common people)或者穷人。在平民看来,民主政治的特点在于其全民性,而反对民主政治的贵族则强调其穷人或平民掌权的一面。由于普通民众从贵族手中夺取了政府的控制权,所以,在古希腊,贵族出身的哲学家和历史学家如柏拉图和亚里士多德等人都把民主视为"暴民政治"或"愚民政治"。不管怎样,古希腊时期民主的含义是清晰的,即民主仅仅指一种最高权力属于政治共同体全体成员的城邦政体形式。如今,随着民主理论和民主制度的不断完善和发展,现代意义上的民主已经不仅仅是一种国家权力产生权力结构和公民权利保护的国家制度,也是一种公民充分享有自由,广泛参与社会和公共事务决策管理的政治权利。

第一,民主作为一种政府形式,遵循多元化,可以反映各种不同的政治、社会和文化卫生特点。公民有法律保障和平等表达意愿的机会,多元主义,其政治过程是建立在众多交互重叠、自愿组织起来、自治的私人团体之上的。民主制避免使政府权力集中在某一个人或者某一个机构手里，也使得中央政府具有至高无上的权力，地方实行一定的分权和自治，地方政府必须是对人民开放和对人民负责的。

统治者在公共领域中的行为要对公众负责，这种负责是建立在定期选举的、全体公民自由参与的、公开和公正的选举基础上的。它以多数决定同时尊重个人和保护少数人的权利。民主政府充分尊重人民的选择，并在各个政府和非政府的层面上，只要涉及人民利益的决策，都要充分保证人民的知情权和参与权，由人民进行充分协商后再作出决定。民主政府遵循法治，遵循法律的正当程序，公民权利受司法的有效保护，为此实行的是司法独立，独立的、职业化的法官可以自主地依法作出裁决。

第二，民主作为一种公民权利，包括自我权利和社会权利两个部分。自我权力就是每个人有权在"个人愿望的实现过程无损于他人"这一原则下，实现个人愿望的权利，主要包括以下几个部分：一是人人享有实现生存愿望的权利；二是人人享有实现物质愿望的权利；三是人人享有实现精神愿望的权利。

社会权利就是每个人基于合理实现个人愿望的要求，监督和控制社会组织管理过程，促使人人遵守"个人愿望的实现过程无损于他人"这一原则的权利。每个人的社会权利主要包括以下几个部分：一是每个人有权享有国家组织管理对其生命的保护，避免受到他人的伤害，有权要求管理机关消除自然灾害和人为伤害。二是每个人享有国家组织管理，对其物质愿望实现过程给予保护的权利；有要求消除限制和损害行为的权利；有要求国家管理机关，组织和引导自己实现物质愿望，并提高物质愿望的实现程度的权利。三是每个人享有国家组织管理对其精神愿望实现过程给予保护，人们在"个人愿望的实现过程无损于他人"这一原则下的精神生活，不受限制和约束。四是人人享有受教育，不断提高自身素质的权利。五是每个人按照自己合理实现个人愿望的要求，有评价和监督官员管理行为的权利，对管理不力、管理不当、损害行为，公民有批评和提请罢免的权利。六是每个人有在"个人愿望的实现过程无损于他人"这一原则下的言论、出版、集会、结社、游行、示威的权利。七是每个人有人身自由不受侵犯的权利。任何人只要没有为实现个人愿望而损害他人的行为事实，不受谴责，人身自由不受限制。

第一章 民主的历史发展与民主样式的转型创新

(二)民主的原则

伴随着民主理论与民主实践的不断发展,民主原则的内容也在不断发展和充实。在现代国家,尽管存在着不同民主政体,但是民主政治制度有其三大原则业已成为共识,即多数原则、程序原则、少数原则。这三大原则,也是民主的三大构成要素,并且各原则要素之间相互依赖,相互影响,缺一不可。

第一,多数原则。"主权在民"或"人民主权"作为民主的要义,强调由全体人民当家作主,来管理国家事务。但在现实中,不可能也做不到由人民中的每一个人都来当家作主;人民群众的利益和要求也是多元化的,不可能完全一致。多数原则,即少数服从多数的原则,是指民主政治这种人民的统治,是人民中多数人的统治,是按照多数人的意志来决定政府的组成和决策各种公共事务,是按着多数人的意愿作出最终的选择和裁定。归根结底,民主没有表达也不可能表达全体社会成员的意志,民主只是表达了"人民"的意志,甚至于民主也没有表达全体"人民"的意志,民主仅仅是表达了"人民"中多数人的意志。多数原则是民主的实质、灵魂、核心和精髓所在。没有多数原则,就没有民主。常态下的民主政治行为中,能否服从多数,是有没有民主意识和民主意识强不强的集中表现。如果多数服从少数,甚至由一个人说了算,那是家长制,是专制,是独裁,根本谈不上民主。

多数原则通过将发言权授予每一个人,将多数人的共同选择作为指导社会行动的依据,保证由之产生出的政策更为科学合理,具有合法性。正是因为社会所面临的问题错综复杂、变幻无穷,而每一个人的知识结构和实践经验又都是极其有限的,在一般情况下,多数人的意见往往比少数人的意见更可取。多数原则的合理性就在于此——它不仅能正视个人能力的不完善性,而且为克服这种缺陷提供了适当的途径。因此,相对于多数原则而言,将决策权集中到少数人手中,就更不可能是一种解决问题的正确方法。在当代民主制度中,作为民主政治的灵魂,多数原则无疑是实现社会公共利益最少弊端的决策方式,也是实现多数人意志和利益的一种不可或缺的最基本的手段。

承认多数原则的合理性,并不等于说任何一个"多数"的存在都必然是完全正确的。在现实的民主政治实践中,有着各种各样的"多数",而不同性质的"多数"在政治生活中的作用也大相径庭。因此,我们应该正确理解"多数"的内涵。首先,"多数"是开放的,因为民主制度作为调节社会关系的一种方式,它必须涵盖社会的所有阶级、阶层及其个人,不能以任何方式排除任何特定集团的人士在民主的保护范围之外。多数原则只是决策原则,而不是统治原则。民主社会的统治者只能是全体人民。其次,"多数"又是流动的,因为作为社会决定力量的"多数"不是特指的和固定的,而是在不同时期、不同条件下,由不同的阶级、阶层或利益集团所构成。今天处于少数的人,明天则可能成为政治决策的多数,这样,每个人实际上都轮流处于多数和少数的地位。这种地位上的变动,驱使现实的民主政治制度必须界定和保护少数权利,以形成对多数行动范围的约束和限制,使多数不能享有绝对的和无限的权力,在某些情况下多数必须受到少数权利的制约。最后,"多数"应该是自律的,一个自律的民主政治制度,才不会偏离民主的航道,演变为另一种形式的暴政或专制。

第二,程序原则。民主作为一种多数人的、有理性的政治活动,它必须受到人们预定程序规则的约束。所谓程序原则,就是指民主政治的运行,无论是选举还是决策,都必须有预定的、可遵循的程序和规则。这种程序和规则,大多是由宪法和法律来规定的,一旦确定,不能随意更改;多数人的意志的表达、修改错误的决策都要依照法定程序和规范来完成。这些程序、这些规则,本身就是民主制极其重要的内容,谁破坏了这些程序,谁破坏了这些规则,谁就是在破坏民主制本身。这就是民主的制度化、规范化、程序化。

程序既然是预先规定的,一旦确立,它就具有相当的独立性、稳定性和客观性。其涉及的就不是一个人,而是一批人;在程序运行过程中,人和人之间的关系,就不是地位悬殊的上下级关系,而应是平等的关系。由于程序的实现过程是一批人平等操作的结果,这就在很大程度上避免了"长官意志"和"个人说了算"的家长式管理,同时也起到了对权力的制衡和分解作用,从而避免和减少了政治权力的随意性。

一种成熟的民主政治制度,其预定的程序必须法律化,并在全社会树立其权威,独立发挥其作用和价值。这种价值在于,只有按照法定的程序规则去做,民主政治目标才有实现的最大可能性。

第三,少数原则。在历史上和现实生活中,大至一个国家,小至一个团体,不难见到多数人通过某种合法而没有适当矫正措施的民主程序,去损害少数人或个人的合法权益的事实。因此,在建立民主制度和设计民主程序时,如何做到既要体现多数裁决的原则,又要防止多数人享有绝对权力,保护好少数人的正当权益,是我们民主政治建设面临的一个非常重要的课题。所谓少数原则,就是在少数服从多数的前提下,多数必须允许少数保留自己的不同意见,多数必须保护少数的正当的权益,决不能因为是少数,因为有不同的意见,而

第一章　民主的历史发展与民主样式的转型创新

对少数加以歧视，更不能加以镇压。没有这一条，民主就是不完全的。因为在任何一个按照多数裁定的社会中，都面临着一个多数如何对待少数的问题；多数和少数，这是任何民主制度所无法避免的。换一句话说，民主实际上就是多数和少数的矛盾运动；同没有多数一样，没有少数也没有民主。随着民主程度的提高，少数原则在今天的政治实践中，越来越被重视。

一般认为，民主的价值就在于它能够集中多数人的智慧和意志，保证决策的科学性。的确如此，但是也要看到，在实践中，决策的正确与否，并不总是必然地与多数认同的意见完全地联系在一起。当真理不是掌握在多数人手里的时候，民主就不得不去服从错误。这就是说，民主不必然意味着都是正确的，民主也可能造成错误；在民主造成错误的情况下，少数服从多数就变成了少数服从错误。当错误的决定一旦被发现，民主可以通过预定的程序加以纠正。这就是说，既然是搞民主，如果多数错了的话，就要允许少数指出多数的错误，少数有权利要求多数改正错误。民主不是不犯错误，相比之下，在民主下面犯错误的可能性比在专制下面小得多，就是犯了错误，也比在专制下面更容易得到改正。民主保留了少数原则，就保留了决策的连续性，就不可能把错误的决策推向极端，造成大规模的长时间的灾难。

表面看来，多数的意志由于受到少数权利的限制而不能完全实现，仿佛是对民主原则的否定。但从更深层的意义上看，这种限制由于不是居于专制地位的固定的少数对多数的限制，是多数为保护其成员的正当权益不受侵害而施行的一项防范和救济措施，是一种基于多数同意而实行的自我限制。因此，这种限制，实际上是民主原则所采取的一种更高层次的自我实现方式，是真正的多数得以产生的必要条件。社会生活的复杂性和利益关系的多样性，朋友和对手不可能总是同样的组织或个人，人们在不同的决策过程中所做出的选择不可能完全一致。如果将社会的利益群体加以凝固，不允许各群体中的人自由选择自己的同盟者，实际上就等于剥夺了社会上大多数人对于自己利益的合理追求，从而也就无法使民主的多数原则得到真正的实现。因此，如前所述，为了防止这种情况的发生，多数就不能是特定的和固定的。而要使多数与少数之间能够自由转换，就必须建立起尊重和保护少数的机制。只有少数的权利得到有效的维护，多数的决策才具有真实性和合法性，也才能得到社会全体包括少数的尊重与服从。

(三)民主的价值

世界上没有完美的制度,民主也不是万能的,但却是迄今最不坏的制度。正是因为民主的特殊功能与政治价值,它已经成为全世界国家和人民所追求的共同目标。

第一,民主可以保障公民的自由和平等。自由是指人的一切合法行为的自主权,平等是指人的权力相同、机会均等。自由和平等是人类最基本的权利,民主是这一权利的保障机制。民主的目的就是保护人权。没有民主权利,即使有最好的衣食住行,人类的人格也是不完整的。在专制社会,人被分成不同等级,各级官僚都有大小不等的特权,而广大民众则地位最低,个人自由、平等没有保障。在专制所产生的种种不公平制度下,处处都充满了矛盾,社会问题层出不穷,良知在遍地贫困饥饿、疾病死亡、失学失业、贪污腐化、暴力谎言等中泯灭。民主社会的出现则打破了这种森严的等级,由于实行了民主,权力受到公民制约,人人平等享有言论、出版、结社、宗教信仰、选举与被选举的自由。

第二,民主能够提升公民的道德素质。专制体制下的权力不存在实质性制约,因此当权者人性的丑恶会肆意释放,极大败坏社会道德。专制下的官员以自己的权位为根本,以上级满意和赏识为中心,相互间是一种控制与被控制、算计与被算计的动物性关系,他们的人性是阴暗的,虚伪阴险、讲究城府、明哲保身、言而无信、欺上瞒下等扭曲人性的东西普遍存在。人性的种种丑恶都是专制带来的恶果。在专制社会,长官意志决定一切,人性在私欲的吞噬下逐渐泯灭,兽性在贪婪的诱惑下不断萌发。整个社会良知泯灭、道德沦丧、教育畸形、文化凋零、特权当道、暴力横行、谎言充斥、正义失落,真被假遮掩、善被恶欺凌、美被丑扭曲。与专制相比,民主政治能充分体现人权、人性、博爱、宽容,实现人人平等相处、公平竞争,容易培养人的诚实、正直、坦荡、勇敢、务实、负责、宽容的品质,提高人的素质和全体国民的道德文化水平。邓小平曾经说过:"制度好可以使坏人无法任意横行,制度不好可以使好人无法充分做好事,甚至会走向反面。"[①]

第三,民主能转变成巨大的生产力。一个国家的创造力根源于每个公民之中。民主保障了每个人的自由,每个人的思想、智慧、创造力等能得到很好

[①] 邓小平:《邓小平文选》(第二卷),人民出版社2002年版,第333页。

第一章　民主的历史发展与民主样式的转型创新

的发挥，所以民主是最大的竞争力、最大的创造力、最大的生产力。而专制国家，由于没有民主，没有自由，人们难以有独立思想，灵感被窒息，个性被压抑，不能发挥创造性和聪明智慧，社会没有发展进步的动力，所以没有民主的国家，是缺乏创造力的国家。事实上，民主国家与专制国家的生产力发展水平形成鲜明对比，最明显的是韩国与朝鲜以及当年的联邦德国与民主德国等。一样的文化，一样的人民，一样的财富基础，因采用不同的政治制度，生产力发展却天壤之别。

第四，民主可以限制腐败。一个没有民主的国家犹如一个滋生腐败的温床，民主制度是限制腐败的唯一手段，正如金大中总统所说：民主是维护人性尊严的绝对保证，也是维护经济发展和社会公平正义的唯一道路。专制国家的官员必然腐败，因为官员是钦定的，为了维护特权，各级决策者必然从保护个人和小集团的利益出发，这样便形成了一个腐败的连锁效应。专制下的反贪也没有真正意义，被反出来的贪官不过是权力较量下的失败者。所以，专制与腐败是一个硬币的两面，政治学的第一原理——绝对的权力导致绝对的腐败。民主选举和监督是解决这一痼疾的不二法门，只有民主竞选、民主监督，官员才会真正代表选民的利益，官员的权利行为才会得以约束和限制。诚然，任何制度下都有腐败，但民主国家出现的是个体腐败而非集体腐败，即使出现个体腐败，人们也可以通过一些民主参与的途径及时揭露，并通过选举把他更换下去，这样腐败可以及时得到有力的遏制。

第五，民主有利于国家长治久安。在专制国家，统治集团内部的权力之争常导致国家动荡；专制者依靠暴力夺取政权，依靠暴力维护政权，常导致大规模的政治暴力。而在民主国家，权力互相制衡，利用军队的国家化来维护国家的统一，利用强大的独立司法体系来体现民主意志，所以很少出现大规模的国家动荡。民主国家的稳定是建立在公民享有各种权利的基础上的，对于民众而言可以充分地表达他们对政府的批评甚至反对的立场，而不必担心受到肉体和精神上的报复。对于政府而言，则受制于法律和公民的严密监控，不能为所欲为，只能顺从法律和公民的主体意志，稍有偏差，就要备受责难甚至马上下台。因此民主国家很少出现因治者犯大错而带来国家的巨大灾难，更不会出现政治集团内部残酷争夺。

（四）影响民主发展的基本变量

民主有时可以完全成功，有时也可以完全失败。能取得何种程度的成功，需要取决于实行民主必须具备的各种因素。这些因素既是多种多样的,其发展的程度也各不相同,但无疑都影响着民主的成效。

第一,物质基础。实行民主管理要取得一定成效,物质条件必不可少。这些物质基础主要包括以下几点:(1)地理环境。民主,尤其是在政治领域,要求有使全社会成员普遍参与的地理环境。一方面是自然环境、气候地形一定不要为参与带来大的障碍;另一方面运输系统、交通等必须加以发展,以利用有利的自然环境,克服自然障碍,以利参与。高大的山脉、宽广的河流在历史上是形成社会自然环境的天然界限。当技术尚不发达时,超越此种界限的社会,很少能保持民主。随着交通运输体系与电子通信的发展,各种地区都有可能连为一体,然而部分地区条件相对恶劣,由于人口的众多、道路港口的缺乏、山脉沙漠的障碍、运输的落后,仍制约着民主的发展。(2)设施条件。民主要求通过具体设施以便进行有效的参与。这些物质意义上的设施包括票箱、公文柜、议会会址和办公室等。并且还需要对这些设施进行经常性的维修和管理。无数的琐事需要照料,一切都需要花费时间、精力和金钱。在小的国家中这些设施的需要可能是微不足道的,而在大的国家中,可能需要巨额的开支,民主社会必须有能力并且愿意支付这些开销。如果民主的设施条件不完备,必将会降低参与的宽度与广度。(3)经济福利与平等。社会成员如果不享有最低限度水平的物质福利,任何社会也不能指望长久维持自治。[①] 人们只有获得物质上的满足,不为生计奔波,不为疾病缠身,才有多余的精力去参与民主。如果群众中大多贫困潦倒,指望这样的群众实行真正的民主简直就是天方夜谭,他们主要关心的只是自己或者家庭的生计问题,这种情况下是不可能产生有生气的民主的。另外,经济平等也是影响民主发展的一个重要变量。当然,长期的经验证明,经济的绝对平等是不可能做到也是不利于社会发展的,但是当经济严重失衡时,也将不利于民主,因为严重的失衡必然会使许多人的参与失真,导致少数人凭借拥有的巨额财富操控另一些相对贫困的人。

第二,智力支持。民主的发展离不开一定的智力支持,即公民理性能力中有可能用于处理社会管理中一般问题的那些能力。培养公民的理性能力,成功地指导他们直接或者间接地参与公共事务,首先需要提供信息,使社会公民能够根据这些信息采取明智的行动。面对社会管理中需要解决的问题,需要将反映事实的材料准确、完整地呈现出来,并就材料内容进行翔实、充分的解

---

① [美]卡尔·科恩:《论民主》,聂崇信、朱秀贤译,商务印书馆2005年版,第110页。

第一章　民主的历史发展与民主样式的转型创新

释,使民众可以做出有理有据的正确判断。如果缺乏必要的信息,或以欺骗性、片面性的材料为依据,必将造成民主的失败。其次是公民教育,使之能有效地使用所提供的信息。民主国家对其社会成员有较高的文化素质要求,只有具备一定的文化素质,才能知道如何解决社会的所有问题,判断别人提出的解决方法是否合适。学习历史、欣赏文学作品、鉴别艺术、了解哲理、掌握科学,所有这些都是人民管理好自己的事务时所必须具备的基本素质。最后,沟通协商,以合作的方式解决社会问题。随着社会的多元化发展,有效的民主管理,不仅要求独立的思考,也要求合作地运用事实和意见,以满足社会中冲突的、重叠的、形形色色的需要和利益。这就需要社会成员必须持续不断地交换意见,把各种思想和建议在彼此之间相互传播。因此交流的思想与沟通的技巧对民主参与有着重要的影响。

第三,法制保障。"任何真正的民主政府都必须在宪法中加以保证,无需更进一步的保障。"①在实行民主的社会中,某些原则必须以法制的形式加以确认与规定,以保证允许并保护公民从事参与社会管理。民主国家的宪法为了保证所有公民可以自由地从事某些行动,并保证和保护这种自由。这种自由一方面表现为政治自由,即从事自治引起的各种事务的自由。这些自由包括公民在社会管理中的自由参与——议会和使用某种手段以表示自己的意见——自由的投票。另一方面表现为言论自由,包括建议的言论与反对的言论。只有将这些自由给予法律意义上的庇护和保障,公民才能够自由地参与公职候选人的投票,才能自由地竞选,自由地投票、发表建议或提出反对意见而不必担心受到报复等。

二、民主样式的变迁与发展

（一）古代民主——直接民主

古代民主制奠定了民主的基本内涵,即"人民的权利"或"人民的统治"。它是一种简单直接的民主样式,人民既是统治者,又是被统治者。古典民主可以被看成这样一种体制,它力图使不同背景和属性的人们能够通过政治的互动作用来表达和交流他们对善的理解。它要求各项决策和法律建立在信服的

---

① [美]卡尔·科恩:《论民主》,聂崇信、朱秀贤译,商务印书馆 2005 年版,第 125 页。

基础上，而不是仅仅建立在风俗、习惯或者武力的基础之上。国家的法律也就是公民的法律，法律面前人人平等。

第一，古代民主产生的背景。从公元前800年到公元前500年，城市文明在希腊世界慢慢形成。此时许多联系紧密的小型社区环绕在海岸线上，土地的开发和海外贸易的发展促进了这些具有特殊地理优势的沿海城市的繁荣发展。专制制度下的希腊，拥有大量的财富的特权阶层与贫困阶层矛盾不断加剧，社会斗争此起彼伏。而妥协则成为维护权利平衡的办法，并由此促成了由中小所有者组成的社会共同体的形成；同时也加强了中小农场主经济上的自主性。他们成了可以与特权阶层抗衡的社会力量。随着奴隶制的扩大，在数量上不断增长的独立公民的活动范围也在急剧扩大。希腊城市社会获得越来越多的认同和巩固，民主政体在雅典很快形成。

第二，古代民主的主要特征。对古代民主最杰出的描述来自于亚里士多德的《政治学》，该书指出：民主制度的一个基本原则就是自由。为了实现自由而"轮流地统治和被统治"，公民应该享受政治平等。基于此点，古代民主具有如下特点：(1)公民直接参与立法活动和司法活动。(2)公民大会是最高的权力机构，由全体公民组成。(3)最高权力的范围包括城市所有的公共事务：维护公共秩序所需要的法律结构、财政和直接税收、流放问题以及外交事务。(4)公共职务候选人具有多种选择方法，包括：直接选举、轮流执政以及抽签或抓阄。(5)普通公民与公共官员所享有的特权没有区别。(6)除了与战争有关的职位以外，同一个人不能两次以上执掌同一官职。(7)没有一个官员可以永久地保存他的官职，所有的官职都是短期的。(8)出任官职需要支付一定的费用。

第三，古代民主的主要缺陷。在这种古典民主样式下"政事裁决于大多数人的意志，大多数人的意志就是正义"①。尚无议会等复杂的机构，作为国家权力的立法、行政、司法的各项职能，还未有相应的机构分别行使。特别是对于重大国事是由多数人说了算，少数人的意见不但得不到保护，反而会遭到忽视和惩罚，并由此引发了历史上一系列冤案或错误决策。这种只遵循多数原则而没有少数原则的极端民主化倾向，是直接民主的明显缺陷，最终导致这一民主样式在历史的进程中衰落下去。

古代直接民主的消亡，给人类文明留下了永久的痛，也留下了深刻的教训："由全体人民掌管的政府，如果成为人数最多、最有力量的阶级的政府，便

---

① [古希腊]亚里士多德：《政治学》，吴寿彭译，商务印书馆1982年版，第312页。

第一章　民主的历史发展与民主样式的转型创新

是与纯粹的君主制性质相同的一种邪恶。民主制需要制度来保护自己免受自身的危害,保持法律制度的持续性,不为公众意见反复无常的激情所左右。"①

(二)近代民主——代议制民主

近代民主是对古代民主的超越,是建立在自然法、社会契约和天赋人权等原则基础上的代议制民主。代议制民主已经不同于古典时期"多数人统治"的直接民主样式,而是把民主制建立在一种复杂的政治权利构架上。代议制民主以平等、自由选举为基础,遵循一些原则:人民主权、多数人的统治;民主需要精英治理,以防止多数人的平庸,因而对多数人权力实行分权和制约;民主必须是权力分散和多元化的。这种民主样式就是人民通过普遍选举产生属于人民主权的政府,政府实行分权统治、相互制衡,以防止权力的滥用和多数人或任何人专断的政体。

第一,近代民主产生的背景:随着地域狭小的城邦国家演变成地广人众的民族国家,在实践上已经行不通人民主权论要求的人民当家作主。到18世纪末,资产阶级反封建、要求独立的任务已基本完成,资本主义各国面临着如何巩固资本主义制度、发展资本主义经济的新任务。作为资本主义辩护理论的自由主义占据了19世纪政治思潮的主流,成为资产阶级维护政治统治、稳定社会、发展资本主义的思想武器。随着自由主义在政治生活中的不断巩固,它的原则日益扩大到经济领域,倡导经济自由、竞争自由,主张国家不干涉经济生活和社会生活,赋予个人以更大的活动余地。19世纪早期,与自由身份联系在一起的公民权利已经获得了足够的内容,并且,当政治权利开始出现的时候,其意义并不在于它创造了新的权利以充实已经为所有人享有的身份,而在于它把一些既有的权力授予了更多的人。在公民作为政治权力实体的成员参与行使政治权利的同时,"民众"或者说"暴民"等词汇开始被普遍使用。19世纪大众政治运动和选举权的扩张引起了自由主义者的恐慌。代议制民主理论大师密尔指出"既然在面积和人口超过一个小市镇的社会里除公共事务的某些极次要的部分外所有的人亲自参与公共事务是不可能的,从而就可得出结论说,一个完善政府的理想类型一定是代议制政府了"。②

---

① [英]阿克顿:《自由的历史》,王天成、林猛、罗会钧译,贵州人民出版社2001年版,第13页。
② [英]J.S.密尔:《代议制政府》,汪瑄译,商务印书馆1982年版,第55页。

第二,近代民主的主要特征:代议制民主是一个极为复杂的民主样式,它的出现使近代民主制演绎出某些新的特征:(1)普选制的诞生。享有公民权的选民定期选举自己的代表或国家元首,委托其组织政府,依法管理国家。(2)近代政党的问世。议会是不同阶级和具有不同政治倾向的代表的集合体。面对重大问题必然分为不同的派别,如英国早期议会中的托利党与辉格党。议会是各党派斗争的主要场所。后来各党派活动又扩展到社会。政党在议会内外各领风骚,成为政治舞台上的主角。(3)政府权力和平有序地交接成为可能。政党的功能主要在于竞取国家权力,入朝执政,并通过大选中的竞选来实现,从而被认可为合法政府。(4)政党有了朝野之分,多数派与少数派之别,并且不是相互更换角色。作为少数派的在野党的合法存在,并保有其合法权利,是近代民主的一项"神圣的原则"和突出成就。考茨基就此认为:"保护少数派是民主发展的必不可缺的条件,其重要性并不亚于多数派的统治。"(5)资产阶级改造并控制议会之后,使议会成为与行政机关抗衡的机构,拥有立法、监督等职能,加之司法独立原则的确立,三权分立和相互制衡的权利结构成为近代民主政权组织的基本原则。

第三,近代民主的主要缺陷。在资本主义国家民主政治的现实发展告诉我们:启蒙思想家所追求的理性王国不过是资产阶级的理想化王国。他们所提出的关于自由、平等、民主等人的基本权利,在现实中几乎成了资产阶级的专利:自由在挣脱人身束缚的镣铐后转变为贸易自由、劳动力买卖自由以及一定的言论出版自由;平等也主要表现为每个财产所有者都平等地受到法律保护,这却是资本主义私有制,是资产阶级的美丽外衣;民主不过是资产阶级的政治统治。建立在资本主义私有制基础上的民主制势必造成这一矛盾:形式上的平等和事实上的不平等,富人和穷人不平等前提下的平等。与此同时,无产阶级也登上了历史的舞台,近代资产阶级代议制民主对无产阶级的重要意义在于当资产阶级掌控国家政权时,无产阶级可以利用其民主制的形式进行公开、和平、合法的斗争。19世纪,两大阶级的冲突此起彼伏,资产阶级民主的外壳已经不能容纳它内部日益增长的新的力量了。

(三)当代民主——间接民主与直接民主、半直接民主的结合

经过长期的反法西斯战争的考验,民主的力量、工人政党的力量都得到极大的增强,面对各种力量,资产阶级当局已经无法像以前那样单凭武力就将各种力量镇压下去。到20世纪中叶之后,民主开始演进到了一个新的阶段:当

第一章　民主的历史发展与民主样式的转型创新

代民主阶段。当代民主在样式上，在原有的间接民主基础上，直接民主的因素扩大和增长了。具体表现为：(1)普选制真正在各国确立，使选举成了民意的真实汇合。资产阶级国家在十八九世纪，对选举人的资格在财产、性别、教育和种族等方面加以限制，实际上剥脱了广大劳动者的选举权，损害了民主的质量。20世纪上半叶，西方国家对选举资格的许多限制取消了，这时由选举产生的政府，才意味着是民众所批准的政府。(2)各类利益集团为主体的民间社团的广泛建立，形成了强大的有组织的政治参与力量。一方面，利益集团网络可以有效地控制任期内的政府行为在民意的轨道上运行。另一方面，决策机构、立法机构和利益集团可以建立相互合作的关系，使得决策和立法正确、及时，符合民意。另外，利益集团为社会多种特殊利益的直接表达提供了组织形式。(3)新闻舆论力量的无孔不入，使民众的力量得以凸显和加强。

当代民主已经具有比较健全的四大机制：

参与机制——每一届新政府的产生，国家重大决策的出台，政府政策的制定，政府官员行为的评定，公民们均可以以一定的方式加以参与。

竞争机制——议会中席位的分配，政府权力交替过程中的竞取，各个政府机构中公职人员的录用与奖惩，都是在比较均等的机会下按照一定的竞争规程实现的。

制衡机制——为了防止权力的滥用，有国家权力的内部约束机制与国家权力的外部制约机制加以管束，并使各部门的国家权力保持均衡态势。

法制机制——以法制观念为基础的法律体系和执法体系日益完备，包括法律至上，依法立国，司法独立，依法办事，法律面前人人平等。

三、我国基层民主样式在政治实践中的不断创造与刷新

(一)新民主主义革命时期的基层民主样式的实践

在新民主主义革命时期，我们党以争取民族独立和人民解放为目标，紧紧依靠广大工农群众，在革命根据地和解放区的局部执政环境下，确立了发展基层民主的原则，探索并开始实践基层民主政治建设的形式。在中央苏区、敌后抗日根据地以及解放区，我们党先后建立了苏维埃政权、抗日民主政权和人民民主政权，探索并形成了丰富的基层民主政治实践形式。

第一，努力营造出人民群众广泛享有民主权利的制度环境。中国共产党

是通过武装斗争建立革命根据地而逐步取得政权的。早在1927年中国共产党建军之初,为了与旧军相区别,主张在军队实行民主制度,实行了著名的"三湾改编"。在苏维埃政权建设时期,我们党在严峻的战争环境中着力推动基层政权的民主化。通过1930年制定的《中华苏维埃共和国宪法大纲》等宪法性文件和选举法规,建立起工农民主政权的选举制度,选举制度以普遍、平等、公开为基本原则。在基层,为了密切联系群众,建立了代表联系制度、代表主任制度、代表会议制度、代表召回制度等项制度,切实保障了乡市基层苏维埃的民主选举和广大群众直接参与政权建设的民主权利。以"三三制"为基本原则,我们党领导根据地军民,通过乡村民众直接参与的民主选举,建立了乡参议会、乡政府及其下辖的行政村和自然村的领导机构。此外,我们党还发动民众组建了各种政治性、军事性、经济性和文化性的民众团体。通过细致的组织工作,根据地的乡村民众积极参与抗日民主政权的建设,形成了基层民主政治发展的良好氛围。

"历史给予我们的革命任务,中心的本质的东西是争取民主。"毛泽东同志深刻认识到实现主权独立和民主之间的紧密关系,精辟地指出:"中国主要缺少了两件东西,一件是独立,一件是民主,这两件东西少了一件,中国的事情就办不好。"在新民主主义革命时期,中国共产党始终高举民族独立和人民解放的大旗,将争取人民民主作为重要使命。

第二,初步建立了人民群众广泛享有民主权利的制度框架。1931年颁布的《中华苏维埃宪法》明确规定:"凡十六岁以上公民,均享有参政、武装自卫、受教育、婚姻自主及经济等权利。"同年颁布了《中华苏维埃共和国选举细则》,对如何进行规范的民主选举、建立各级苏维埃政权进行了详细规定,以确保人民的民主权利得以实现。抗日根据地和解放区都是在民选的基础上成立人民政权,十分注意和人民的利益紧密结合,采取有效措施积极保障和维护人民的民主权利。1941年11月《陕甘宁边区各级参议会选举条例》第一条就规定:"凡居边区之内的人民,年满18岁,不分阶级、党派、职业、男女、宗教、民族、财产和文化程度差别,都有选举权和被选举权。"边区实行乡参议会制和村代表会议制,都由民主选举产生。为了保障选举的顺利进行,同年还颁布了《陕甘宁边区选举条例的解释及其实施》,确定了民主选举的实施细则和具体程序。1941年5月1日颁布的《陕甘宁边区施政纲领》(即"五一纲领")明确规定,"保障一切抗日人民的人权、政权、财权及言论、出版、集会、结社、信仰、居住、迁徙之自由权。"为了确保这些权利的实现,边区于1941年11月还制定了《陕

第一章　民主的历史发展与民主样式的转型创新

甘宁边区保障人权财权条例》,"以保障边区人民之人权财权不受非法之侵害为目的",确立"边区一切抗日人民,都有言论、出版、集会、结社、居住、迁徙及思想、信仰之自由,并享有平等之民主权利"。解放区进一步扩展了边区建立的保障人民民主权利的制度框架,确立了范围更广、制度规定更细致的人民民主制度体系。比如,要求将选举同"发动人民彻底检查政府工作"结合起来;"在选举中,任何公民、任何抗日党派与民众团体都有依选举条例提出候选人的权利,有为自己或他人实行竞选的权利";要求"研究选举经验,尤其是研究各地试选中关于检查工作的经验",做好"调查、登记选民等技术工作的准备"等。

第三,创造了丰富的民主参与形式。基层民众作为民主的基础,我们党的发展民主工作的重中之重。在缺乏民主的环境中,建立民主需要创造出更多更丰富的实践形式。首先,组织民众开展民主教育。我们党历来将发动和组织民众放在政治工作的首位。抗战时期,我们党在抗日根据地成立了大量的具有政治性质、军事性质以及文化性质的民众团体。这些民众团体不仅是我们党完成特定工作的重要依托,而且是动员民众参与社会管理和民主建设的组织载体。另外,采取大众喜闻乐见的方式,如戏剧、小报、歌咏等形式走村串户进行民主宣传和教育。

第四,创造了丰富的民主监督形式。边区的"公民评议"活动以及土地革命时期各级苏维埃巡视制度、抗日战争时期的参议会和监察制度等都是我们党开展的比较有特色的民主监督实践,尤其是"公民评议"。"公民评议"就是部分抗日根据地在登记选民的过程中制定"模范公民"的条件,并据此对乡村干部进行公开的民众评议。乡村干部在评议运动中向群众述职和自我批评并接受群众的公开批评。这一运动极大地提高了群众的政治水平和民主意识,增强了实行民主的能力。

第五,创新选举方法,激发参政热情。1940年的《边区选举条例》第二十五条规定:"各政党及职业团体可以提出候选人名单,进行竞选活动。"抗战期间,各边区政府在选举法规中,都辟有专章,明文允许团体和个人自由提出候选人并进行竞选活动,并强调在不妨碍选举秩序下不得加以干涉或阻止。候选人可以在竞选会上自由地公布竞选纲领,发表演说,或由团体组织选举队到街头进行宣传演出,有的则进行个别的鼓动工作,同时选民对候选人可以公开地进行批评或赞扬。为解决大量的文盲选民参与投票的难题,根据地和解放区创造了多种选举投票方法,如"红绿票选法""豆选法""背箱子"等。这些措施适应了当时在经济文化十分落后的情况下进行民主建设的需要,激发了人民群众的参政热情。陕甘宁边区80%的选民参加了选举,部分地区甚至达到95%。

新民主主义革命时期,我们党处于十分艰苦的战争环境,正是依靠广大人民群众,通过基层民主政治建设,让人民群众在实际生活中感受到了当家作主的好处,从而赢得了民心,广泛动员人民群众参与革命斗争,为争取革命胜利奠定了最雄厚的群众基础。当然,由于新民主主义革命时期的主要任务是以武装夺取政权,当时的基层民主思想及其实践还是初步的,范围也是有限的。

(二)新中国成立初期我国基层民主样式的初步探索

新中国成立后,在我们党的领导下,建立起了社会主义制度,为基层民主政治建设创造了基本的制度环境,党的中心工作从武装斗争转为和平建设。基层民主政治建设成为党领导人民群众建立和巩固新生的人民政权、建设社会主义的重要措施。

第一,以民主的方式动员和组织人民群众参加新生的人民政权建设。我们党将分散和孤立的农民以及普通的城市人民动员起来参加新生的人民政权建设,使得政权力量向全社会广泛扩展。新中国成立初,在城市,我们党在居民区建立人民广泛参与的群众性自治组织——居民委员会;此外,在城乡基层,普遍建立区、乡(村)人民代表会议制度,定期召开人民代表大会;在工厂,党领导工人阶级进行厂矿企业的民主化改革,吸收工人参加工厂管理,建立工厂管理委员会和职工代表会议,很快建立起对工矿企业的领导权。正是这些有力措施,使得党能够在短时间内建立起稳固的新型人民政权,并得到广大人民群众的衷心拥护。

第二,提出了社会主义基层民主政治建设的总体设想。社会主义改造完成并基本建立社会主义制度之时,我们党就对社会主义政治制度建设进行了探索。毛泽东同志提出,我国社会主义政治建设的战略目标是:"要造成一个又有集中又有民主,又有纪律又有自由,又有统一意志,又有个人心情舒畅、生动活泼,那样一种政治局面。"依靠和支持人民群众当家作主,是实现这一目标的重要途径。为此,毛泽东提出要扩大基层民主,用民主的方法去处理人民内部矛盾,使得人民群众可以广泛地、直接地参与基层的政治、经济和社会生活的管理;用民主监督去克服官僚主义的作风,保障党和政府工作人员不脱离群众。

第一章　民主的历史发展与民主样式的转型创新

第三,探索了社会主义基层民主的实践形式。在社会主义建设时期,尽管我们党建立了权力高度集中的计划经济体制,基层民主政治建设受到制约。但是党仍然致力于探索基层民主,特别是基层经济民主的一些实践形式。表现为:一是在农村人民公社的管理中,结合实践经验制定了《农村人民公社工作条例》,要求民主办社、民主兴社。二是在工矿企业,总结创造了以"两参一改三结合"为主要内容的"鞍钢经验",积极探索基层经济民主的新形式。

新中国成立初到20世纪70年代末,我们党建立了实现民主的根本政治制度,探索了基层民主的实践形式。但是,由于权力过分集中的体制,特别是指导思想中"左"的错误思想影响,基层民主政治建设成效受到制约。尤其是在"文革"中,离开了党的领导和依法办事,基层民主演变为群众运动式的"大民主",结果不仅没有真正实现和保障人民群众的民主权利,反而造成社会大动乱,给党、国家和人民都造成了严重的损失。基层民主政治建设的努力停留在民主运动的水平上,运动来则来,运动去则去,基层民主的实践成效受到极大的影响。这是我国发展基层民主需要吸取的深刻历史教训。

(三)改革开放以来基层民主样式的演进与创新

经过"文化大革命"的重挫,我们党对发展社会主义民主有了更为深刻和紧迫的认识,对如何建设民主政治尤其是基层民主政治有了更完整和清晰的认识。改革开放以来,随着中国特色社会主义事业的不断推进,我们党对基层民主政治建设的认识逐步形成科学体系,基层民主政治建设的制度化、规范化和程序化稳步推进,基层民主样式在实践中不断创新。这主要体现在三个方面。

第一,对社会主义基层民主政治建设的认识不断深化。党的十一届三中全会将解放思想、重建具有生机和活力的民主集中制作为一项重要议题。邓小平同志在十一届三中全会闭幕会上的讲话指出,"我们要创造民主的条件,下放基层经济自主权,发扬经济民主。切实保障工人农民个人的民主权利,包括民主选举、民主管理和民主监督。"邓小平同志将发展基层民主与给予基层经济自主权结合起来,强调基层民主政治建设和经济建设之间的相互促进关系,形成了改革开放以来基层民主政治发展的基本方针。改革开放以来,党的历次重要会议对基层民主政治建设的直接性、广泛性、制度化、组织依托、具体内容及其实践形式,作出了全面深刻的阐述,对发展社会主义基层民主的认识不断深化。党的十一届六中全会要求发展基层人民的直接民主。十二大突出强调社会主义民主要广泛地扩展到政治生活、经济生活、文化生活和社会生活的方方面面。十三大提出要促进基层民主生活的制度化。十四大明确指出要以基层群众性自治组织为载体发展基层民主政治。十五大强调基层选举制度和民主程序的法治化建设。十六大对基层民主政治建设的内容、目标和方式作出了科学的界定,认为,扩大基层民主是发展社会主义民主的基础性工作。通过总结实践经验,形成了以基层自治组织建设为依托,制度化建设为方式,在实践中发展民主内容和形式的基层民主政治建设的总体思路。党的十七大指出:"要坚持中国特色社会主义政治发展道路,坚持党的领导、人民当家作主、依法治国有机统一,坚持和完善人民代表大会制度、中国共产党领导的多党合作和政治协商制度、民族区域自治制度以及基层群众自治制度,不断推进社会主义政治制度自我完善和发展。"在继承和发展此前历次党的代表大会的基础上,首次将基层群众自治纳入中国政治制度,与人民代表大会制度、中国共产党领导的多党合作和政治协调制度、民族区域自治制度并列,纳入中国政治制度范畴,确立党推动基层群众自治又一个新的里程碑。从此,基层群众自治建设有了更高层次的要求和更有力的制度保障。

第二,基层民主政治的制度化、规范化和程序化建设。改革开放以来,我国发展基层民主的一个重大进展,就是致力于民主制度建设。(1)将发展基层民主提高到宪法地位。在继承和发展1954年宪法优点的基础上,我们党领导制定了"八二宪法",通过根本大法的形式,确认城乡基层群众性自治组织的地位,要求企业单位建立民主管理机制,并规定县乡基层人大代表直接选举,使得基层民主政治建设有了明确的宪法依据。(2)制定了发展基层民主的具体法律法规。1979年通过的选举法,将人大代表直接选举的层次从乡一级提升到县一级,制定了选举的具体制度,扩大了基层民主的范围和领域。全国人大及其常委会先后制定了《中华人民共和国村民委员会组织法》《中华人民共和国居民委员会组织法》及《中华人民共和国全民所有制工业企业法》等法律法规。此外,各地还制定了大量的地方法规,使得基层民主政治的制度建设更加健全。(3)积极完善基层民主政治建设的政策措施。1998年和2004年,中共中央办公厅、国务院办公厅先后下发《关于在全国农村普遍实行村务公开和民主管理制度的通知》和《关于健全和完善村务公开和民主管理制度的意见》,从而使农村村务公开民主管理普遍实行并完善起来。

2002年,两办下发了《关于进一步做好村民委员会换届选举工作的通知》,推动农村村委会工作进一步走上制度化、规范化的轨道。随着城市社区

第一章 民主的历史发展与民主样式的转型创新

建设发展,为了进一步拓展城市基层民主政治建设,2000年,两办转发了《民政部关于在全国推进城市社区建设的意见》,开启了城市社区居民自治发展的新阶段。2002年,两办发出《关于在国有企业、集体企业及其控股企业深入实行厂务公开的通知》,有力推动了以职工代表大会为载体的企业民主管理制度的完善。2000年和2005年,两办先后发出《关于在乡镇政权机关全面推行政务公开制度的通知》和《关于进一步推行政务公开的意见》,切实保障了人民群众的知情权、参与权和监督权等民主权利。2001年和2006年,中共中央先后转发了《中共全国人大常委会党组关于全国乡镇人民代表大会换届选举工作有关问题的意见》《中共全国人大常委会党组关于做好全国县、乡两级人民代表大会换届选举有关工作的意见》,完善了县、乡两级人大代表直接选举工作。

第三,基层民主自治体系全面建立。随着我国的发展和进步,全国各地城乡基层民主不断扩大,公民有序的政治参与渠道增多。民主的实现形式日益丰富,目前,我国已经建立了农村村民委员会、城市居民委员会和企业职工代表大会等基层民主自治体系。

(1)村民自治。村民自治是广大农民直接行使民主权利,依法办理自己的事情,实行自我管理、自我教育、自我服务的一项基本制度。它是在20世纪80年代初伴随着农村家庭联产承包责任制的改革而出现的。在此之前,我国广大农村一直实行"政经合一"体制——国家政权组织与集体经济组织合二为一。当时农村生产大队,既是一种村级政权组织,又是一种村级集体经济组织。党的十一届三中全会以后,广大农村实行家庭承包责任制,生产大队这种"政经合一"体制已经不适应农村经济发展的客观要求和农民的实际需要。在这种情况下,广西壮族自治区的罗城、宜山两个地区的农民,借鉴城市实行居民委员的做法,率先建立了村民委员会,作为农村基层的群众性自治组织,代替了过去的生产大队。村民委员会负责管理本村的公共事务和公益事业,调解民间纠纷,协助维护社会治安等。村民委员会既不是农村一级政权组织或乡镇政府的派出机构,也不是农村集体经济组织,而是一种农村基层社区组织。村民委员会一出现就显示出了强大的生命力,全国各地农村纷纷效仿。党和国家及时总结广大农村建立村民委员会的实践经验,在1982年12月4日第五届全国人民代表大会第五次会议通过的新宪法中,把村民委员会与居民委员会一起作出明确规定,使之成为中国特色社会主义民主政治的重要组成部分。随后,村民委员会在广大农村更加迅速地推广开来。

(2)居民自治。城市居民委员会是中国城市居民实现自我管理、自我教育、自我服务的基层群众自治组织,是在城市基层实现直接民主的重要形式。作为基层群众自治的载体,城市居民委员会最早出现于20世纪50年代的杭州市。1949年12月杭州市人民政府正式发出《关于取消保甲制度建立居民委员会的指示》,这是迄今为止发现的我国最早关于城市建立居委会的政令。1950年天津市人民政府决定在各派出所辖区内设立居民委员会。1951年上海市人民政府决定在全市基层普遍建立居民委员会,并且明确居民委员会是群众自治性组织,居民委员会干部由居民群众民主选举产生。1953年,时任全国人大常委会副委员长、北京市委书记彭真同志在给毛泽东主席的中共中央报告中提出:"街道居民委员会的组织是需要建立的。它的性质是群众自治组织,不是政权组织。它的任务主要是把工厂、商店和机关、学校以外的街道居民组织起来,在居民自愿原则下,办理有关居民的共同福利事项,宣传政府的政策法令,发动居民响应政府的号召和向基层政权反映居民意见。居民委员应由居民小组选举产生,在城市基层政权或派出机关的统一指导下进行工作,但它在组织上并不是基层政权的'腿',不应将很多事情给它办"。[1] 1954年12月,全国人大常委会通过颁布了《城市居民委员会组织条例》,明确规定:"居民委员会是群众自治性的居民组织。"《城市居民委员会组织条例》颁布实施,极大地推动了全国各城市居民委员会的发展,在很短时间内,全国普遍建立起了基层居民委员会。

(3)职工代表大会。职工代表大会是保证职工对企业单位实行民主管理的基本制度。在中国,职工在企事业单位中享有的当家做主的民主权利,主要是通过职工代表大会制度来实现。我国的职工代表大会具有广泛的群众基础,不仅代表工人,还有科技人员、管理人员和其他工作人员,能够代表全体职工民主管理企业。职工代表大会闭幕后,由企业工会委员会作为职代会的工作机构,负责职工代表大会的日常工作。从1998年起,厂务公开在国有企业、集体企业及其控股企业开始实施,并逐步向非公有制企业拓展。

基层群众自治的内容包括:其一是民主选举,指村(居)民委员会的主任、副主任和委员由村(居)民选举产生,任何组织和个人不得制定、委派村(居)民委员会成员。选举实行公平、公正和公开原则,凡年满18周岁的村(居)民,只要没有依法被剥夺政治权利,都有选举权和被选举权。候选人由本居住区的村(居)民直接提名,候选人应当多于应选人数,实行差额选举。选举实行无记

---

[1] 《彭真文选》,人民出版社1991年版,第241页。

第一章 民主的历史发展与民主样式的转型创新

名投票、公开计票、选举结果当场揭晓。每次选举产生的村(居)民委员会成员任期三年,任期届满后必须进行换届选举。民主选举有利于把群众拥护的思想好、作风正、有文化、有本领、真心诚意为群众办事的人选选进村(居)民委员会,保证基层群众自治落在实处。其二是民主决策,指凡涉及村(居)民切身利益的事项,必须由村(居)民集体讨论,按照多数人的意见作出决定。村(居)民会议是民主决策的基本形式和途径,另外还有村(居)民代表会议也是民主决策的重要形式和途径。其三是民主管理,指凡村(居)民切身利益的事情,不仅要由村(居)民集体讨论决定,而且在管理过程中也要充分发扬民主,认真听取并切实尊重村(居)民的意见,对不同的意见要坚持说服教育,不得强迫命令,更不得打击报复。其四是民主监督,指村(居)民对村(居)民委员会的工作和本居住区内的各项公共事务和公益事业实行监督,以保证民主决策的落实,切实实现群众自治。民主监督主要体现在:村(居)民委员会受村(居)民监督,村(居)民有权依法罢免村(居)民委员会成员;村(居)民委员会向村(居)民会议负责和报告工作,并接受其工作审议;村(居)民委员会实行村(居)务公开,并保证其内容的真实性,凡是村(居)民委员会不及时公布应当公布的事项或者公布的事项不真实,村(居)民有权向基层人民政府及其县级人民政府有关主管部门反映。

第四,民主样式由选举走向协商。在我国,自20世纪90年代以来,以乡村民主选举为主要内容的基层民主政治建设得到了长足的发展。但是,随着基层民主选举的全面展开,民主选举所遭遇的困境和危机也日益显露。首先,贿选现象日趋严重。在基层民主选举实践中,资本和权力的交错关系常常伴随着暴力、黑金政治。很多贿选问题因为无相关法律的明确规定而不能得到有效处理,从而影响农村的稳定与发展。其次,通过公正选举而上台的基层领导人员,由于缺乏有效的民主监督和制约措施,导致贪污腐败现象频发。最后,由于缺乏基层政府与公民的有效互动机制,导致对立情绪加深,矛盾冲突愈演愈烈,有些甚至演变成大规模的群体性事件。这些问题表明,仅仅依靠民主选举制度并不能有效保障基层民主政治的顺利发展。面对基层政治生活中出现的这些新问题,基层政府不得不思索完善基层民主政治的新路径,其中最核心的问题就是:在民主选举之后,乡村如何治理。

协商民主(deliberative democracy)是20世纪80年代以后在西方政治学界兴起的一种民主治理理论,它试图通过理性的社会交往模式来应对社会多元化的现实。由于协商民主理论很大程度上契合了我国乡村治理中探寻有效的政府与公民互动机制的要求,自 20 世纪末协商民主被引介入我国以后,迅速成为学界关注的热点,并在一些乡村治理过程中以不同的形式得以实践。在这当中,浙江协商民主实践——民主恳谈备受关注。民主恳谈创始于 1999 年 6 月,当时温岭市松门镇作为农业农村现代化教育试点,采取一种面对面的交流形式,促进教育者、受教育者,以及其他参与者之间的相互沟通。这种"民主论坛"的方式产生了积极的社会效果,激发了普通民众参与基层政治生活的热情和信心。1999 年底,温岭市委推广了松门镇的做法,各乡镇出现了形式多样的民主沟通、民主对话活动。2000 年 8 月,温岭市将此前已经在各地开展的"民情恳谈""村民民主日""农民讲台"等活动统一更名为民主恳谈,并将活动范围由镇村两级向非公有制企业和政府部门延伸。经过几年的发展,民主恳谈已经演化为一种稳定的制度。其主要内容包括:民主沟通会、决策听证会、决策议事会、村民议事会、乡镇人大表决会、党代表建议回复会、重要建议论证会和村民代表监督管理会等。民主恳谈成为温岭市村民自治、乡镇基层政权和市政府职能部门重大事项决策的必经程序,是民众参与公共事务的制度平台。民主恳谈不仅是民意表达的场所,更是重大决策的必经程序。在诉诸个人与集团的基础上,民主恳谈的参与者能够借助倾听、对话和沟通,在充分讨论的基础上形成基本共识,从而赋予决策以合法性,并最大限度地促进公共利益。民主恳谈在中国的实践,体现了协商民主的某些特征,对我国民主政治建设有着普遍的示范和借鉴意义。

第二章
60年来中国农村基层民主的历史演变

中国共产党将"基层群众自治制度"纳入中国的政治制度范畴,并提出,基层民主必须作为发展社会主义民主政治的基础性工程重点推进,"实现政府行政管理与基层群众自治有效衔接和良性互动",突出了基层民主的重要性。中国的民主政治理念、民主制度均从国外输入,嫁接于中国社会,但经过60年的发展,中国的基层民主制度体系已基本确立,组织载体日益健全,内容不断丰富,形式更加多样,城乡基层群众自治正在社会主义民主政治建设中发挥着越来越大的作用。

众所周知,作为目前人类社会生活中的一个重要现象,"民主"概念与"民主"思想起源于欧洲,它进入中国,首先应该归功于西方传教士和学者,但真正使其传播的,则是林则徐、魏源等面向世界的中国士大夫。然而,19世纪90年代之前,中国知识界对"民主"等概念多半囿于介绍而缺乏认同感。[①] 中华民国的建立,可以说是西方民主制度在中国的嫁接;五四运动使"民主"开始在中国知识界被广泛接受乃至推崇;中华人民共和国的成立则可以说是源于欧洲的另一种民主制度在中国的嫁接。60年来,民主思想和民主制度在中华大地上不断生根开花,开始形成了具有中国特色的社会主义民主形式。本章将以农村基层民主的演变为代表,对新中国成立以来农村民主建设的演变历程、内容等做一梳理。

一、基层民主的含义

对于基层民主的含义,有学者认为:我国的社会主义基层民主政治,是广大人民群众在基层经济、政治、社会和文化事务领域,直接行使当家作主民主

---

① 方维规:《议会、民主与共和概念在中国与西方的嬗变》,载《二十一世纪》(双月刊),2000年第58期。

权利的制度建设和实践活动。①也有学者认为：基层民主就是存在于基层政权与基层社会的民主制度和民主生活，主要包括基层政权的民主选举与民主管理、城市的居民自治、农村的村民自治和企事业单位的民主管理制度。②二者都是从活动层面和制度建设层面规定基层民主的，但二者对基层民主的内容范围的认识存在差异。前者将基层民主限定在基层自治的范畴，后者则包含基层群众自治以及基层政权的民主化建设。而且就本文的嫁接与内在的主题而言，前者将"基层民主"概念等同于来自西方的"草根民主"这一概念，后者则认为"基层民主"是中国自身民主实践所形成的概念，"草根民主"成长的逻辑起点是民众的民主需求，而"基层民主"成长的逻辑起点则是国家的民主需求。基于社会结构和内在逻辑的差异，本书倾向于后者。不过，从基层民主的生长逻辑来说，既存在基层的民主化要求，也存在民主的基层化趋势，前者是指新中国成立后，经过中国共产党的民主理念的强势传播，唤醒了基层民众的民主意识，从而使他们产生了对民主的需求；后者是指在国家主导下，民主的发育被限制在缓慢的有限的较低层次。新中国成立以来中国的基层民主发展及当前状态就是这两种动力交互作用的结果。

二、新中国成立以来农村基层民主发展的历程

新中国成立以来，中国的基层民主大致经过新民主主义社会时期、社会主义建设时期和改革开放时期三个阶段。

（一）新民主主义社会时期农村基层民主的发端

新民主主义社会指的是从1949年新中国成立到1956年社会主义改造完成之前这一时期，这一时期的社会现状是新民主主义革命取得胜利，中国社会变成了新民主主义社会并向社会主义社会转变。这一时期，农村基层民主主要以农会（农民协会）为标志，以土地改革为主要内容。农会在新中国成立前就已经存在，新中国成立后农会是此前根据地农会的延续。新中国建立初期，1950年6月30日公布了《中华人民共和国土地改革法》（以下简称《土改

---

① 徐勇、刘义强：《我国基层民主政治建设的历史进程与基本特点探讨》，载《政治学研究》2006年第4期。
② 林尚立：《公民协商与中国基层民主发展》，载《学术月刊》2007年第9期。

第二章 60 年来中国农村基层民主的历史演变

法》),在新解放区开展了一次土地制度的改革。但新中国建立之初,党政干部极为缺乏,即使将 450 多万名党员完全分到农村地区,要想深入到广大分散的村落人口之中,仍是杯水车薪。所以,完全依靠党员干部进行土地改革工作既不现实也不经济。于是,中国共产党借鉴民主革命时期的经验,发动群众,组织群众,成立新的农民协会,发挥农民协会的主体作用,顺利推进了农村土地改革工作。1950 年 7 月 5 日,政务院公布《农民协会组织通则》(以下简称《通则》),以法律文件的形式提出了建立除中央以外的各级农民协会,规定农民协会的性质是"农民自愿结合的群众组织",要求建立从乡(或相当于乡的行政村)、县、专区一直到省的农民协会。

中国共产党要求各地普遍建立农民协会的另一目的是将其作为建立农村政权、构建农村控制体系的过渡性组织。《通则》中第 2 条规定农会的任务是:实行反封建的社会改革,保护农民利益;组织农业生产,举办农业生产合作社;保障农民的政治利益,参加人民民主政权的建设工作。可以看出,农会既有政府的职能性质,也有群众的合作性质。但同时规定农会的经费主要由人民政府提供,所需要的房屋、设备也由人民政府拨给,在利用邮政、电话、电报、铁路、公路等方面,与同级人民政府享受同等待遇。这就大大淡化了其群众性质。在《中共中央关于建立农村工作部的决定》中规定省以上设立农村工作部,县区委一般不设农村工作机构,但老区可保持 5 个县农协的指标编制,协助县委处理农村工作;新区也得保持区农协的组织,每区 2 人,从区级编制中调剂,在此,农会已经被当作政府的一部分。由以上分析可以看出,村级农会有执行政权的职能,村以上各级农会则已经被融入正式的政权体系。

土地制度改革后,中国农民私有的个体农业经济得到强化。毛泽东在七届二中全会上的讲话中已经指出"占国民经济总产值 90% 以上的分散的个体的农业经济和手工业经济,是可能和必须谨慎地、逐步地而又积极地引导它们向着现代化和集体化的方向发展的"。也就是说,土改后形成的个体经济和大量个体农民只是向集体经济和集体经济下的劳动者发展的过渡形式,农民家庭私有的土地制度并不符合共产党人的政治理想和现代化追求。这一政策的权宜性决定了农会这一基层民主形式的短暂性。所以,1952 年土地改革完成的同时,农村就开始组织互助组,1953—1954 年组织初级农业合作社,1955 年组织高级农业合作社,到 1956 年已经完成社会主义改造。原本计划需要 15—20 年由新民主主义社会过渡到社会主义社会,结果仅用 7 年就完成了。这样,土改的直接产物——农民土地所有制和个体农民只存在了很短的一段时间,和它们相适应的农民群众组织——农民协会,也自然在这一过程中消逝了。基层民主的主要载体农民协会也就开始被1954年后选举产生的基层人民代表大会所取代。

(二)社会主义建设时期农村基层民主的探索

这一时期,执政党提出了社会主义基层民主政治建设的总体设想,并探索了社会主义基层民主的实践形式。① 社会主义改造完成并基本建立社会主义制度之时,我们党就对社会主义政治制度建设进行了探索。毛泽东提出,我国社会主义政治建设的战略目标是:"要造成一个又有集中又有民主,又有纪律又有自由,又有统一意志,又有个人心情舒畅、生动活泼,那样一种政治局面。"依靠和支持人民群众当家作主,是实现这一目标的重要保障。为此,毛泽东同志提出要扩大基层民主,用民主的方法去处理人民内部矛盾,使得人民群众可以广泛地、直接地参与基层的政治、经济和社会生活的管理;用民主监督来克服官僚主义的作风,保障党和政府工作人员不脱离群众。虽然权力高度集中的计划经济体制使得基层民主政治建设受到制约,但我们党仍然努力探索了基层经济民主的一些实践形式。比如,在农村人民公社的管理中,结合实践经验制定了《农村人民公社工作条例》,要求民主办社、民主兴社。1955年7月开始的肃反运动中,广西柳州市、宾阳县均有大字报出现。② 1957年以后,"大鸣、大放、大字报、大辩论"等"大民主"形式开始增多。发展到"文革"时,由于缺乏法律的约束,基层民主演变为群众运动式的"大民主",结果不仅没有真正实现和保障人民群众的民主权利,反而造成社会大动乱,基层民主政治建设停留在民主运动的水平上。

(三)改革开放时期基层民主的发展

改革开放以来,随着中国特色社会主义事业的不断推进,执政党对社会主义基层民主政治建设的认识不断深化,并着力推进基层民主政治的制度化、规范化和程序化,积极引导和支持基层民主政治实现形式的创新。

---

① 徐勇、刘义强:《我国基层民主政治建设的历史进程与基本特点探讨》,载《政治学研究》2006年第4期。

② 参见《柳州市志》(第五卷),广西人民出版社2001年版;《宾阳县志》,广西人民出版社1987年版,第159页。

第二章 60年来中国农村基层民主的历史演变

邓小平在十一届三中全会闭幕会上的讲话指出,"我们要创造民主的条件,下放基层经济自主权,发扬经济民主。……切实保障工人农民个人的民主权利,包括民主选举、民主管理和民主监督。"党的十一届六中全会要求发展基层人民的直接民主。十二大突出强调社会主义民主要广泛地扩展到政治生活、经济生活、文化生活和社会生活的方方面面。十三大提出要促进基层民主生活的制度化。十四大明确指出要以基层群众性自治组织为载体发展基层民主政治。十五大强调基层选举制度和民主程序的法治化建设。十六大对基层民主政治建设的内容、目标方式作出了科学的界定,认为扩大基层民主是发展社会主义民主的基础性工作。通过总结实践经验,形成了以基层自治组织建设为依托,制度化建设为方式,在实践中发展民主内容和形式的基层民主政治建设的总体思路。

实践中,伴随农村经济体制改革,产生了村民自治这一农村基层民主实践形式。20世纪70年代末,随着农村家庭联产承包责任制的兴起,人民公社体制难以为继。我们党及时发现和总结了起于广西宜山、罗城等地农民自发组织村民委员会的实践经验,创立了村民自治制度。1982年,村民委员会作为农村基层群众性自治组织载入宪法第111条。1987年制定并通过的"村民委员会组织法(试行)"确立了村委会的法律形式。1998年"村组法"经修订正式通过,在原有"三个自我"之外,增加了"四个民主"的规定,推动了村委会直接选举的迅速发展和村务公开民主管理的深化。自1988年6月1日"村民委员会组织法"试行以来,经过近20年的实践,村民自治制度日益健全和完善。目前,村民自治活动已由普遍建立制度向着进一步完善制度、规范程序、提高实效的新阶段转变。

同时,在政治建设中推进县乡人大代表直接选举。改革开放后,随着社会主义民主的制度化建设,我国恢复县乡人民代表选举,并扩大人民的民主权利。1979年制定选举法,确立了县乡人大代表直接选举的法律依据。1982年宪法将其进一步完善和固定化。经过1982年、1986年、1995年对选举法的多次修改,县乡人大直接选举范围逐步扩大、候选人提名办法得到改进、选举程序和技术建设越来越具体、成熟,不断满足人民群众的日益增长的政治生活需要。经过20多年的发展,选举程序逐步完善,民主程度日渐提高,公民的民主意识和能力得到迅速发展。

三、60 年来农村基层民主发展的趋势

回顾 60 年的历程,可以看到,中国的农村基础民主在发展方向、内容、途径、程度等方面都有了明显变化,取得了显著进展。

(一)由集体民主向个人民主转变

土地改革后,贫雇农都获得了土地,但他们多缺乏生产工具,于是,由缺乏牲畜和生产工具的贫雇农自发组成的互助组为主体的农村生产组织发展起来。这一民间自发组织很快被新生政权利用来发展农业经济,并征收农业剩余产品。1951 年 12 月,中共中央通过了《关于农村生产互助合作社的决议(草案)》,1953 年又通过了《关于发展农业生产合作社的决议》。在政府推动下,老解放区 1954 年出现了合作化运动的高潮,并于 1956 年推向全国,这就是农业的社会主义改造,其主要内容是将土地等主要生产资料的个人所有变成集体所有。1958 年开始进一步取消乡级政权,成立政社合一的人民公社。农村基层民主形成一种集体民主。集体民主就是阶级民主,即以阶级出身决定一个人或家庭所能享有的法律规定的民主权利。对于农民来说,集体是他现在唯一的依靠,因为他不再拥有也不可能再出租或租赁自己的耕地、农具、劳动或者产品。① 离开这个集体不仅意味着失去社会身份,也意味着失去赖以生存的口粮。

"文革"结束后,邓小平指出:"我们要创造民主的条件……切实保障工人农民个人的民主权利,包括民主选举、民主管理和民主监督。"② 提出了保障"个人"民主权利这一论点,集体民主开始向个人民主缓慢转变。农村联产承包责任制施行后,家庭或个人对集体的依赖减少,农村集体民主制开始退潮,人民公社体制失去了其赖以存在的经济基础和社会基础而瓦解。在这种背景下,政府开始进行基层政权的重建,包括在人民公社一级实行政社分开,建立乡政府和在公社大队一级推行村民自治,设立村民委员会。村民委员会是农

---

① 费正清编:《剑桥中华人民共和国史(1966—1982)》,中国社会科学出版社 1992 年版,第 353 页。

② 邓小平:《解放思想,实事求是,团结一致向前看》,载《邓小平文选》(第 2 卷),人民出版社 1994 年版,第 140~153 页。

第二章　60年来中国农村基层民主的历史演变

村基层的群众性自治组织,由村民选举产生,实行村民自我管理、自我教育、自我服务。由于取消了对地主、富农的歧视性身份限制,村民就变成了居住在农村的公民,从集体的"人民"变成了具体的"公民"。特别是进入20世纪90年代,社会主义市场经济的确立和发展,不论在农村还是在城市,都孕育出日益独立的社会和自主的个体,社会结构发生深刻变化。2001年,云南省撤销行政性质的村公所,实行村委会直接选举,由此,全国全部实现了村委会的直接选举,村民民主自治在形式上在全国全面普及。

(二)由运动民主向制度民主转变

所谓运动式民主是指由领袖人物或者政府主要依靠多变的政策(而不是正式的法律),通过间歇性的政治运动,发动群众参与政治生活的一种民主形式。

在社会主义建设时期,毛泽东认为,像我们这样的国家,人民内部矛盾,如群众运动可以无须党的领导,要"群众自己解放自己"。毛泽东在群众的实践中发现了"大民主"这种政治运动形式。他曾写道:"群众创造了一种革命形式——群众斗争形式,就是大鸣、大放、大字报、大辩论。现在我们革命的内容找到了它的很适合的形式。"他曾说,"许多问题的解决,光靠法律不行,法律是死条文,是谁也不怕的。大字报一贴,群众一批评,会上一斗争,比什么法律都有效。"[①]这种形式最适合发挥群众的主动性,提高群众的责任心;有了这种形式,克服主观主义、官僚主义、命令主义,领导干部与群众打成一片,就容易做到了。可见,毛泽东希望通过政治运动的方式来实现人民的民主、消除政治和思想领域的阶级敌人。所以,美国学者马德森评价道:"在毛泽东领导下的中国,没有什么现象比群众动员运动更独特、更重要(至少对局外人来说)、更令人迷惑不解的了。"他统计,从新中国成立到毛泽东逝世,"这种全国性的运动计有70多次(地方一级的运动则要多十倍)。"[②]根据《建国以来毛泽东文稿》一书中经他本人批示过的运动的数目,共52次。可以说新中国成立后国家的建设进程,自然也包括推进基层民主进程,主要方式就是通过群众运动,也就

---

① 国防大学党史党建政工教研室:《中共党史教学参考资料》,国防大学出版社2010年版,第262页。
② 马德森:《毛泽东时代的中国群众动员》,载《外国学者评毛泽东》(4卷),中国工人出版社1997年版。

是以"大民主"的方式展开的。

邓小平提出,我们不搞大民主,要搞小民主。这里,大民主实际上是指没有既定制度规范的群众斗争风潮和闹事,即运动式民主,而小民主则是指认真执行我国宪法和法律所规定的民主制度,使人民自由发表意见的权利和其他民主权利受到应有的尊重和保障。民主必须在制度化的范围内有序开展,运动式的民主不值得效法。早在1962年,邓小平就曾注意到了政治运动的"大民主"方式最终会损害民主,他说"有许多事情形式上似乎比过去民主,但在实际上,官僚主义、少数人或个人独断专行的现象却是十分严重的。"[1]针对政治运动实行的"大民主"方式,邓小平提出要加强法律与制度建设,从而为当代中国的政治发展提供了保障和途径。民主如不法律化、制度化,人民的民主权利就无从体现也没有保障,从而就会落空,就会出现个人专断集权,或使整个社会处于无政府状态的局面。政治运动排斥法律和制度,往往根据领导人的意志和政策办事,带有很大的不稳定性和主观性,这就使社会的秩序和人民的民主权利失去了保障。因此,邓小平说:"必须使民主制度化、法律化,使这种制度和法律不因领导人的改变而改变,不因领导人的看法和注意力的改变而改变。"[2]

为了实现民主的制度化和法律化,邓小平积极倡导稳健地进行政治体制改革,"进行政治体制改革的目的,总的来讲是要消除官僚主义,发展社会主义民主,调动人民和基层单位的积极性"。[3] 改革开放以后,我国发展基层民主的一个重大进展,就是从运动民主转向制度民主,致力于民主制度的建设。第一是将发展基层民主提高到宪法地位。1982年宪法确认了城乡基层群众性自治组织的地位。第二是颁布了保证基层民主的具体法律。1979年通过的选举法,将人大代表直接选举的层次从乡一级提升到县一级,制定了选举的具体制度,扩大了基层民主的范围和领域。全国人大及其常委会先后制定了《中华人民共和国村民委员会组织法》,各地还制定了大量的地方法规,使得基层民主政治的制度建设更加健全。第三是积极完善基层民主政治建设的政策措施。1998年和2004年,中共中央办公厅、国务院办公厅先后下发《关于在全国农村普遍实行村务公开和民主管理制度的通知》和《关于健全和完善村务公

---

[1] 《建国以来重要文献选编》,中央文献出版社1997年版。
[2] 邓小平:《邓小平文选》(第2卷),人民出版社2002年版,第146页。
[3] 邓小平:《邓小平文选》(第3卷),人民出版社1993年版,第177页。

第二章　60年来中国农村基层民主的历史演变

开和民主管理制度的意见》,从而使农村村务公开民主管理普遍实行并完善起来。2002年,两办下发了《关于进一步做好村民委员会换届选举工作的通知》,推动农村村委会工作进一步走上制度化、规范化的轨道。2000年和2002年,两办先后发出《关于在乡镇政权机关全面推行政务公开制度的通知》和《关于进一步推行政务公开的意见》,切实保障了人民群众的知情权、参与权和监督权等民主权利。2001年和2003年,中共中央先后转发了《中共全国人大常委会党组关于全国乡镇人民代表大会换届选举工作有关问题的意见》《中共全国人大常委会党组关于做好全国县、乡两级人民代表大会换届选举有关工作的意见》,完善了县、乡两级人大代表直接选举工作。

(三)由协商民主趋向竞争民主

就基层民主选举过程而言,60年中前后两段时间的主要趋势是选举机制的竞争性逐步增强。

一定程度的竞争是选举得以实现的前提,也是民主的应有含义。但新中国成立后,政治协商成为中国民主制度的主要特征,就基层民主而言,对候选人的提名也遵循这一模式,主要是上级党组织(主要领导)确定一个提名人选,然后这个唯一的候选人经过一次选举会议的表决当选,完成"民主"程序。实行等额而不是差额选举,不允许竞争,更不允许候选人自由演说、自由竞争。"党委挥手、人大举手、政府动手、政协拍手"成为基层民主运作的真实写照。这种选拔机制有利于拍马逢迎、看风使舵的虚伪之徒,而不利于正直清廉、表里如一之人,不允许公开的合理的有规则的竞争,无规则的尔虞我诈、残酷打击就暗中疯长,由此导致民主生活的扭曲。改革开放后,民政部在总结各地经验的基础上,逐步确立了一套民主选举的程序和规则,包括候选人由村民直接提名,候选人名单提前公布,预选产生正式候选人,实行一人一票的直接选举、差额选举、民主竞争、无记名投票、秘密画票、当场公布选举结果、取消流动票箱及代投票等。特别是"差额选举、民主竞争"规则的确立,使选举过程的民主、公开、平等精神得到体现,有效保障了村民的民主权利,激发了村民参与的热情,村民自治也在此基础上注入了民主的因素。

改革后,民主竞争不仅出现在村民自治的选举中,还推进到基层政权的选举中。1998年,在四川先后出现了比较多的乡长镇长公推公选的事例。同年底,四川南城乡、步云乡先后进行了乡镇长直选,从而将基层民主的发展推到一个新的阶段。随后,全国各地出现了各种基层政权民主改革的尝试与创新,包括1999年深圳大鹏镇的"三票制"选举镇长,山西卓里镇"两票制"选举乡镇主要领导;2002年湖北杨集镇的"两推一选"镇党委书记、镇长;2003年4月至2004年2月,江苏省宿迁市用"公推竞选"办法产生37名乡镇长;2003年8月,重庆市城口县坪坝镇进行了选民直接选举镇长的试点;2004年,云南红河州石屏县的7个乡镇实现直选乡镇长。2003年,深圳、北京、湖北等地都出现了独立候选人竞选人大代表的事例,这些独立候选人包括私营企业主、律师、学生、农民等。由独立候选人竞选引发的争议直接导致了2004年的《中华人民共和国全国人民代表大会和地方各级人民代表大会选举法》的修改,这次修改增加了"引入预选,鼓励竞选"的内容,可以看作是中国基层民主选举走向竞争性选举的法律宣言。

其实,早在新中国成立前,延安根据地1940年的《边区选举条例》第二十五条规定:"各政党及职业团体可以提出候选人名单,进行竞选活动。"抗战期间,各边区政府在选举法规中,都辟有专章,明文允许团体和个人自由提出候选人并进行竞选活动,并强调在不妨碍选举秩序下不得加以干涉或阻止。"[①]候选人可以在竞选会上自由地公布竞选纲领,发表演说;或由团体组织选举队到街头进行宣传演出,有的则进行个别的鼓动工作,同时选民对候选人可以公开地进行批评或赞扬。晋察冀边区就有100余种报刊刊发选举相关文章。有些报刊专门就是为了选举而存在的,像阜平的《大家选》,曲阳的《民选》,定县的《民主洪流》等。[②] 新中国成立后基层民主选举中这种协商民主到竞争民主的转变,一定意义上应该说是对民主普遍价值的回归和尊重。

(四)由选举民主向监督民主转变

选举尽管是民主参与的一个重要方式,但民主并不仅仅表现在选举,选举之后的民主决策、民主管理和民主监督同样具有实质意义,甚至更重要的意义。

徐勇教授指出,村民自治从起步就是以组织重建为重心,其相关法律主要是《村民委员会组织法》。《村民委员会组织法》的关注焦点长期集中在选举方

---

① 韩延龙,常兆儒:《中国新民主主义革命时期根据地法制文献选编》,第1卷,中国社会科学出版社,1981年版。

② 张鸣:《中共抗日根据地基层政权的选举与文化复归》,载《浙江社会科学》2001年第4期。

第二章 60年来中国农村基层民主的历史演变

面。叶笃初说,公正的选举是落实民主的基础。"通过选举,可以暴露平庸的人、不称职的人,乃至坏人和恶人,更可以使优秀的人涌现出来。"[①]作为农村基层民主建设的基本途径,村民自治在20多年来进行了艰难的探索,以完善"民主选举"为代表的基层试验之路与制度化之路至今仍在继续。以"海选"为突破口的村委会选举发展迅猛,亿万农民开始真正享受村级民主选举权利。

但"选举"仅仅是民主的部分内涵。《村民自治法》颁布20年来,一些地方农村民主管理长期"空转"。对此一些群众称为"选举时有民主,选举完没民主"。只有民主选举,没有配套的民主管理、监督、决策制度,选举就变成"争权",争权后再"取利",结果"民选"干部,也不用民主的办法办事。村里决策没有完整严格的程序,使民主管理成为"夹生饭"。几个干部遇事议一议就出台决定,即使表决,也是"走过场"。群众往往是"事后知道得多,事前知道得少;被动告知的多,主动参与的少"。即使形成决议,执行起来难度也很大,干部一急,重走"难事情用蛮办法"的老路。这些问题在农村基层普遍存在。因为缺乏日常的民主监督、决策、管理程序,一些地方基层民主空转,助长了贿选、基层干部作风不正、腐败等一系列问题。[②]

但随着问题的出现,来自基层的深化民主权利的民主决策、民主管理和民主监督好经验好做法大量涌现,使民众不仅在选举时拥有民主权利,而且在选举后能同样拥有民主权利,实现了选举民主向监督民主的拓展。在民主决策方面,一些地方采取"议行分离"的方法,使村政村务的决策权与行政权分离,做实村民代表大会制度或成立村民理事会,将其塑造成行政村的决议机关,而原来的权力机关村委会则成为具体的执行机构。在民主管理方面,早在1991年前后,各地农村便纷纷涌现出由全体村民讨论制定出被称为"小宪法"的村民自治章程。据统计,目前,中国80%以上的村庄制定了村民自治章程或村规民约,建立了民主理财、财务审计、村务管理等制度。在民主监督方面,村民通过村务公开、民主评议村干部、村民委员会定期报告工作、对村干部进行离任审计等制度和形式,监督村民委员会工作情况和村干部行为。比如,河南省邓州市,在农村实行民主管理,以民主决策为核心,村务公开为保障,从这两个关键点入手,落实农民知情权、决策权、参与权、监督权,"把民主制度浓缩成

[①] 汤耀国:《力推基层民主制度化》,载《瞭望》,2006年第50期。
[②] 林为魏:《农村民主制度的创新》,载《瞭望》,2007年第5期。

'4+2'工作法,让群众一学就会,一用就灵。"①

四、存在的问题

60年来,中国农村基层民主建设取得了巨大成就,但不可否认,农村基层民主建设仍然存在一些不容忽视的问题。表现在以下几个方面:

首先,从村民自治与政权机关的关系上看,存在乡镇政府对村委会选举的操纵和控制。虽然法律上规定乡镇一级与村委会是指导与被指导的关系,但是在实际的运行过程中,乡镇一级由于处于压力型政府管理体制的末端,为了完成上级政府的各项任务和指标,需要村委会的密切配合和支持。在这种情况下,对村委会选举进行操纵和控制,选择一个让自己满意的村委会班子,就成了乡镇的必然选择。同时,在乡镇政府财政收入主要来自各种农村税费及集体经济(包括集体土地的出卖)收入的财政体制下,乡镇政府也有足够的动力来干预和操纵村委会的选举。

其次,就自治单位而言,存在村委会与村党支部的矛盾。法律上规定村党支部是村级各种组织的领导核心,同时村党支部的成员的任命来自乡镇党委,这种自上而下的权力结构与村委会自下而上的权力结构往往会产生冲突。这种冲突其实就是上层政治体制中党政关系的矛盾折射。为了解决这种冲突,各地进行了不少创新,如村委会与村党支部的"一肩挑",村党支书的"两票制"选举,但是这些并不能从根本上解决问题,在实际的运行中,因为两委冲突而出现两个权力中心或村级组织陷入瘫痪的状况不在少数。

再次,村民委员会产生过程中,贿选行为经常发生。我国农村干部有较大权力,特别是他们控制了土地的分配,使权力的含金量很大。越是经济发达的地方,土地资源的价值越大,人们越有可能追逐权力,贿选也越有可能发生。农民总体上比较贫穷,抗御各种生存风险的能力很弱,比较注重眼前利益,所以使贿选者不会支付很高的贿选成本。村委会运行过程中,财务没有充分公开,给"村官"暴富打开方便之门。在大多数情况下,"村官"的暴富和村集体的财务暗箱操作是分不开的,比如机动地承包收入、征地补偿费收入、出售房基地的收入等,都是大笔收入,少则几万几十万元,多则几百万上千万元。大凡能够快速暴富的"村官",多数是村集体比较富裕的,这一社会根源暴露出我们

---

① 林为魏:《农村民主制度的创新》,载《瞭望》2007年第5期。

村级的民主管理制度没有得到认真落实,有的则相当粗放。同样,由于农民的贫穷,以及农民缺乏组织资源,他们事实上很难对乡村干部进行监督。①

最后,民主制度不完善。如最近在全国各地大量出现的贿选问题,因为无相关法律的明确规定而不能得到有效的处理,从而影响了农村的稳定与发展。党内民主监督制度不完备。一是党员的揭发权、检举权没有得到充分行使。党员仅仅由于反映问题被抓被押情况时有发生,这与党内缺乏明确具体的检举、弹劾和罢免等制度,党员的这类权利缺少制度保障有直接联系;二是党内监督制度滞后。这一问题涉及的不仅仅是农村基层党组织的问题,而且是事关全党大局的问题。从现实情况看,党内监督制度往往是原则性要求多,具体细则少,不易操作,对党员开展监督的权利缺少保护措施,对抵制和干扰党内监督的行为缺乏惩戒措施,因而已建立的制度规章没有得到很好的贯彻。

五、基层民主进一步发展的途径展望

中国共产党十七大报告第一次将"基层群众自治制度"纳入中国的政治制度范畴,这是我们党不断推进政治制度自我完善与发展的生动体现。报告引人注目地提出,基层民主必须作为发展社会主义民主政治的基础性工程重点推进,"实现政府行政管理与基层群众自治有效衔接和良性互动",这进一步凸显了基层民主的重要性。经过长期的发展,中国基层群众自治制度体系已基本确立,组织载体日益健全,内容不断丰富,形式更加多样,城乡基层群众自治正在社会主义民主政治建设中发挥着越来越大的作用。特别是 2008 年以来,美国次贷危机波及全球经济,我国是出口导向型经济,对欧美发达国家市场依赖较大,所以我国经济的快速发展受到重大影响。而且,我国目前的改革已经处于攻坚阶段,遇到的问题都是深层次、结构性的核心问题。在贫富分化加大、官员贪污腐化久治不愈,社会矛盾激化的形势下,有效化解矛盾,维护社会稳定是中国党和政府当前和今后一个时期比较艰巨的任务。通过进一步发展完善基层民主、将社会矛盾消灭在基层、萌芽阶段,无疑是一个较佳选择。十七大报告将"基层群众自治制度"纳入中国的政治制度范畴,并作为发展社会主义民主政治的基础性工程重点推进,无疑说明中国共产党对基层民主制度

---

① 孟祥科:《中国农村基层民主制度实现路径分析》,载《中国特色社会主义研究》2006 年第 5 期。

对稳定社会巨大作用的充分认识与肯定。

中国改革属于渐进的改革。在政治体制改革过程中,突破口的选择是我们开展政治体制改革研究不得不面临的首要问题。突破口选择的不正确不仅使我们枉费大量的政治资源,而且由于选择的不正确,容易使我们丧失对改革的信心。从当前中国的政治体制改革实践看,目前民主改革的路径也就是从基层做起,从党内做起。

从党内民主的发展来看,选举制度改革是党内民主的突破口,党内基层直选是党内基层民主改革的一个亮点。对基层来说,党的选举制度改革就是扩大直接选举的范围和差额选举的比例。党的十七大报告已经明确指出:"逐步扩大基层党组织领导班子直接选举范围。"以往,基层党组织领导班子选举,多采用上级党组织经一定组织考察程序,形成候选人名单,然后交由党员选举的方式。当前,应逐步改进和完善基层党内选举制度。第一,改进候选人提名方式,建立组织提名与党员或代表联名相结合的提名制度,推进候选人提名的制度化、规范化进程。第二,改进候选人介绍方式。候选人的介绍,分组织介绍和自我介绍两种方式。"组织介绍",即由党组织进行人事安排的说明,对候选人的文化程度、知识水平、政治履历、以往政绩等方面进行详细、准确、适当的介绍和宣传。"自我介绍",即试行候选人竞选方式,对竞选演说的范围、承诺内容及方式等作出详细的规定。通过竞选演说、接受质询与提问增进了解。建立候选人与选举人见面制度,由候选人采取发放书面材料、回答选举人疑问等方式,让党员或党员代表对候选人的参选目的、动机、施政纲领有充分的了解。第三,改进和完善党内选举程序。选举程序要设计得合理、规范和严格,有利于选举人意志的表达。在经民主程序产生合适的候选人名单后,正式提交全体党员进行直接选举,产生基层党组织领导班子。① 就基层民主对执政党和政府的民主监督而言,应该把财政民主作为改革的突破口。② 从经济民主到财政民主,再到政治民主,也可能是中国民主发展的一条特色之路。③ 温家宝总理在第十一届人大一次会议的记者招待会上说:"其实一个国家的财政史是惊心动魄的。如果你读它,会从中看到不仅是经济的发展,而且是社会的结构和公平正义。在这5年,我要下决心推进财政体制改革,让人民的钱更好

---

① 许耀桐:《推进党内基层民主的十件事项》,载《前线》2008年第10期。
② 周天勇:《改革"持非税自重"》,载《南风窗》2008年第7期。
③ 刘尚希:《财政改革的分量》,载《中国改革》2008年第3期。

地为人民谋利益。"

实行财政民主化改革,对于基层来说,首先要改革卖地财政。卖地财政推高地价和房价,侵蚀农民和城镇购房居民的利益。改革开放以来,低价征用制度,从农民手中转移的利益在 15 万亿人民币左右,而卖地补偿给农民的不到其中的 5%。农民的土地财富,转变成了城市化和现代化的高楼大厦、公园广场、企业厂房、铁路公路、水库电站等,但是,许多农村的农民却因征地而致贫,形成 4000 万失地、失保和失业农民。最重要的是改革土地征用制度,明晰农民对农村集体土地应有的权利,取消非公益用地向农民强制征地的方式。①

其次是扩大财政透明度。应当说,这方面取得了不少进展,如部门预算、国库集中支付和政府采购,都在一定程度上扩大了财政透明度;政府收支分类的改革、金财工程的实施,强化了财政管理的基础设施,也为财政透明度的提高创造了一定的技术条件。这使财政透明度在公共部门内部有了很大的提高。从财政部门来看,对预算的执行过程有了更真实、更全面、更及时的信息,改变了预算执行过程中严重的信息不对称状况。从各政府部门来看,由于有了一本完整预算,透明度也提高了,各部门的任务、目标与各部门的预算执行可以更好地得以衔接。这样,各级政府对本级财政的规模、收支的来龙去脉、预算的执行情况较之过去有了更完整的掌控。但从政府与社会大众的关系来看,财政透明度仍不够,政府收支的规模及其来龙去脉模糊,资金使用效果更是处于"黑箱"状态,人大难以监督,大众不知情,因而民主理财也难以有实质性的推进。在政府财政透明度不高的情况下,是谈不上民主理财的。若是民主理财不能推进,民主政治的建设十有八九会落空。因此,进一步深化财政透明度改革,扩大财政民主,不但有助于管好用好纳税人的钱,而且通过预算对政府行为的约束,还可以推进整个政府的透明化,促进政治文明的发育和成长。②

---

① 周天勇:《改革"持非税自重"》,载《南风窗》,2008 年第 7 期。
② 刘尚希:《财政改革的分量》,载《中国改革》2008 年第 3 期。

第三章 我国基层群众自治的发展历程与未来走向

一、我国基层群众自治理论

（一）基层民主

民主是中国共产党一直坚持奋斗的目标，是现当代的一面旗帜。"发展基层民主，保障人民享有更多更切实的民主权利。""人民依法直接行使民主权利，管理基层公共事务和公益事业，实行自我管理、自我服务、自我教育、自我监督，对干部实行民主监督，是人民当家作主最有效、最广泛的途径。"[①]这就意味着基层民主是广大人民群众在政治、经济、文化和社会等事务领域，依法直接行使民主权利，直接参与公共事务和公益事业管理的制度与实践。

1. 基层民主

中国的基层民主是有关人民群众对基层政权和基层社会生活直接参与管理的制度安排。在这种制度中，广大人民群众依法直接参与到基层政治和社会组织的选举、决策、管理和监督中，并由此而产生了民主化的制度创新与政策。基层民主解决的是基层社会内部的自我管理、自我监督的问题，是一种平等成员之间的公共事务的自我管理关系，是一种平等民主的生活方式和解决基层社会问题的有效途径。

2. 基层民主特点

（1）主体的广泛性

我国的基层民主将绝大多数人口纳入基层的民主选举、民主决策、民主管理和民主监督中，保障了最广泛的人民参与基层民主的权利，故此具有参与主

[①] 胡锦涛：《高举中国特色社会主义伟大旗帜，为夺取全面建设小康社会新胜利而奋斗——在中国共产党第十七次全国代表大会上的报告》，人民出版社2007年版。

第三章　我国基层群众自治的发展历程与未来走向

体的广泛性。在我国实行的村民自治、居民自治、企事业单位的民主自治等基层民主的政治形式,推进了人民群众的民主参与的进程。人民实现当家作主,参与民主主要有两个方面,其一是人民通过选出的人大代表,通过人大行使管理国家的权利;其二即基层民主,人民通过群众自治,依法直接办理自己的事情,直接行使民主权利,这也是最广泛的民主实践。老一辈无产阶级革命家彭真指出"没有群众自治,没有基层直接民主,我们的社会主义民主的健全既缺乏一个侧面,还缺乏全面的巩固的群众基础"。[①]

(2)参与的直接性

参与的直接性,简单来说就是人民群众直接参与到民主之中。基层民主的基础是建立在社会中每一个成员的意愿都能够完全表达,每一个成员都有权参与、做出决定并实行监督之上的。我国的发展基层民主最基本的一条原则,即能够最大限度地体现民主内容与形式直接性的特点,也就是说基层民主建设必须与人民群众的切身利益有关,与人民群众直接行使民主权利有关。这主要体现在两个方面:一方面是利益的直接相关性。即基层民主的内容必须与人民群众的利益直接相关;另一方面是直接参与性。即人民群众能够直接参与公共事务和公益事业的管理,能够切实有效地参与到民主进程中。

(3)利益的相关性

三十年的发展历程证明,我国基层民主能够得以迅速发展的最原始动力就是利益。民主随利益而行,它与民生相携而行,事实上它也是利益保障和均衡的一种机制。现今,人民群众的直接利益集中在基层,同时矛盾也积聚在基层。人民群众参与到基层民主中,依法直接管理与直接利益相关的公共事务和公益事业,就是从与自身切实利益相关出发的,是为了通过直接参与选举、决策、管理和监督,更好地维护和发展自己的利益。

(4)自治性与无限性

基层民主主要解决的是基层人民内部的问题。自治的主体是组织中的个体,具有直接管理与自己利益相关的事务,而不受行政过分强制的权利。基层民主的无限性,主要是指基层民主的形式是发展着的,不会随着国家政权的消亡而消失。按照马列主义的观点,国家制度的民主会随着国家的消亡而消亡,但是体现人民群众利益需求的基层民主形式是不会消亡的,它是持续发展着的。

[①] 彭真:《通过群众自治实行基层直接民主》,载《彭真文选》,人民出版社1991年版,第606页。

基层民主是中国民主建设、民主法制建设和政治体制改革的一项重要内容。它对中国的经济腾飞、政治发展和社会进步起着举重若轻的促进作用。同时基层民主又是社会主义现代化建设的重要环节和重要保证之一,是保障人民根本利益的有效途径。我国是社会主义民主国家,保障人民群众的民主权利,发展基层群众自治不仅弥补了我国在基层民主进程中的不足,同时促进了基层民主健康全面的发展和广大人民群众参与的积极性。

(二)基层群众自治

1. 基层群众自治的内涵

(1)基层群众自治的定义

我国的自治制度分为民族区域自治、香港和澳门的特别行政区域自治和基层群众自治制度三种类别。对基层群众自治的界定首先出现于村民委员会组织法中。在我国基层群众自治的定义是城乡基层群众在中国共产党的领导下,依照国家的法律法规与政治政策,根据平等选举、公开监督、少数服从多数、法治等基本原则,按照一定的程序,对基层群众自治组织领导人进行民主选举、民主监督,对基层公共事务与公益事业进行民主管理、民主决策、民主监督的制度、规范和实践活动。其表现为基层群众的"三个自我",即自我管理、自我服务、自我教育。其宗旨就是要建立一个管理有序、服务完善、文明和谐的基层组织。作为中国基层民主的重要组成部分,基层群众自治是中国特色社会主义民主最广泛的实践活动。

(2)基层群众自治的内容

我们的基层群众自治内容主要包括村民自治、城市社区自治和企事业单位职工代表大会制度。

农村村民自治是伴随着农村合作社解体,农村家庭承包制兴起而产生的。它是指在人民民主专政的社会主义国家和中国共产党的领导下,按照农村村民居住地区组建起来的,广大农民群众依法行使民主权利,依法办理自己的事情,实现自己当家作主,从而实现"三个自我"即自我管理、自我教育、自我服务的一项基本社会主义民主政治制度。它由民主选举、民主决策、民主管理、民主监督构成。《村民委员会组织法》规定,村民委员会是村民实行自我管理、自我教育、自我服务的基层群众性自治组织。从而以法律的形式确立了村民委员会的主导地位,确立了群众自治组织的基本形式。村民自治是广大的人民群众在具体的社会实践中创造出来的产物,是人民群众智慧的结晶。

第三章 我国基层群众自治的发展历程与未来走向

我国城市社区自治始于20世纪90年代末期的社区建设。1989年颁布的《城市居民委员会组织法》规定，社区居民根据一定的组织形式，享有实现自主管理社区事务的权利，并享有通过民主选举、民主决策、民主管理和民主监督的方式，自主创立社区体制、优化社区资源、改善社区功能，从而提高社区居民物质生活和精神生活质量。① 城市居民委员会是城市居民自治和推动城市基层民主的重要途径，是城市居民依法实行群众自治和直接民主的一种制度。城市社区的利益相关者通过直接面对面协商、消除分歧、达成共识，从而整合资源，采取合作互利的行为，来共同管理社区公共事务。

职工代表大会，是我国企事业单位采取民主管理的基本制度和形式，它是企业职工依法实行民主权利的方式，企业职工通过职工代表大会，对企事业单位的经济、社会和其他事务进行直接的民主决策、民主参与与民主监督。企业全体职工通过企业职工代表大会直接选举职工代表，职工代表代替全体职工行使企业民主管理的权利。作为基层民主政治的一种基本形式的职工代表大会制度，对推进企业基层民主政治建设，保障和落实企业职工民主权利，从而维护企业职工合法的权益，创建协调稳定的关系，强化党与职工群众的联系，巩固党的执政地位，促进广大职工的积极性和创造性的发挥和企事业单位的稳定改革发展，都具有深远的意义和重要的作用。

2. 基层群众自治的特征

(1)自治是基层群众自治的本质特征

我国现行颁布的法律、法规内容中规定，基层群众自治组织，主要有村民委员会、居民委员会和职工代表大会这三种基本形式，它指城乡居民依据相关法律，直接实行"四个民主"和"三个自我"，直接参与公共事务管理，维护自己的利益，从而增强我国民主的广泛性与实效性，培育良好的社会环境。自治是基层群众自治组织的核心和灵魂所在，简而言之即是人民群众自己治理自己，它主要有三个方面的含义。

首先是自治的"基层性"。从我国现阶段的具体国情来看，我国有省级民族区域自治、州级自治、旗级自治和民族自治县等不同的自治级别，这些自治形式有着不同的层次。村委会、居委会以及企业职工代表大会是最基层的自治组织和最低层的自治形态。这种自治的基层性使得它与广大人民群众关系密切，最能直接反映人民群众的诉求，最能体现人民群众利益的表达。同时也

---

① 邓泉:《中国城市社区居民自治》,辽宁人民出版社2004年版。

决定了基层群众自治起到了连接党和群众的桥梁作用，是能够把党的方针政策落实到广大人民群众中的基础。

其次是自治的"群众性"。社会生活是人民群众生活的集合体，这使得基层群众自治组织的任务是综合的。基层组织首先要管理职责范围内的公共事务和公共事业，其次还要调解人民群众之间的纠纷，维护当地的社会治安，同时还要向上级汇报群众的意见、要求，并向上级提出建议等。这种自治的群众性，决定了基层群众自治组织有别于各级政权组织，青年团、妇代会等群团组织。基层群众自治的参与主体和管理主体都是基础群众，这也决定了基础群众自治组织在管理的过程中只可采用说服教育，依托群众的自觉自愿，依法行使自治的权力，而不能采用强制的手段。群众自治组织是人民群众当家作主，自我管理的组织，广大的人民群众是自治的参与主体和力量的来源。

最后是自治性。自治具有政治性和社会性的概念，指在一定的社会单位内，社会成员或管理机关依法在一定职责范围内拥有决定内部事务的权利，如选举权、决策权、管理权、监督权等。所有自治组织的本质属性都是自治，基层群众自治是自治组织，它的本质特征也不例外，自治性是它的本质体现。

基层群众自治的特点是自治组织不是政权机关，也不是派出机构，它只要行使单一的自治职能即可；自治组织内选举出来的代表也不是国家行政公职人员，它只代表人民群众行使管理自治组织的事务；自治的范围是以基层群众生活的社区为自治单位，只包括基层的社会生活；自治是为了实现基层群众的自我教育、自我管理、自我服务，实现对基层社会生活公共事务的有效管理，从而促进基层社会的和谐发展。

（2）民主是基层群众自治的核心内容

社会主义民主的本质是人民群众当家作主，这就意味着人民群众是国家和社会的主人，社会的生产资料归人民拥有和支配，人民群众拥有管理国家事务和其他各种社会事务的权利。我国的社会主义民主有两类：间接民主和直接民主。间接民主指公民通过选举代表，从而把权利授予代表去行使，不直接参与选举和管理国家事务的一种民主，例如我国的人民代表大会制度就是一种间接民主的形式。直接民主指全体公民依法直接行使选举、管理、决策、监督的权利。这就意味着人民群众能够亲身参与国家和社会事务的管理，直接表达自己的诉求。我国的基层群众自治就是一种以直接民主为主要形式的基层民主，这种形式最容易使人民群体验到当家作主，最能激起人民群众参与政治的热情和积极性。

第三章　我国基层群众自治的发展历程与未来走向

基层群众自治实行直接民主的具体办法,是人民群众在实践中首创的"四个民主"——民主选举、民主决策、民主管理、民主监督。其中民主选举开启了民主自治的大门,基层群众通过全体会议或者代表会议的形式,参与基层事务的决策、管理和监督。民主决策、民主管理和民主监督分别是民主自治的关键、根本和保障。被称为人民群众伟大创举的这"四个民主"加强了基层民主建设,促进了基层群众自治制度化、规范化。

(3) 平等是基层群众自治的基本原则

权利平等是民主政治的内在要求和重要体现,也是我国基层群众自治的又一核心要求。基层群众自治的理想模式是实现普遍的平等,也就是每一位公民都享有平等的权利。

这里平等原则主要体现在:其一,人民群众享有平等的选举权与被选举权。凡是年满十八周岁的我国村民,不分民族、种族、性别、职业、家庭出身、宗教信仰、教育程度、财产状况、居住期限,都拥有选举权和被选举权,但依照法律被剥夺政治权利的人除外。其二,基层群众拥有平等的决策权与管理权。

(三) 基层群众自治对基层民主的作用

1. 基层群众自治是基层民主的实现形式

"中国的民主成长应是一个渐进式的推进过程,在推进民主成长的过程中,不仅需要高层的民主建设,而且需要基层的民主建设,其中基层的民主发展对中国民主成长更具有战略意义"。[①] 人民群众通过基层群众自治组织,依法直接参与到政治民主活动中,依法行使相关的民主权利,依法直接管理基层公共事务,实行"三个自我",同时实行对干部的民主监督,是实现人民当家作主,实现社会主义民主政治最有效的途径,也是发展基层民主的基础性工程和实现形式。

十七大报告指出:"坚持和完善人民代表大会制度、中国共产党领导的多党合作和政治协商制度、民族区域自治制度以及基层群众自治制度,不断推进社会主义政治制度自我完善和发展。"[②] 这使得基层群众自治的重要作用得到

---

① 林尚立:《基层群众自治,中国民主政治建设的实践》,载《政治学研究》1999年第4期。

② 胡锦涛:《高举中国特色社会主义伟大旗帜,为夺取全面建设小康社会新胜利而奋斗——在中国共产党第十七次全国代表大会上的报告》,人民出版社2007年版。

了进一步的提升,使得人民群众参与基层民主有了进一步的制度保障。

我国的基层群众自治制度是人民群众在具体的民主实践中首创并逐步发展起来的,是发展基层民主的有效的民主样式。基层群众在基层党组织领导下,依靠自治组织,依法行使民主选举、民主决策、民主管理和民主监督的权利,实行自我管理、自我服务、自我教育的制度与实践。现阶段在推进基层民主的进程中,我国结合具体的国情,已经建立了相对完善的基层群众自治制度体系,这主要有农村村民委员会、城市居民委员会以及企业职工代表大会三种形式。

2. 基层群众自治是基层民主的基础

我国是一个人民民主的国家,人民当家作主是人民民主的现实体现。人民群众一方面通过参与国家事务来实现民主参与,即人民代表大会;一方面通过基层群众自治来实现基层民主参与,即人民群众在基层社会领域的自治。

现阶段,随着现代社会的逐渐发展和个体民主意识的增强,以及政府服务与人民群众日常生活关系的日益密切。完善基层群众自治,加强人民群众对基层政府管理事务的参与和监督,已经成为发展社会主义基层民主和社会健康发展的共同需要与意愿。发展基层群众自治,培育自治良好的群众性、自治性和民主性氛围,提高群众自治的积极性与创造性,增强基层管理的合力,不仅是基层民主的要求,也是基层群众自治在民主发展中的重要作用。

基层群众自治,是基层民主成长和巩固的基础,是人民群众参与民主的重要途径,也是政府与社会有效协调的关键之处。没有基层群众自治这个要素,没有基层民主的健康发展,没有人民的广泛参与,社会就不可能健康成长,国家建设也将失去前提和依靠的基础,因此,要发展社会主义人民民主,发展社会主义基层民主,就必须着力发展基层群众自治,把基层民主因子根植于群众,根植于社会,促进社会主义民主的健康发展。

二、我国基层群众自治的历史发展

党的十七大上,首次把"基层群众自治制度"写入党代会报告,正式与人民代表大会制度、中国共产党领导的多党合作和政治协商制度、民族区域自治制度并列,成为中国特色的政治制度之一。作为国家积极推行的一项基层民主制度,基层群众自治已经经历了 30 年的风雨历程。

第三章　我国基层群众自治的发展历程与未来走向

（一）基层群众自治的历史资源考察

现代意义上的基层群众自治起始于20世纪80年代,是改革开放的产物,但这并不是说群众自治是凭空产生的。事实上,村民自治的因素自古就有,并一直存在,且潜移默化地影响和制约着后来的群众自治。因此在探讨群众自治的发展历程之前,有必要对中国古代的乡村自治的历史进行追溯和梳理。

1. 中国古代的自治因素

在中国几千年的历史进程中,相对于浓重的封建专制来说,"自治"的因素虽说比较淡弱,但仍有迹可循。早在氏族社会,就有"天下为公,选贤与能"(《礼记·礼运篇》)的说法,对不得民心的首领,《尚书·尧典》则曰其"流共工于幽州",这些都说明在氏族社会,成员之间有着较为平等的关系,通过"选举"和"罢免"等机制,氏族成员有着参与氏族社会管理的权利。进入奴隶社会,专制和不平等的成分加大,但在某些地方仍体现出"自治"的性质和精神。比如周代的"六乡",倡导"五家为比,五比为闾"等,使乡村群众之间"相保""相受""相葬""相救""相赒""相宾"等,这些都体现了最初的"自治"思想。

到了封建社会,中央集权得到不断的强化。官方控制与统治进一步加强,使得群众"自治"功能弱化,地方自治的因素也越来越淡。但乡里社会仍有自治的成分存在,尤其突出的是元代"村社"的成立和"锄社"组织的出现。元代在"村社"组织中设置了"社长"负责管理制;而"锄社"则是农民之间为了收割田地而成立的互帮互助的农民组织。其次元代还在村社中采用了重处罚的管理方法,同时,又重视新办"社学",选择有学养的人为师,教授村社中的子弟文化,以提高农民的文化和农业生产能力。鉴于元代农村社会中这样积极的"自治"因素,有学者认为"比较完整意义上的中国村民自治的历史应始于元明时期"。[①] 这种说话虽然过高地评价了元明时期的乡村管理,但却说明了元代农村较强的"自治"特点。

中国古代自治的因子,虽然在专制的体制下显得微乎其微,但其中所蕴含的自治精神却不可忽视。从某种程度上说,这种看似弱小的因子,是现阶段基层群众自治的良好的历史资源。

2. 清末时期的乡村自治

清末,政局上的内外交困,传统乡里制度的重大变化,迫使清政府城镇乡

---

① 马小泉:《国家与社会:清末地方自治与宪政改革》,河南大学出版社,2001年版。

村自治进行了一些改制。光绪三十四年(1908),宪政编查馆奏呈《城镇乡地方自治章程》,共9章112条,对自治的含义、范围、经费、选举人及被选举人资格、自治人员的任期和处罚做了规定。清政府原定逐年推行自治,预计在宣统五年(1913)在全国普遍实行乡镇自治。根据章程规定,镇乡为地方自治的最基本单位,地方人口5万以上者为"镇",5万以下者为乡。城镇设"议事会""董事会"等机构,乡设"议事会""乡董"为自治职。城镇议事会会员20名为定额,乡议事会议员6名为低限。议事会设议长副议长各一名,有议员用无记名单记法互选。①

这一时期的乡村自治具有以下特点:

(1)积极意义。首先,章程的颁布使得"自治"的概念引入到了乡镇自治中,有统治者提出乡镇自治在中国历史上还是首次。其次,在自治中,大胆地向西方学习,努力汲取西方的自治思想和借鉴西方的"自治"经验,同时指出在学习西方的同时不能丢弃忽略中国固有的传统历史。再次,清末关于城镇自治事务以及对地方公益事宜的重视,与当前村民自治的内容基本一致。最后,清末乡村自治过程中已初现自治与国家权力辩证关系理解的端倪。

(2)局限性。首先,清末统治者倡行的乡里自治,不是站在民众利益的角度,而是站在稳固自治统治的角度出发的,是保守的清政府和同样保守的地方乡绅为了互相的利益而相互合作,保持他们政治权利的企图。其次,清末城乡自治中,严格限制选民的选举资格,是一种有限的选举。

3. 中华民国时期的基层自治

1912年,中华民国成立,孙中山提出了"三民主义"和《中华民国临时约法》中的"民权""民生",以及地方自治的思想,对乡村制度建设产生了一定的影响。② 代表性的有:翟城村的"自治模范村"和阎锡山的"村制",对后来的自治产生了不小的影响。

现代乡村自治的源头是河北省定县翟城村的自治,有其"谈乡村自治者,自翟城村始"的说法。1915年7月,政府下令办理京兆"自治模范区",定县知事孙发绪依据袁世凯的命令精神,仿照日本模式,在1915年10月,促成了翟城村自治公所的建立。翟城村自治有如下特点:第一,地方政府是翟城村自治的促动者,乡绅是翟城村自治的具体运作者。第二,重视村民参与,村自治职

---

① 费正清、费维恺主编:《剑桥中国晚清史(下)》,中国社会科学出版社1994年版。
② 《孙中山全集》(第一卷),中华书局1981年版,(第六卷)1985年版。

第三章　我国基层群众自治的发展历程与未来走向

员由村民选举产生。第三,重视村民特别是村自治职员素质的提高,这点从某种程度上说,在当今群众自治仍有着重要的意义。①

在翟城村自治之后,阎锡山在山西统治期间实行的"村制"也较有代表性,对后来的村治产生了不可小觑的影响。1917年9月,山西颁布了《县属村制通行简章》,实行"村制",后来由于山西的村制目标模式发生了变化,阎锡山又放弃了原来拟定的村制模式。②阎锡山的村制内容很多,不同时期也有不同的差异,总的来说有以下的特点:一是村组织机构比较健全,立法、行政、监督等机构责权分明;二是建立规章制度,实行财务公布制度,这可视为财务公开制度的萌芽。虽然阎锡山一再标榜实行"自治",并为此建立了一系列的自治制度,但从实际操作来看,村民的权利得不到法律保障,行政色彩很浓,强制干预的情形严重。

山西之后,全国范围内不少的省份也实行了"村自治",表现出了各种不同的特点。值得注意和提出的是,在乡村自治的过程中,村民教育的开展尤为热烈和引人注目,其代表人物是梁漱溟和晏阳初。他们认为,农民教育问题是实现乡村自治的根本问题,这个论断即使在今天也不无启示作用。

需要指出的是,蒋介石执政期间也倡导乡村自治,但此时的自治已沦为蒋介石加大控制乡村的工具。从根本意义上说,中华民国时期的乡村自治,并非是国家对民间社会控制力的削弱,相反却是加大了这种控制。尽管表面上是以乡村自治的形式出现,但是无论是蒋介石还是阎锡山,他们不可能放弃专制和控制的目的,让人民群众实行真正的民主和自治,这是由他们权利的性质决定的。但我们也不能否认他们在乡村自治过程中所作出的努力。

(二)新中国成立前后的我国乡村民主状况

1. 新民主主义革命时期的乡村民主

中国共产党一直都非常注重基层民主的建设,在新民主主义革命时期,我们党以争取民主独立和人民解放为目标,紧紧依靠工农群众,确立发展基层民主的原则,探索并开始实践基层民主建设的新形式。

这一时期乡村民主主要表现为:第一,人民群众当家作主,充分享有自由、民主和平等的言论权、监察权,能真正以主人翁的姿态参政议政。第二,创立

---

① 米迪刚、尹仲材:《翟城村》,中华报社1925版,第106页。
② 刑振基:《山西村政纲要各论》,山西村政处1929年版。

了代表会议制度,代表会议是人民行使权力的机关,决定一切革新事宜,行使选举和罢免各级行政委员的权利。第三,重视竞选,竞争是现代民主的一个重要特征,这一时期,中国共产党在革命根据地的乡村民主选举中,竞选成为合法的方式,并有一定的竞选程序和竞选限制。第四,选举中采用村民直选方式,并创新了投票方法。在村民直接选举村政府的过程中,强调普遍、直接、平等和秘密的原则。并且鉴于当时村民文化水平普遍不高的情况,村选委员会因地制宜,创新了红绿票法、画圈法、画点法、豆选法、投纸团法等多种投票方式,便于广大选民积极参与选举活动。第五,建立了选举诉讼和差额选举制度。在选举诉讼中,规定了选举诉讼的受理时限、受理机构等,确保了选举的公正有效,对当前的村级选举中的纠纷处理有着很好的借鉴作用。①

中国共产党在革命根据地领导的乡村民主,具有十分重大的政治意义。通过基层民主建设,让人民群众在实际生活中真正感受到当家作主的好处,造就了人们政府清廉、民主的政治形象,赢得了人民群众的广泛支持,巩固了我们党与群众的紧密联系,为争取革命胜利奠定了雄厚的群众基础。但需要指出的是,中国共产党领导的革命根据地的乡村民主也具有明显的局限性。由于新民主主义革命的主要任务是武装夺取政权,这使得乡村民主具有明显的战时性,重视民主选举和民主管理,却忽视了其民主的服务性功能,而此时的乡村选举与真正的民主选举还存在一定的差距,基础民主的思想及其实践还是初步的,范围也是有限的。

2. 新中国成立初期我国的基层群众自治

新中国建立初期,整个国家处于恢复、调整和建设中,地方政权尤其是乡村政权受到了高度重视,国家权力对乡村的控制相当严格,但民主建设的步伐仍在继续。其取得的主要成就表现在:

(1)农民基层政权的建立和巩固。第一,建立农民协会。为配合巩固新政权、土地改革和建设新中国的任务,中国共产党在新中国成立后在全国各地纷纷建立了农民协会。② 1950年7月14日,政务院在第41次会议上通过了《农民协会组织通则》,指出农民协会是农民自愿结合的群众组织,是农村改革土地制度的合法执行机关。《通则》还规定了农民协会会员的条件、权利和义务,

---

① 米有录,王爱平主编:《静悄悄的革命——中国村民自治历程》,中国社会科学出版社1999年版。

② 李德芳:《民国乡村自治问题研究》,人民出版社2001年版。

第三章 我国基层群众自治的发展历程与未来走向

规定了农民协会的各级组织的产生办法和经费来源等。《农民协会通则》以法律的形式将农民协会确定下来,突出了农民协会自愿、互助、民主的自治色彩。第二,废除保甲。随着农民协会的建立,广大农民群众对民主的热情和要求也更加强烈,纷纷要求废除保甲,建立乡村人民政权。第三,重视选举的作用。1952年2月11日,在中央人民政府委员第二十二次会议上通过了《中华人民共和国全国人民代表大会及地方各级人民代表大会选举法》,这无疑具有重大的意义。该法详细规定了选举的区划、方式、有无选举权和被选举权的界限;规定了地方各级人民代表大会的名额;规定了选举委员会的任务、组织、选民登记法[1]。这是我国第一个最为详细、体现普遍、平等和民主选举精神的选举法。随后,邓小平对这个《选举法》作了说明,指出这是一个体现"真正民主的选举制度"的法律。

(2) 人民公社化运动的开展。农村人民公社化运动是中国共产党在全面开展社会主义建设中,为探索中国社会主体建设道路所作出的一项重大决策。影响最大的是,人民公社时期实行的民主管理和民主监督制度。其中民主管理,包括制度的建立、计划的制订、资金的使用、收益的分配等重大问题,这些都要经过群众讨论。刘少奇在湖南也提出了"民主办社"的问题,他指出实行民主,就是要社员当家作主,而不是由干部当家作主。经济管理方面的大事情,必须由社员大会讨论决定。这些对后来产生了直接的影响。随后,在1966年至1976年的"文化大革命"期间,中国农村的基层民主建设基本处于瘫痪,民主和自治的成分越来越淡。

总之,从中国古代到"文化大革命"结束的漫长时间里,民主和自治的因素一直存在,它以这样或那样的方式影响着当前的中国群众自治活动,给当前的群众自治提供了很好的借鉴作用。然而,以往的自治与当前的自治不仅在自治程度上而且在自治性质上都存在着根本的不同之处。

(三)改革开放以来我国基层群众自治的兴起与拓展

党的十一届三中全会的胜利召开,标志着我国进入了改革开放时期。从这以后,基层群众自治也进入了社会主义民主政治建设的新阶段。

1. 基层群众自治的萌芽

1980年,广西宜山县的三岔公社合寨大队的和北牙公社的冷水村,以及

---

[1] 中央档案馆编,《中共中央文件选集》(第1册),中共中央党校出版社1989年版。

罗城县长安公社牛毕大队的新维村由于社会管理的实际需要,建立起了第一个村民委员会,取代日益瓦解的生产队,随后各地争相效仿,村民委员会建设蓬勃开展,自此我国的基层群众自治开始萌芽。①

果作村村民委员会的成立产生了示范效应,当地其他村庄也开始自发地成立各种类型的自治组织。四川、河南、山东等省的部分农村地区村民委员会式的组织也初露端倪。这种不同于人民公社时期生产队和生产大队的新兴组织主要负责调解邻里纠纷,维护社会治安,兴修水利与道路、发展生产,效果十分良好。同时随着"包产到户"家庭联产承包责任制的推行,农民自主权不断扩大,权利意识日益增强,人民公社"政社合一"的体制也显得越来越不适应,"政社分开"势在必行。

"村民委员会"这一村民自治组织形式引起了中央政府的关注,同时得到了强有力的支持,被纳入到国家法律的框架之中。1982年在第五届全国人大第五次会议上通过的《中华人民共和国宪法》总结了农民群众的伟大民主创造,确认了城市居民委员会和村民委员会是基层的群众性自治组织,规定了城市和农村实行基层自治的基本方向。随后,根据宪法的要求,全国各地开始进行了村民委员会的试点。尽管宪法对我国基层群众自治的规定非常简略,有关自治的许多方面都未涉及,但是作为我国农村村民自治组织的村民委员会从此不仅有了法律基础,而且第一次以根本大法的形式固定下来,开创了村民自治这一空前广泛的社会主义基层民主的先河。

2. 基层群众自治的形成

1982年年底,我国农村村民委员会已经全面萌芽并且大范围成立,至此村民自治逐渐形成。

随着改革开放,家庭联产承包责任制的全面推行,农村的经济发展逐步驶入快车道,政治发展也沿着中国特色的民主方向稳步前进。1983年10月,中共中央在正式发布的《关于实行政社分开建立乡镇的通知》中指出,结束人民公社体制,建立乡政府体制。② 至此,村委会进入了全面的、具体的建设阶段。村委会的发展取得了一定的成绩,一方面,1985年,在全国范围内,生产队改

---

① 于向阳:《我国农民的伟大创举——广西、江苏建立村委会考察报告》第14期,1984年7月。

② 中共中央文献研究室编,《三中全会以来重要文献选编(下)》,人民出版社1982年版。

第三章　我国基层群众自治的发展历程与未来走向

村民委员会的工作基本结束,共建立了约十万个村民委员会。另一方面,1987年11月,《中华人民共和国村民委员会组织法(试行)》中全面而具体地规定了村民委员会的性质、地位、职责、产生方式、组织机构和工作方式以及村民会议的权力和组织形式。从此作为一项新的群众自治制度和直接民主制度,村民自治在法律上得以正式确立。全国各地依据《组织法》,开始了如火如荼的基层自治建设,各项村民自治的制度得以逐步建立和完善。

1990年9月26日,在民政部发布的《关于在全国农村开展村民自治示范活动的通知》中,对村民自治示范活动的具体事宜做了进一步明确规定,对其重要意义、基本内容及示范单位的标准和领导等都做了具体明确的规定。随后在1994年,民政部在第十次全国民政会议上及时总结各地自治经验,正式提出了"四个民主":民主选举、民主决策、民主管理和民主监督。村民自治经验的总结进一步提高了农村基层民主的制度化水平,有效保障了广大农民的自治和民主权利,完善了村民自治活动的制度规范。1997年党的十五大上,首次把村民自治的"四个民主"写进了党代会的报告,同时强调要进一步扩大基层民主,建立完善民主选举和村务公开制度。[①] 次年,又以《中华人民共和国村民委员会组织法》的形式,在原有的三个自我之外,增加了"四个民主"的规定,推动了村委会直接选举和村务公开的迅速发展,以及民主管理的深化,使我国农村基层民主政治建设向着法制化、规范化的道路发展。《村民委员会组织法》是中国历史上第一个全国性的村级自治法律,它不仅总结了早期的村民自治,同时又开启了村民自治的新局面,有力地推动了村民自治的发展。[②]

至2001年年底,《村民委员会组织法》得到了全面的实施,绝大部分的省份都制定并颁布了村委会组织法实施办法和新的选举办法。大部分村建立了村民会议或村民代表会议制度,制定了村规民约或村民自治章程,并推行了村务公开制度。普遍建立了民主决策、民主管理、民主监督的各种制度和规定,民主选举的规范化程度得以深化。村民自治得以纵向和横向全面发展,促进了我国农村基层民主政治的建设,保障了人民群众当家作主的权利,提高了人民群众参与政治的积

[①] 中共中央文献研究室编,《十五大以来重要文献选编(上)》,人民出版社2000年版。

[②] 中华人民共和国第九届全国人民代表大会常务委员会,《村民委员会组织法》,法律出版社2002年版。

极性、主动性和创造性。同时基层群众自治维护了基层的稳定,促进了基层的发展,以四个民主为主要内容的村民自治制度也得到不断的完善。

3. 基层群众自治的发展

2002年7月14日,中共中央办公厅、国务院办公厅对村委会换届选举工作进一步做了规定,颁发了《关于进一步做好村民委员会换届选举工作的通知》(以下简称《通知》)。通知中对村委会的选举程序,换届选举工作作出了明确的指示和规定。这是全面规范村民委员会选举工作的第一份中央文件,对农村基层民主政治建设,村委会选举程序,以及村民委员会换届选举工作,提供了重要的政策依据。[1] 对进一步激发广大人民群众当家作主的积极性,做好村委会直接选举工作,进一步完善村民自治,促进社会主义基层民主建设,产生了意义深远的影响。

《通知》颁发后,民政部根据文件的精神和要求,积极努力指导各地村委会换届选举工作。全国各地在村委会选举工作中,对村委会选举中存在的新问题、新情况,进行了细致的排查,并对问题采取了切实有效的措施和积极的整改。这一年基层群众自治的选举工作取得了较好的发展,绝大多数的村委会开展了换届选举工作,大约4亿多选民和60多个村委会参与其中。此时的村委会换届选举表现出如下特点:一是农民的参与选举的热情和积极性得到进一步提升,广大农民经历了选举实践的锻炼,提高了民主法制素质。二是选举工作有法可依,有规可循,推选权、提名权、选举权、投票权、罢免权得到了初步落实,选举朝着制度化、程序化、规范化方向健康有序的发展。三是呈现出了一批思想作风正、文化水平高、能力强的村委会班子。村民选举的结果基本令人满意,当选的村委会成员中,妇女成员、少数民族成员也占有一定比例。

2004年,为了进一步及时总结和完善基层群众自治,中共中央办公厅、国务院下发了《关于健全和完善村务公开和民主管理制度的意见》。意见对基层群众自治中人民群众的知情权、参与权、监督权和决策权作了进一步明确的指示,并强调健全村务公开制度、村务管理监督制度,完善民主管理。[2] 同时,为了进一步发展和扩大基层民主,各种民主方式,农民专业合作社、专业协会等

---

[1] 中华人民共和国第九届全国人民代表大会常务委员会,《村民委员会组织法》,法律出版社2002年版。

[2] 中共中央文献研究室编,《十六大以来重要文献选编(上)》,中央文献出版社2005年版。

第三章　我国基层群众自治的发展历程与未来走向

新型的农民专业合作经济组织也如雨后春笋般发展起来,呈现出欣欣向荣的景象,有效地促进了中国政治体制改革。

三、我国基层群众自治的现状分析与考察

"要坚持中国特色社会主义政治发展道路,坚持党的领导、人民当家作主、依法治国有机统一,坚持和完善人民代表大会制度、中国共产党领导的多党合作和政治协商制度、民族区域自治制度以及基层群众自治制度"。[①] 这表明基层群众自治制度首次正式被纳入到中国特色政治制度范畴。这一举措不仅深化了基层群众自治的内涵,而且也为基层民主发展提供了指导思想和行动方向。

(一)现阶段我国基层群众自治取得的成就

我国基层群众自治发展的 30 年史,是一部探索和逐步走向成熟的历史。经过了 30 年的实践摸索,基层群众自治逐步走上了法制化和规范化的道路,促进了城乡经济的发展和社会稳定,促进了社会主义政治建设的完善。

1. 有关基层群众自治的法律日趋完善

法制是社会发展的保障,同时也是基层民主健康发展的保障。新时期,我国有关基层群众自治发展的法律已得到了极大的丰富,从单一走向了多元,从缺失走向了完善。1982 年的新宪法,正式明确规定农村基层群众性自治组织的法律地位。1987 年通过的《中华人民共和国村民委员会组织法(试行)》,第一次为村民自治提供了法律依据和保障。1998 年,在总结自治经验的基础上,全国人大常委会通过了《中华人民共和国村委会组织法》,这部法律规定了基层群众自治的主要内容和机制,并且在汲取各地自治经验的基础上,对村民自治中出现的新问题、新情况,提出了具体而全面有效的规范,极大地补充了1987 年《村委会组织法》的不足。[②] 这部法律的实施,奠定了村民自治的法律基础,为村民自治提供了法律保障,并对基层群众自治中的"四个民主""三个

---

① 胡锦涛:《高举中国特色社会主义伟大旗帜 为夺取全面建设小康社会新胜利而奋斗》人民出版社,2007 年版。

② 中共中央文献研究室编:《十六大以来重要文献选编(上)》,中央文献出版社 2005 年版。

自我"作出了具体而明确的规定,使得基层群众自治有法可依,有章可循。

自1998年以来还相继出台了《关于在农村普遍实行村务公开和民主管理制度的通知》《关于进一步做好村委会换届选举工作的通知》(中办发〔2002〕14号)等文件。这些文件对直接选举的环节和程序、村务公开和民主管理等内容的实施细则作了明确规定。它们和《组织法》一起构成发展基层群众自治的法律基础。

2. 建立了责权明确的实施机构

新时期,经过30多年的发展,我国农村基层民主在建设的过程中,已建立了一定的组织机构。总的来说,这些机构可以分为三个不同的层级:一是各省、市、区(县)民政部门,它们主要承担领导的职责;二是乡镇政府,主要起到指导基层群众自治的作用;三是村级组织,这是基层群众自治活动的单位。以上三个层级的组织机构在农村民主建设中承担着不同的职责,发挥着不同的作用,具有相对明确的责任和权力。

在村级组织上,主要有基层党组织、村委会、村民大会和村民代表大会。其中基层党组织是领导机构,村民通过村民大会和村民代表大会直接行使民主权利,选举、管理公共事务。经过了30多年的发展,基层党组织、村委会等村级组织都已经成立了起来,据1997年底统计,全国农村共有90多万个村委会,300多万个村干部。其次,这些组织已有相对明确的责权,它们在履行自己的职能时,已有章可循。在这些组织中,基层党组织特别是基层党支部是基层群众自治的领导力量;村委会是村民实行自我管理、自我教育、自我服务和自我监督的核心机构,村民通过村委会进行自我管理,它是基层的自治性群众组织。村民大会是基层群众自治的权力机关,村民通过村民大会商议讨论和决定村里的所有事务。村民代表大会是村民大会的常设机关。

3. 基层群众自治内容得到了较大的丰富

基层群众自治走过了30多年的风雨历程,国家和人民群众在探索基层群众自治健康发展的具体实践中,总结了诸多的经验,极大地丰富了基层群众自治的内容。现行的基层群众自治的主要内容是"四个民主"——民主选举、民主决策、民主管理和民主监督。人民群众通过直接参与"四个民主",学习了民主的具体实施方法,极大地提高了参与民主的热情和积极性,同时在具体的实践过程中,更是创新了丰富的民主样式,极大地发展和丰富了基层群众组织的内容。

在民主选举方面,随着基层群众自治的进一步深化,民主选举取得了较大

第三章 我国基层群众自治的发展历程与未来走向

的成就,主要体现在,第一,选举的范围不断扩大。首先,村民委员会和居民委员会实行直接选举,并且三年进行一次选举。其次,选举的参与者范围不断扩大。我国《组织法》规定,凡是年满十八周岁的中国公民,剥夺政治权利的除外,都享有选举权和被选举权。这个规定使得我国的民主选举涉及的选举范围几乎惠及每一个中国公民。第二,创新了多种选举方式。在基层群众自治发展的过程中,各地根据不同的情况,创新和发展多种选举方式,主要有直接选举,差额选举和不记名选举等方式。第三,形成了多种形式的候选人提名方式。以前候选人主要有上级提名或党派和团体提名,如今随着民主的深入发展,群众民主意识的提高,形成了多种样式的候选人提名方式。如党小组和团体共同提名、毛遂自荐等形式。第四,产生了大量的竞选形式。现在因为民主的深入人心、国家的推行和人民民主意识的提高,人民对选举日益关注,积极地参与到选举中,使得竞选在基层选举中日益频繁。这种表现自己才华,积极表现自己的选举方式,使得民主选举更加公平和透明,高票和连任的比例在选举中大大下降。

民主决策和民主管理也得到了深入的发展。随着基层群众组织的深入发展,群众开始渐渐关注公共事务,关心本村的村务和财务。首先,群众开始积极参加村民大会,讨论并决定村里的各项事务,改变了以往被动出席的局面。其次,村干部开始主动积极地公开村务和财务,伴随着网络的发展,村民的知情权、表达权和参与权在民主决策和管理中得到极大的提升。最后,民主决策和管理的手段、方式方法得到了极大的改进。

在民主监督方面,基层群众表现出了主动性、积极性和严肃性。众所周知,缺乏监督的制度最终会形同虚设,人民群众只有进行切实有效的监督,决策才能得以贯彻,管理才会是有效的管理,人民的利益才能得以保障。在民主监督中,人民群众通过村民会议、居民代表大会,依法对各项工作进行监督。他们不但要求公开村务和财务,甚至对村务和财务进行了全程监督,并对村干部实行了严格的监督。民主监督的完善和充分发挥,进一步促进了基层群众自治的健康发展,为民主的深入发展,保障人民的权利的实现提供了有效的途径。

(二)我国基层群众自治存在的问题与困境

我国的基层群众自治自开始试行以来,取得了举世瞩目的成就。农村村委会和城市社区居委会在很多方面都发挥了很好的作用,但我国现阶段正处于社会转型时期,在经济上也面临着从不发达到现代化的转变,基层群众自治在体制转型和经济发展的压力下,不可避免地存在一定程度的问题。

1. 农村村民自治过程中的问题与困境

(1)民主选举中出现的问题

基层群众自治实施以来,最显著的特点是在民主选举上实行了直接选举,这使得广大的群众能够真正意义上感受和参与到基层群众自治的建设中来。任何一种制度的实施,在初始阶段总会不可避免的出现各种问题,当然在基层群众自治的民主选举中也不例外。如在基层自治的选举中存在的贿选拉票行为,选民和候选人资格不明等问题尤为突出,影响了人们参与选举的热情,造成了民众对基层自治的冷淡,制约了基层群众自治的健康发展。

第一,选民资格和候选人资格界定存在盲点

近年来,随着社会的发展,经济的进步,城市化步伐的加快,使得人员流动频繁,这加剧了农村村落的解体,同样也带来了选民资格界定的问题,在选民资格的问题上出现了不规范地带。这主要表现在,一是农转非人员的选民资格界定。二是有关外来人员的选民资格界定问题。如长期居住在本村的外来人员,以及城市的民工都成了村民选举中的盲点。这些问题既涉及原村民的利益,又涉及如何保障外来村民参与基层自治的机会和权力,为其提供选举的便利等。①

与选民资格相对应的是候选人资格的确立问题,现行的法律法规对正式选举程序非常明确,但是对正式选举以前的候选人如何产生的,不但在程序上不明晰,在实际操作中差别也非常大。实际上这也是选民意见最大的地方之一。这个问题不妥善解决,就难以保障选举是反映村民意志的,是公正的,也难以杜绝选举被操纵的现象,难以使得民主深入人心。

第二,竞选、贿选、阻挠选举等现象时有发生

当前的村民委员会组织法对竞选没有明确的规定,但是依照民主选举、村民自治的精神,明显是不排除合理的竞选的,并且在实际的选举过程中也出现了竞选现象。但是对于如何规范竞选活动,使其真正有利于民主选举而不是被人扭曲利用、走入误区,妨害到真正的村民自治,这是一个还没有解决的问题。

贿选是指用金钱、物质贿赂选举工作者、选民或者与选举有关的一切组织

---

① 唐兴霖、马骏:《中国农村政治民主发展的前景及困难、制度角度的分析》,载《政治学研究》1999年第1期。

和个人,以获得选票或改变选举结果的行为。① 自实行村民委员会以来,贿选在村委会选举中就存在,起初表现并不明显。随着基层群众自治的加快发展,贿选问题突出表现出如下特点:第一,情感贿选,主要是候选人以情感为依托,采用拉拢的方式,走东串西,做一些许诺。特点是相对隐蔽,几乎不需要付出直接成本,对受贿方也没有具体的约束,双方交易在贿选成功后实现。第二,实物贿选,即是用实物换取选票,这种贿选方式在农村还是比较常见的。第三,金钱贿选,选票直接以金钱的方式换得。在农村选举中,金钱贿选最有市场、最直接,也最具有破坏性,它直接扭曲或改变了选举结果,严重破坏了选举的公正性。然而无论哪一种贿选方式,都违反了法律,妨害了基层民主法制建设,影响了选举的声誉、公正和公平,阻碍了基层民主的健康发展。

第三,宗族势力对选举的不良影响

在我国,村落的发展实际上是以血缘关系为基础的封建宗族势力的发展,宗族以血缘为基础,具有相对稳定的性质,具有一定的势力,在基层群众自治中往往会渗入到地方行政管理事务中,左右着政府政策的具体实施。近年来,在村委会换届选举过程中,有不少的村庄违背了民主选举的初衷,选举演变成了不同宗族势力之间争夺村级领导权的角斗场。

有的为了在选举中成功,哄抢选票,骗取或伪造委托书,借机打压报复的现象时有发生。同时由于宗族势力的干预,选举结果往往缺乏公正性。在各方宗族势力不均等的情况下,往往会形成势力大的宗族当局说了算的局面。即使各宗族实力均衡,往往是好好先生获选,而有能力的人反而落选。这都违反了选举的初衷,不但严重影响了群众选举的积极性,而且也严重破坏了社会的稳定。与此同时,宗教势力渗入到村务决策和管理中,左右民主决策和管理的良性运行。更有甚者,宗族势力凌驾于基层自治组织之上的现象时有发生,对农村自治组织造成了极坏的影响。

(2)村民自治中乡镇政府、村党支部与村委会关系的不明晰

第一,乡镇政府与村委会关系不顺畅

《村民委员会组织法》明确规定,乡镇政府和村委会之间没有领导和被领导的关系,乡镇政府的职责是指导、支持和帮助村委会的工作,不得干预;村委会具有协助乡镇政府开展工作的义务。然而现阶段乡镇政府和村委会的关系

---

① 龙香玖:《村民自治中的贿选现象及其遏制的理性思考》,湖南师范大学硕士论文,2003年。

常与现行的法律法规存在着不同程度上的背离,这种背离主要体现在以下两点:其一是乡镇政府过度的行政干预。其表现在乡镇政府滥用行政权力,采用传统的控驭方式,对村民自治不够重视,同时把村委会当作下属行政机构,肆意干涉村民自治,甚至干预村委会选举和人事安排。① 因此在实际运行中,有些乡镇政府没有理清自己的职责,对村民委员会内部的事务,村委会或村民代表大会的决定进行不同程度的干预,甚至是直接撤换村委会成员和操作、控制村委会的选举等。这些不仅对我党的形象、村委会的健康发展都造成了极坏的影响,同时更引起人民群众的不满和参与民主的积极性。

其二是村民自治的过度膨胀。这里所说的"自治过度膨胀",主要是指村民自治没有认清自己的自治范围,超出了法律规定的范围,挑战了乡镇政府的权威。② 其主要表现为有些村委会干部对村民自治的含义理解不清,把村民自治当成村主任的一种特权,认为自己是村民选举出来的,对村务和具体的操作无需向乡镇政府汇报,甚至不接受乡镇领导的指导和帮助,有的还煽动村民与乡镇领导对着干,在群众中造成了很坏的影响。

第二,村党支部与村委会之间权责不明

我国村民自治的性质决定了村民自治不是地方自治,而是社区村民自治。与此同时,我国现行的政治体制决定了中国共产党的领导地位。这意味着,在农村村民自治中,同时存在着两个政治组织,村党组织和村民自治组织。这两个组织都拥有管理村务的权利,它们之间相互协调的关系是村民自治有效运行的保障。

在村民自治中,党组织对村级组织拥有领导权,这是我国宪法所规定的。因此党组织对社区事务具有决定权和领导权。同时由于党组织相较于村民自治组织历史较长,已经形成了相对稳定和强大的权威,以及较为健全的组织机构。这使得基层党组织在村民自治中依然是掌控村级事务的领导核心,直接决定村级事务,而不只是提建议。

同时,村民委员会是群众进行自我管理、行使自治权的自治组织,同样拥有处理村级事务的权利。这使得在村级组织中存在着两套班子,两班人马各定各的调,各唱各的戏,难以形成合力。然而我国现行的法律法规对党组织和村级组织的权限范围的规定过于抽象,这就使得人们的理解很不统一,导致了

---

① 王振亚:《关于村民自治理性化的若干思考》,载《中国政治》2002 年第 10 期。
② 王振亚:《关于村民自治理性化的若干思考》,载《中国政治》2002 年第 10 期。

第三章 我国基层群众自治的发展历程与未来走向

二者相互干扰,互相牵扯,造成了党组织和村委会领导班子在村级事务管理过程中,不和、矛盾和冲突的现象时有发生。这种权责的不明晰也就不能使二者的关系稳定化和制度化,给村民自治的健康发展带来很大的隐患。

(3)村民自治中民主决策、监督与管理存在漏洞

在村民自治的过程中,民主决策、民主监督、民主管理时常流于形式和表面化,群众很难真正参与到民主决策、民主监督、民主管理中来。村民所了解到的有关民主决策、民主管理、民主监督的信息,基本上是村委会干部经过筛选的信息。这种信息经常是表面的事项公布得较多,深层的问题公布得较少,缺乏真实性,真正意思上的村务公开并未实现。这种流于形式的村民自治工作极大地挫伤了村民参与的积极性和对村民自治的信任感,使得村民只关心与自己利益相关的事务,对村务淡然视之。

与此同时,有些村委会班子认为村务公开会影响他们的领导权威,不愿意实行民主决策、民主管理和民主监督,更有甚者村委会班子自己监督自己。其次,有些民主决策也形同虚设,决策只是村委会班子的事,村民只是被动告知,即便产生了错误和不当的决策,村民代表大会或村民大会也无能为力。近年来,由于上面的原因,使得村民反映的有关违法施政、财务不明、农民负担加重等问题的上访率明显提高。尤其是在政务、财务的公开中存在的大量不民主的行为,都严重制约了基层群众自治的良性发展。

2. 城市居民自治组织中的问题与困境

城市居民自治组织与村民自治组织都是我国的基层群众自治组织,在不同时期都起到了非常重要的作用。但是由于社区建设才刚刚起步,我国正处在社会转型期,社区自治过程中难免存在一些问题。如居民委员会的任务繁重、工作条件差、待遇不高、缺乏经济来源、无法完全实行居民自治等都严重制约了城市居民自治的健康发展。

(1)社区居委会行政化倾向严重,居民自治职能减弱

《宪法》和《居委会组织法》明确规定,居委会是在党领导下依法开展"自我管理、自我教育、自我服务"和履行"民主选举、民主决策、民主管理、民主监督"的群众性自治组织。居委会是城市社区中最基本的地区单位和最小的管理单元,其性质有别于政府组织。然而事实上,许多政府部门将一些本应政府直接办理的事务,交给居民委员会办理,使得居民委员会的行政事务过多。同时由于居委会的工作负担繁重,上下需要处理的关系多而且复杂,造成无人愿意做居委会的工作。同时居委会负责人没有具体的实权,不能代表居民定事,居民

代表会议更是流于形式,使得居民自治职能弱化。①

(2)城市居民自治中居民参与不足

在我国,社区和社区建设还没有与民众的切身利益紧密联系起来,居民对社区缺少归属感和认同感,认为社区只是个住处。同时城市社区的人际关系也相当冷漠,人与人之间的交流互动极少。由于这种种原因,导致城市居民自治中居民参与严重不足,主要表现在,一是参与的主体少,缺少参与热情和积极性,二是参与主体结构失衡,年龄结构和阶层结构都存在着不同程度上的失衡,三是回报性质的参与较多,奉献性质的参与较少,四是文化体育型的活动参与的较多,政治型和服务型参与较少,等等。这些都直接影响到了社区自治的良性发展。

3. 经济实力薄弱,基础设施建设不完善

现阶段我国社区建设的资金来源主要是依靠地方政府的财政拨款。由于中央政府缺乏对社区建设资金的规定,各地社区发展状况几乎都是依当地经济状况和领导干部的重视程度来决定的。这造成的结果主要有:办公设备极度缺乏,缺少必需的办公经费,干部的补贴过少。基础设施的不完善,经济实力的薄弱,使得居民自治的发展受到了阻碍,人们参与居民自治的热情也受到了严重的打击,给居民自治的健康发展带来一定的问题。

(三)制约我国基层群众自治健康发展的因素探析

1. 特殊的社会历史背景

我国经历了2000多年漫长的封建社会,人们长期处于受奴役的状态下,根本没有民主权利。历史上虽说对民主的追求从未停步,但主要停留在精神层面,民主没有深入到人们的生活中。这使得我国人民自古以来就长期缺乏平等民主意识,缺乏政治参与的概念和诉求。新中国成立后,人民群众改变了受奴役的社会地位,翻身做了国家的主人,政治地位得到了提高和解放。然而由于人民公社的建立,使得农民缺乏自主经营权利,依附心态依然没有改变,这都阻碍了基层民主的发展。

现阶段我国正处于社会深化改革的转型时期,必不可少地出现了大量的社会矛盾和社会问题。现在国家行政权力逐渐从基层淡出,与此同时基层群众自治才正在起步,还处于初始阶段,并且受陈旧观念的影响,人们还不能十

---

① 徐勇、陈伟东:《中国城市社区自治》,武汉出版社2002年版。

第三章　我国基层群众自治的发展历程与未来走向

分充分地理解基层群众自治,不能很好地从民主的角度上去认真实践自治。这一系列的社会历史原因,都无形中阻碍了基层群众自治的良性发展。

2. 现行的经济发展状况

马克思的历史观告诉我们,经济基础决定上层建筑,一种政治现象的产生和发展的最终动力都将是经济的推动。基层群众自治作为一种政治制度,毫不例外的也将受到经济条件的影响。我国现阶段正处于社会主义初级阶段,基层群众自治作为基层民主建设的实践,取得了较大的发展。然而随着基层群众自治建设的进一步发展,不良的经济状况对基层群众自治的发展的制约也越来越明显。

我国现阶段是一个发展中国家,经济并不发达,同时由于幅员辽阔,区域发展不均衡,使得经济发展也极不均衡,这些都直接影响了人民群众参与民主、接受民主的进程。这种经济的影响主要表现在:经费来源单一且短缺、日常支出资金严重短缺、基层设施缺少资金等,这些都严重制约了基层群众自治的发展,基层群众自治发展中的诸多问题也都是由于经济的供给不足产生的。

3. 宏微观的政治生态

我国的基层群众自治是国家政治制度重要形式之一,国家对基层群众自治的发展起到了很大的推进作用。基层群众自治的发展是国家推行和人民发展民主要求的结果,在具体的实践过程中,各种具体的运行机制的交错在某种程度上都制约了基层群众自治的发展。

首先是国家制度的供给。我国是人民民主专制的社会主义国家,中国共产党是执政党,这就决定了政府拥有绝对优势的政治力量。政府主导着制度的变迁,同时,政府拥有行政、经济和法律的权利,拥有资源配置的绝对能力。在我国,党和国家是基层群众自治制度的供给主体,基层群众自治的建立也是国家大力推行的结果。现阶段,我国正处于社会主义初级阶段,各种社会问题层出不穷,民生问题、国有企业改革问题、外部的国际环境等问题的出现和积聚,都制约了我国的基层群众自治的发展。

其次是现行政治体制。基层群众自治是基层民主的一种形式,是社会主义民主的基石,是我国民主发展的基础和依托。然而没有国家政治体制的民主发展,也就没有基层民主的发展。现阶段在我国,由于种种原因,我国国家权利还过度集中,权利结构的政治体制改革没有取得较大的成就,民主法治型的政治体制推进还需要一段时间。这些都严重制约了基层群众自治的发展,也决定了基层群众自治的发展是缓慢的、渐进的,还需要制度的进一步供给。

最后是现行法律和领导重视程度。经过了三十多年的发展,我国有关基层群众自治的法律已经相对比较完善。但是在具体的实施过程中,现行的法律还没有明确的细则,法律的弹性也较大,同时专门的自治法还没有出台,这些都给基层群众自治活动留下了很大的操作空间。基层群众自治工作的好坏往往取决于领导的重视与否,以及领导对现行法律的理解程度。

4. 自治主体的民主素养

任何制度都需要人来操作和实现,人民群众的民主素养是基层群众自治良性发展的决定性条件。然而现阶段,我国人口的总体文化素质并不高,特别是农村人口的文化素质,严重落后于基层群众自治发展的需要,成为影响基层群众自治发展的重要因素。同时,中国社会正处于社会转型时期,各种价值观念相互交错,价值观紊乱现象也时有发生。人们的民主素养还停留在简单的选举方面,民主知识、民主意识、参政议政能力等还十分欠缺,还不足以适应基层民主建设的要求。

(四)我国基层群众自治的意义与价值分析

1. 基层群众自治为进一步发展社会主义民主创造条件

中共中央在十六大报告中明确指出"扩大基层民主,是发展社会主义民主的基础性工作"。[①] 基层群众自治为发展社会主义民主创造条件主要体现在下面几个方面:首先,基层民主是社会稳定的基石,基层民主的健康有序的发展为社会主义民主的发展提供了一个良好的社会民主环境。其次,基层民主提高了人民的民主素养,广大人民在基层群众自治中演练了民主,掌握了具体的民主实施的方法,这也为发展社会主义高层民主创造了坚实的群众基础。最后,基层民主发展过程中形成的宝贵经验教训,也给高层民主的发展提供了借鉴。基层群众自治搞得好,会对高层民主的发展起到比较大的推动作用,从而促进社会主义民主的健康发展。

2. 基层群众自治的发展有利于形成和谐社会氛围

基层群众自治是实现社会主义民主的重要形式,是构建社会主义和谐社会的新选择,是解决当前社会中基层社会矛盾的关键所在。社会主义和谐社会要求社会发展充满活力、稳定有序、各方利益均衡、社会制度不断健全和完

---

① 中共中央文献研究室编:《十六大以来重要文献选编(上)》,中央文献出版社 2005 年版。

善。我国的基层群众自治符合了和谐社会的要求。广大人民群众通过民主选举、民主决策、民主管理和民主监督,实现自我管理、自我教育、自我服务,反映自己的利益诉求,促进了在基层社会中产生的各种矛盾的解决。只有社会各阶层的复杂的社会矛盾得以合理解决,社会才能安定团结。基层群众自治在发挥群众自我协调作用的基础上,与政府管理和社会公共服务联合起来,形成了解决社会矛盾,促进社会和谐发展的强大力量,为推进社会的稳定、人民的幸福安康起到巨大的作用。

3. 基层群众自治为建设社会主义政治文明提供了有益的启示

党的领导、人民当家作主和依法治国是我国社会主义民主最根本的特点。我国的基层群众自治是在中国共产党的领导下,依法实行四个民主,实现人民当家作主。在这个过程中积攒的大量的经验,为社会主义政治文明提供了有益的启示。首先,基层群众自治的实行改善了党的领导,促进了管理的多元化发展。中国共产党逐步从一元化的管理、包办管理的形式转化到支持、协助、帮扶的服务性多元化领导。其次,基层群众自治更好地体现了人民当家作主,强化了人大权利的合法性基础,促进了人大成为真正的民意机关和权力机关。最后,基层群众自治的实施为依法治国积攒了经验。随着基层群众自治的进一步深化,广大的人民群众逐渐学会运用法律管理和保护自己的权益,体会到了依法办事、依法管理、依法监督的重要性,同时党和政府的执政方式也在基层群众自治的进程中发生了转变,这些都推动了社会主义民主法制的健康发展。

四、发展我国基层群众自治的对策与展望

(一)加强和改善党对基层群众自治的领导

基层群众自治是一项庞大的系统工程,是落实基层民主,实现农村村民和社区居民当家作主的重要途径之一。处理好村民委员会、社区居民委员会与基层党组织的关系,加强党组织对基层群众自治的认识,是依法自治健康发展的关键之处。这里以村民自治为例,介绍发展我国基层群众自治的对策与展望。

1. 进一步明确基层党组织职责,理顺两委关系

《中华人民共和国村民委员会组织法》规定,村党组织按照中国共产党章

程开展工作,发挥其在农村的领导核心作用,依照宪法和法律支持与保障开展自治活动,直接行使民主权利。这就表明,基层党支部无论是在农村还是城市社区都是领导核心,"两委会"必须尊重和服从党支部的领导。在基层群众自治中,党支部的领导主要体现在定向把关,监督保障和发挥先锋模范作用上。在新形势下,党支部也要研究如何加强和改善党的领导,明确领导什么和怎样领导的问题。尤其是在村民委员会和居民委员会领导班子选举中要把握正确的方向,带领群众正确行使权力,自觉抵制各种违法行为,保证依法选举的顺利开展。在民主管理、民主监督方面,党支部也要通过有效的监督,保证村务及时、有效、科学地公开,保证公开内容的全面性和有效性。同时,村民自治是我国的一项创举,它成了国家的一项基本的政治制度,是广大人民群众实现当家作主的基本形式。

新时期,村民自治已经进入到了全面实施和深入发展的时期,发挥人民群众的积极性和创造性,依法直接决定和管理与自身密切相关的公共事务是村民自治的核心要求。基层群众自治组织的性质决定了它不同于国家政权机关,它是一种群众自治组织,具有自身独特性。这就要求党组织要理顺与村委会、居民委员会的关系,明确各自的职责,在基层群众自治中发挥党的领导核心作用,引导和支持人民群众当家作主。但是,在具体的实践中,有些基层党组织还太明白群众自治发展的要求,依然习惯"一元化"的管理方式,包办代替村民自治范围内的事情。同时对村民自治机制认识不清,工作比较被动,不能很好地开展工作。甚至出现与村民自治要求背道而驰的现象,增加了干群矛盾,严重影响了村民自治的健康发展,不利于加强党的领导核心作用。因此党的基层组织要理顺与基层群众自治的关系,明确自己的职责,在基层群众自治的进程中依法办事,积极推动和正确引导村民自治。

2. 提高基层党组织的领导能力,促进基层群众自治发展

基层群众自治是中国共产党支持、组织和保障人民当家作主的重要途径,是坚持和发展人民民主的本质要求,是中国政治发展的根本价值取向。发展基层民主的基本原则,就是坚持党的领导、发扬民主和切实依法办事。能否实现三者的有效统一,是衡量党对基层群众自治领导能力的重要标准,是党发挥领导核心作用的体现。为了实现这三者的统一,基层党组织要提高对基层群众自治组织的引导、创新和协调能力。

(1)加强基层党组织的引导能力

基层群众自治的实行虽然已经取得了巨大的成就,但是历程毕竟不长,同

第三章 我国基层群众自治的发展历程与未来走向

时由于农村的经济发展相对落后,村民的民主素质不高等,都需要党组织对其加强引导,使它沿着良性健康的道路发展。首先,基层党组织要注重引导农民的参与积极性。基层党组要借助对相关法律和政策的宣讲,提高人民群众的认识,支持和鼓励人民群众积极参与到基层群众自治中来。其次,基层党组织要指导人民正确行使民主权利。人民群众学会运用自治权利,实现自我管理、自我教育和自我服务是基层群众健康发展关键所在。基层党组织要充分发挥引导职能,提高人民群众对基层群众自治的认识,教育、帮助和引导人民群众正确行使民主权利。

(2)加强基层党组织的创新能力

社会主义民主的实质是人民当家作主,社会主义民主是发展着的、与时俱进的民主。实现人民当家作主的模式是多元的,村民自治就是模式之一。然而村民自治同样没有统一的和固定的形式。我国是多民族国家,自然地理条件复杂,经济发展不均衡,这些使得各地的村民也各具特点。这就要求基层党组织在把握村民自治的本质特征下,根据各地的不同情况,灵活地分析解决村民自治中的情况,加强基层党组织的创新能力,创办各种民主形式,便于村民直接参与。

(3)提高基层党组织的协调能力

村民自治是人民群众维护自身利益、参与政治生活的制度平台。当前随着经济的发展,农村的经济成分和结构日益复杂,社会分化和异化也在加速,另外随着农业税及附加税的取消,对"三农"补贴的增加,使得农村内部问题、利益纷争等日益增加和复杂。基层党组织在此种情况下,要了解具体的情况,提高协调能力,整合好村民之间的利益,化解村民之间的矛盾,并通过制定村规和村民自治章程等,约束村民的行为,建立协调统一的规范,从而促进村民的和谐自治,促进村民之间的良性发展。

3. 改善基层党组织建设,增强对基层群众自治的影响力

党的基层组织在村民自治中的领导地位是人民赋予的,一切权利来自于人民群众。我们党执政以后,有了更好的为人民服务的条件,但也同样容易产生脱离群众被权利腐蚀现象。为此,要不断加强党的建设,巩固党的执政地位,保持党的先进性,增强对基层群众自治的影响力。

(1)吸收农村优秀人才,充实基层党组织的执政基础。这可以通过进一步完善选拔任用机制和大力推进党员发展工作来实现。在基层群众自治实施以来,村委会的权威得到了很大的提升。面对这种情况,基层党组织必须通过完

善选拔机制,选拔优秀的基层党组织人员,才能增强基层党组织的权威和号召力。也只有大力推进党员发展工作,才能把优秀的人才吸引到基层党组织中来,党的先进性也才能更好地体现出来。同时还要严格按照党章的标准严格选拔,以保障新党员的质量,全面提高基层党组织整体素质。

(2)改善党的领导方式。民主是基层群众自治的核心,这就要求基层党组织在实施基层群众自治的过程中,不能再采用传统的单一的领导方式,而是要发挥引导、帮扶的作用。在这个过程中,基层党组织要不断改善党的领导方式,增强领导方式、执政方式的科学性,提高党的执政能力,从而更好地为基层群众自治的健康发展服务。改善基层党组织的领导方式,要求基层党组织要增强民主法制的观念,协助村委会依法行使自治权利,引导帮助村委会树立党的观念,自觉接受基层党组织的领导。

(3)发挥党的模范带头作用。改善基层党组织的建设,提高党的执政能力关键要发挥党的模范带头作用。基层党组织要从马克思主义的立场,"三个代表"和科学发展观要求和方法,去分析、解决村民自治中的问题,充分发挥带头模范作用,使得村民自觉服从其领导。

(二)完善法律法规,优化基层群众自治制度构架

我国基层群众自治在30年的发展历程中,虽然建立了一系列的法律,规范了其内容,但具体的程序和措施上仍需要在发展中进一步完善。针对法律实施中出现的问题,可以通过制定细则来建立健全相关的法律体系。

1. 完善村民自治的相关法律制度

完善的法律制度是基层群众自治健康发展的保障,现阶段,我国基层群众自治中诸多问题产生的原因之一即是不完善的法律制度。1987年通过的组织法经过了长达十年的试行才最终正式颁布实施。但是组织法中对具体的细节、选举方式、困难救助等没有明确的规定,存在着条文原则化、缺乏操作性等问题。这种不够细化,泛泛的法律制度不能有效地指导村民自治的具体运行。

党的十七大把基层群众自治制度纳入我国政治范畴,这使得基层群众自治的地位得到了进一步提升。在此基础上,根据具体情况,要及时修订组织法,增强其具体的程序性制度内容,加强和细化操作程序,同时也可以将基层群众自治写入国家根本大法,以进一步完善基层群众自治的法制环境,夯实基层群众自治的法律基础。

第三章 我国基层群众自治的发展历程与未来走向

2. 优化基层群众自治体系,促进和谐自治

我国的基层群众自治经过近30年的发展,已初步形成了以自我管理、自我服务、自我监督为内容,民主选举、民主管理、民主决策和民主监督为依托的基层民主系统,促进了基层群众自治的良好健康的发展。然而,我们也不难看出,基层群众自治体系还存在诸多不尽如人意之处。因此,基层群众自治的进一步发展的进程中,要加强基层群众自治体系的进一步完善和优化,促进基层群众的健康发展。

(1)健全村民民主机制,促进基层群众自治走向善治。首先,要进一步规范乡镇政府与村民委员会的关系,充分发挥乡镇政府的领导、帮扶、协助的作用。其次,要加强以村党支部为核心的村级组织建设。再次,要协调村委会与村党支部的关系。最后,要进一步提高农民素质,强化村民自治意识。用先进文化塑造农民,用文明风尚熏陶农民,培育有文化、懂技术、会经营的新型农民。① 大力推动和引导农民积极有效地参与民主,加大民主恳谈力度、扩大民主恳谈内容,以及改革参与式预算,设立各种论坛、会议等平台。提高村民在资源分配、社会政策制定以及公共支出监督等方面的参与度。加强村民代表会议、村务公开监督小组、民主理财小组"三个组织"建设等。

(2)淡化行政色彩,规范基层政府和社区的关系。在基层群众自治中,基层政府要尽量淡化行政管理,引导基层群众自主依法行使自治权利。着力健全与社区居民自治相适应的诉求表达机制、利益协调机制和权益保障机制,为居民委员会建设提供必需的经济保障。通过建立社区居民自治章程、礼规民约、社区具体事务管理规则等,形成社区居民认可的行为规范,促进基层群众自治的健康有效的发展。

(3)转变基层政府和党组织领导观念。基层自治组织具有独立性和自主性的特点,它不是基层政府的"下属单位",它是人民群众实现通过"四个民主"、实现"三个自我"、实现人民民主的自治组织。基层政府应明确基层群众自治的内涵,明确自己的职责范围,转变传统的领导观念,在具体的工作中,对基层自治组织的工作、决策、人事任免等不得干涉,保证基层组织能够独立自主地开展社区公共事务。

3. 健全基层群众自治监督体系

民主监督是基层群众自治的重要内容,是保障决策得以实施,管理得以有

---

① 冯涛:《新农村建设与村民自治制度的完善》,载《科学社会主义》2007年第4期。

效的重要手段,任何缺乏监督的制度最终都会形同虚设。坚持和完善基层群众自治,是发挥社会自治功能和推进社会主义基层民主的重要内容。

在基层群众自治的发展过程中,虽然已经形成了一定的监督体系,但还不是十分完善。这就需要结合具体的情况,建立健全各种有效的监督体系,发挥人民群众参与的积极性。通过引入民间机构和社会组织的形式,促使人民群众的利益诉求得到多方面的有效表达。同时大力宣传法律赋予人民群众的民主权利,帮助群众培育民主意识、公共意识和政治参与意识,掌握民主监督的途径和方法,从而能够在具体的实践中学会运用民主权利。

健全监督体系,还应及时总结基层群众自治产生的问题、成就和经验,并积极借鉴国外有关的成功案例,创造性地运用到基层群众自治监督体系中,根据各地具体的自治情况,制定合理有效的监督管理条例,促进基层群众自治的健康发展。

(三)增强科学民主意识,提高民主实践能力

广大人民群众是自治的直接参与者,是自治的主体。增强基层群众科学民主意识,提高综合素质,是搞好基层群众自治的关键之所在。中华人民共和国宪法明确指出:"中华人民共和国的一切权力属于人民""人民依照法律规定,通过各种途径和形式,管理国家事务,管理经济和文化事业,管理社会事务。"因此要大力提高人民群众的科学民主意识,保障基层民主有效的实现。

1. 提高广大人民群众的参与意识,培养成熟的参与主体

现代民主政治最基本的特点是最广泛的民众参与,这就要求我们要加强广大群众的民主参与意识,提高广大人民群众参与的主动性和积极性、培育成熟的参与主体、发挥人民群众的创造性。

十七大报告明确指出:"人民民主是社会主义的生命。发展社会主义民主政治是我们党始终不渝的奋斗目标。要加强公民意识教育,树立社会主义民主法治,自由平等,公平正义理念。"[①]提高广大人民的民主意识,首先要求我们加大农村教育和文化事业的投资。农民的知识水平教育程度是发展基层民主的基础,没有教育上硬件设施的大力财政投入,就没有农村教育的健康发展,更谈不上人民群众接受教育,培育民主意识,养成民主习惯。其次要树立

---

① 胡锦涛:《高举中国特色社会主义伟大旗帜,为夺取全面建设小康社会新胜利而奋斗——在中国共产党第十七次全国代表大会上的报告》,人民出版社 2007 年 10 月。

第三章 我国基层群众自治的发展历程与未来走向

社会主义民主法制、自由平等的理念,推进政治社会化进程。要加强群众的法制、道德和社会主义核心价值体系教育,培养群众正确的权利和义务观念,提高群众的道德水平,引导群众追求更多更高的政治道德目标。

2. 拓宽群众参与途径,扩大人民群众的参与度

在中共十六届六中全会的决议中,我们党明确指出:"要适应我国社会结构和利益格局的发展变化,形成科学有效的利益协调机制,诉求表达机制,矛盾调处机制,权益保障机制。"① 这一规定表明,我国基层群众自治建设的重心已经开始转变,从以往的以结构建设为重心转变到权利保障上来。这就需要我们拓宽群众参与途径,扩大人民群众的参与度,使人民群众的诉求可以及时得到表达传递知晓,并可以及时监督相关的政策。可以通过对民意调查,信息公开和听证等各方面的制度的建立和完善,来扩大我国人民群众参与基层民主的参与度,从而促进政策的合理有效性,提高群众对政府服务的满意度。

3. 提高群众自我组织能力,培育理性公民

众所周知,实现民主发展需要群众的自觉性,需要独立自主的、以特定利益和共同价值取向结合在一起的社团组织的参与。这些社团组织是联系政府和人民群众的桥梁,是有效实现组织利益的保障,是人民群众有序参与政治民主,维护自身利益的有效形式。

我国目前正处于社会转型时期,社会分层不断加剧,各种利益也出现分化加剧的趋势。并且由于群众长期受到传统的国家理论的影响,群众几乎没有自己的利益代表,特别是农村社区,参政权几乎空置。所以应将农民按照利益不同,有效地组织起来,成立属于农民自己的组织,从而更好地参与到各种政策的制定、监督、管理过程中,培育出有组织、有计划、有能力的参政公民。

同时,由于农村社会经济的不发达,造成了大量有知识的中青年农民的外出,从而使得原本就比较薄弱的参政农民大量流失,制约了农村的民主发展,也使得村民自治难以有效进行。所以我们在加强组织建设的同时,还应大力发展农村经济。经济上的保障是群众独立自主地参与基层民主,关心自己民主权益的保障,也是民主选举中贿选现象能够减少和消亡的保障。只有经济上的富裕,群众参加政治活动才更加理性,才能更好地提高自我组织的能力。

---

① 中共中央文献研究室编:《十六大以来重要文献选编(上)》,中央文献出版社 2005 年版。

（四）深入探索基层群众自治的新思路

基层群众自治是人民群众直接实现公共事务管理的一种民主自治形式，是社会主义民主在基层的现实体现，也是马克思关于社会主义民主政治基本思想的具体体现，是实现人的全面可持续发展的基础。

基层群众自治的参与主体是广大的人民群众，是人民群众关于社会主义民主发展的创举，它符合人民全面发展的要求，符合社会主义民主建设的要求，改变了自古以来狭隘的意识，促进了社会民主、平等、自由理念的发展。然而，几千年的专制历史、复杂的地理自然环境、现阶段经济发展的不均衡、社会转型时期各种社会矛盾的凸显以及基层群众自治本身的发展正处于初级阶段等原因，使得基层群众自治所处的现实非常的复杂。这样只是单纯地依靠基层群众自治实践上的探索是远远不够的，我国基层群众自治在具体的实践中产生的诸多问题，还需要深入理论研究，从理论上作出科学的解释和有效的指导。

从理论上说，基层群众自治反映了社会主义民主的本质，在自治过程中产生的问题实际上就是推进基层民主建设的问题。基层群众自治建设的好坏很大程度上取决于党政机关对基层民主建设的重视程度，对人民群众自治能力的正确评估和科学的分析。因此，对基层群众自治理论的深入研究需要理论界立足当下中国人民的主体意识，科学客观地分析基层群众自治的发展状况。以马克思主义关于自治的基本观点、科学发展观为指导思想，以人民的意愿为主，从人民的根本利益出发，寻找符合基层群众自治深入健康发展的突破口，探索基层群众自治发展的新思路新方法。

经过30年的发展，基层群众自治已初具规模，民主的理念更是深入人心，党的十七大更是首次把基层群众自治制度提升到我国政治制度范围内。这使得未来的时间将是基层群众自治蓬勃发展的时间，这就更加迫切地需要理论界从多方面入手，全方位、深层次地研究基层群众自治理论，为基层群众自治进程中产生的问题提供解决思路方法，促进基层群众自治健康发展。

基层群众自治作为一项制度在中国已有30年时间，但是在中国政治文明建设的历史长河中才是一瞬间。尽管它的产生、发展并不尽如人意、更不是预先设定的标准"模特儿"，但它是中国土地上生长起来的，并将随着现代中国社会的建构而逐步成长与完善。在成长过程中，它的形式可能会出现许多我们现在难以想象的变化，但是，其基本精神——尊重社会的自主性和多样化，并在此基础上建构一致性和认同感，则会长期延续下去。

第四章
"恳谈民主"与基层民主机制的创新

30多年的改革开放为中国带来了翻天覆地的变化,成就举世瞩目。当历史翻开新的一页,中国人民又向着夺取全面建设小康社会新胜利的宏伟目标开始了不懈的奋进。

在有着9亿农民的13亿人口大国,实现全面小康社会,农村富裕是重点关键;构建社会主义和谐社会,基层民主是政治基石;建设社会主义新农村,村民自治是政治保障。农村民主政治的发展对于中国特色的政治民主化进程,对于中国社会的和谐发展,有着不可替代的深远意义。

新中国成立之初,国家就确立了建设社会主义民主政治的目标,但是中国成立之初的近30年的民主建设之路却充满坎坷。村民自治的出现,是中国农村20世纪70年代末以来经济体制改革和社会变迁中产生和形成的一种新型民主制度,是在市场经济社会中重构农村和谐秩序的一种尝试。经过20年的发展和探索,村民自治的实践使政治民主化在农村先行一步,成为现阶段中国民主政治建设的起点和突破口:

首先,村民自治制度逐步完善,促进了农村基层政治民主化的进程。

1982年,五届人大五次会议颁布的新《宪法》,明确了村委会是群众性自治组织的法律地位,为村民自治提供了法律依据。其后的二十多年里,村民自治制度不断得到加强和完善,村民自治逐步走向法制化、规范化。1998年11月,九届全国人大第五次会议修订并通过了《中华人民共和国村民委员会组织法》,全国各地相继颁布了《〈村民委员会组织法〉实施办法》,各省相继制定《村民委员会选举办法》。根据中办发17号文件〔2004〕的要求,全国各地还建立健全了村务公开和民主管理制度,形成了以《村民自治章程》为龙头、村务公开制度为重点、财务管理制度为核心的村级管理规章制度。村民自治在法制上、制度上日益完备,有效地促进了村民民主权利的实现,促进了农村基层政治民主化的进程。

实践中,村级事务与广大农民的利益息息相关,这就极大地调动了广大农民参与村民自治的积极性。亿万农民通过对民主选举、民主决策、民主管理、民主监督等民主活动的参与,逐渐认识了现代民主运作的基本制度及基本技术、基本程序,民主意识明显增强,民主管理能力大大提高。

村民自治及民主选举还推动了农村基层党组织转变工作方式和领导方法,确立了乡政府对村委员的指导关系,切实实现了村民的自我管理、自我教育、自我服务。

亿万村民对基层民主建设的参与和实践,使村民自治充满活力,促进了农村基层政治民主化的进程。

其次,农村基层民主的发展,为社会主义民主建设奠定了坚实基础。

社会主义民主的本质是人民当家作主,一切权力属于人民。而社会主义赋予广大人民群众的这种民主权利,在我国现阶段有两种具体实现形式:一方面表现为人民代表大会制度,人民通过选举自己的代表组成代议机关,代表人民行使国家权力;另一方面则表现为基层直接民主制度,人民群众通过各种自治组织,实行自我管理、自我教育和自我服务。以村民自治为主体的农村基层民主是社会主义民主的重要内容。

在村民自治的实践过程中,民主文化的氛围得到大面积的传播,村民得到了基本的民主教育、民主学习和民主训练,民主参与得到扩大,民主意识得到增强,在民主实践的过程中学习民主,在学习的基础上不断提高民主实践的质量。

在中国这样一个农村人口占绝大多数的国度里,农村的民主化是整个国家民主化的基础。当中国9亿农村居民都习惯了适合中国国情的成熟的民主技术、民主制度、民主程序,成为具有民主意识和民主能力的成熟的选民和民主主体,中国的民主也才可能有坚实的基础。村民自治正在铸造着这一基础。而且,只有通过基层直接民主的发展,才能使广大民众直接体验到社会主义赋予他们的民主权利,增强广大民众关心和参与民主建设的积极性,才能推动间接民主制的完善,形成社会主义民主建设的持续内驱力。

再次,农村基层民主的发展,是社会主义民主的发展方向和突破口。

村民自治从产生起,其发展原因、存在价值、实践成就和生命力就受到关

第四章 "恳谈民主"与基层民主机制的创新

注和争论,有人认为"乡村社会的民主政治应在工业社会之后发生",①从而对农村基层民主的发展和农民民主能力进行否定,有的学者认为村民自治的实行会妨碍国家权力对乡村社会的控制,进而出现"富人政治"和"恶人政治",从而阻碍我国乡村及整个国家的现代化,并损害政治制度化和国家一体化。②有人认为,村民自治不可能真正自治,"国家不是缩小了驾驭范围,而是改变了对村落的控驭方式……国家不想管的事可以先不管,想管的时候随时可以管起来"。③但是,村民自治20多年的实践已经证明了农村基层民主发展的内在合理性和生命力,从理论上讲,农村基层民主的发展也有其内在的基础和动力,那就是利益。马克思就曾说过,人们所奋斗的一切都与其利益有关。农民的民主需求及乡村民主的生成、发育和成长均可以从利益的角度得到很好的解释。④

从实质上讲,村民自治是村民自发性的民主要求与国家有意识的推动和介入相结合的产物,农村基层民主的发展,是社会主义民主的发展方向和突破口。由于受到客观条件的限制,社会主义初级阶段的民主形式只能是基层直接民主与以人民代表大会制为载体的间接民主的结合,间接民主为主,直接民主为辅。在民主发展的渐进过程中,民主建设的基本趋势是:不断扩大民主,增加直接民主的比重,真正实现由人民当家作主。列宁当年也曾经说过,"委托人民代表在国家机关中实行民主是不够的,要建立民主,必须让群众从下面发挥主动性,实际参加一切国家生活。"⑤村民自治的推行,反映和吻合了广大农民的民主要求,这种民主要求不是源于理念,而是植根于农民的切身社会经济利益,因而也更具有生命力。这种更具有生命力的"草根民主",⑥已经催生和引发了一系列积极的社会政治变迁,对乡村及整个国家的政治民主化和政

---

① 党国英:《论乡村民主政治的发展——兼论中国乡村的民主政治改革》,载《战略与管理》1999年第1期。
② 沈延生:《村政的兴衰与重建》,载《战略与管理》1998年第6期。
③ 毛丹:《乡村组织化和乡村民主——浙江萧山市尖山下村观察》,载《中国社会科学季刊》(香港)1998年春季卷。
④ 刘亚伟编:《无声的革命——村民直选的历史、现实和未来》,西北大学出版社2002年版,第303页。
⑤ 《列宁全集:第24卷》,人民出版社1972年版,第152页。
⑥ 徐勇:《草根民主的崛起:价值与限度》,载《中国社会科学季刊》(香港)2000年夏季号。

治体制改革产生越来越大的积极影响。

"它在当代中国政治发展中的作用和意义,目前还主要表现为,它是中国社会主义民主政治的'生长点'。它不是完全意义上的现代民主,但它可以锻炼和训练数以亿计的人民群众,可以有力地影响城市的基层民主建设,可以向那些怀疑中国没有普遍实行民主的能力的人,向不相信现代民主的伟大社会作用的人,展示民主的宝贵的社会功能。"①

夺取全面建设小康社会新胜利,构建社会主义和谐社会与建设社会主义新农村,农村基层民主的发展和完善不仅是题中之义和重要目标,更是重要保障。从某种意义上讲,加强农村民主政治建设正是充分发挥农民主体地位、协调农村利益关系进而使新农村建设落到实处的重要保障。当然,建设社会主义新农村的战略决策又为农村民主政治建设提供了更为有利的环境。十七大提出发展基层民主,保障人民享有更多更切实的民主权利。"要健全基层党组织领导的充满活力的基层群众自治机制,扩大基层群众自治范围"。针对村民自治,十六大报告要求"完善村民自治,健全村党组织领导的充满活力的村民自治机制"。《中共中央国务院关于推进社会主义新农村建设的若干意见》明确提出"加强农村民主政治建设,完善建设社会主义新农村的乡村治理机制"。这就明确了要以"农村民主"来承载"农村民主政治建设",也就是说,完善建设社会主义新农村的乡村民主机制是我们当前加强农村民主政治建设的直接目标。

在村民自治的实践中,广大村民也在不断地丰富和完善着村民自治的各种机制,以期望富有成效地实现自己的民主权利,推进基层民主建设。以湖北宜昌为例,其在广大农村普遍建立了"议事恳谈会制度",以村民会议或村民代表会议为主要形式,由村"两委"班子成员、村民小组长、全体党员、村民代表和愿意参加议事的村民组成,听取群众反映的问题、评议村组干部、讨论决策村务。通过这一民主机制创新,不仅扩大了人民群众的有序参与,使基层的民主管理、民主决策和民主监督在民主选举的基础上进一步得到落实,还调动了村民的民主参与热情,提高了人民群众在农村基层民主实践中的自我管理水平,推动了农村基层民主的发展。

作者有幸在乡村调查中了解到宜昌的"议事恳谈会制度",并对其进行了深入的考察,在我们构建社会主义和谐社会及社会主义新农村,加强农村民主

---

① 朱光磊、程同顺:《在更大的背景下认识村民自治》,载《中国书评》1998年5月号。

第四章 "恳谈民主"与基层民主机制的创新

机制建设的新时期,我们希望通过对议事恳谈会的分析,梳理出宜昌基层民主机制和农村基层民主政治建设的基本路径和价值取向,为宜昌的经济、政治与社会发展服务,也为我国基层民主机制的创新与农村基层民主政治建设提供具体的和个案性的参照模式。

一、农村基层民主机制概论

全面推进村民自治,制度建设是根本,建立良好的民主机制是重要保障。中共十六大报告指出"完善村民自治,健全村党组织领导的充满活力的村民自治机制",十七大进一步指出:"要健全基层党组织领导的充满活力的基层群众自治机制,扩大基层群众自治范围,完善民主管理制度,把城乡社区建设成为管理有序、服务完善、文明祥和的社会生活共同体。"这是我们党对发展农村基层民主政治提出的新要求,也是抓好村级民主制度建设的重大举措和必然途径。

在当前构建和谐社会和建设社会主义新农村的时代背景下,广大农民对基层民主建设的机制创新,更加合乎了民主社会发展的趋势,促进了和谐社会的构建和社会主义新农村建设。

(一)"乡政村治"模式下的村民自治

十七大报告指出:"政治体制改革作为我国全面改革的重要组成部分,必须随着经济社会发展而不断深化,与人民政治参与积极性不断提高相适应。"实践证明,经济体制的变更终将导致政治体制的变革,新的经济关系的产生和发展需要与之相适应的政治关系匹配。20世纪80年代,随着土地联产承包责任制的实行以及人民公社体制的解体,中国农村的基层民主建设便开始进入了一个新的历史时期。

1978年召开十一届三中全会开启了改革开放的全新时代,随着农村改革的不断深入,人民公社体制逐渐解体,农村基层政权弱化,乡镇成为国家体制性权力的末梢,乡镇以下的农村便成了一个相对独立的社会空间,现代意义上的中国农村基层民主建设便开始在这个空间萌芽。20世纪80年代初,广西壮族自治区的罗城、宜城两县的农民通过召开全体社员大会,以无记名投票的方式,直接选举产生了名为"村管会"或"议事会"等村务管理组织,组织群众发展生产、兴办公益事业、制定村规民约、维护社会治安,这是村民委员会的雏形,它的出现从一定程度上标志着人民公社化以来的生产大队的行政管理体制开始解体。1982年,五届人大五次会议颁布的新《宪法》,明确了村委会是群众性自治组织的法律地位,为村民自治提供了法律依据。从1983年到1985年,村委会在撤销人民公社建立乡镇政府的进程中普遍建立起来。截至1985年,全国已建立起94万个村民委员会。①"乡政村治"模式得以初步建立,即"国家在乡村的基层政权设立在乡镇一级,乡镇依法对乡村进行行政管理;乡镇以下的村实行村民自治,村民依法行使民主自治权利"。②

伴随着村委会的建立,广大村民在自治过程中相继建立起村民大会制度和村民代表会议制度,自发地完善和发展农村基层民主。1987年11月,六届全国人大常委会第二十三次会议审议通过了《村民委员会组织法(试行)》,对村委会组织和村民自治做出了具体规定,使村民自治这一基层民主制度在法律上正式确立下来。1988年6月1日该法开始试行。在党中央和国务院的直接推动下,《村民委员会组织法(试行)》在全国得到贯彻实施,以"民主选举、民主决策、民主管理、民主监督"为主要内容的村民自治活动得以有效开展。到中国共产党第十五次代表大会召开时,农村基层民主这一朵中国特色的民主政治建设的奇葩终于开花结果。1997年9月,江泽民总书记在十五大政治报告中指出:"扩大基层民主,保证人民群众直接行使民主权利,依法管理自己的事情,创造自己的幸福生活,是社会主义民主最广泛的实践。城乡基层政权机关和基层群众性自治组织,都要健全民主选举制度,实行政务财务公开,让群众参与讨论和决定基层公共事务和公益事业,对干部实行民主监督。"1998年《村民委员会组织法》修订稿正式颁布实施,它完善了基层的民主选举、村民议事、村务公开等制度,进一步推动了农村基层民主的发展,标志着村民自治迈入新的阶段。随后村民自治在全国范围内得到迅速普及。"乡政村治"之下的村民自治日益规范完善。

"乡政村治"治理模式的形成,营造了新时期农村基层民主建设的新框架:乡镇政府行使行政职能,对村民委员会的工作给予指导、支持和帮助;村民委员会对本村事务行使自治权,自我管理、自我教育、自我服务;村民依照法律规定,通过村民代表会议、村民大会等制度,直接行使自己的民主权利,当家

---

① 秦兴洪:《共和国农村的发展道路》,广东高等教育出版社2002年版,第263页。
② 何包钢、郎友兴:《寻找民主与权威的平衡》,华中师范大学出版社2002年版,第4页。

第四章 "恳谈民主"与基层民主机制的创新

作主。

2007年10月,十七大报告中指出:"要坚持中国特色社会主义政治发展道路,坚持党的领导、人民当家作主、依法治国有机统一,坚持和完善人民代表大会制度、中国共产党领导的多党合作和政治协商制度、民族区域自治制度以及基层群众自治制度"。"基层群众自治制度"首次纳入中国特色政治制度范畴。

发展社会主义民主政治是我们党和国家始终不渝的奋斗目标。改革开放以来,我们积极稳妥推进政治体制改革,我国社会主义民主政治展现出更加旺盛的生命力。从20世纪90年代后期开始,国家经济发展和社会转型都在加快,农村社会在经历前所未有的巨变同时,也迎来了基层民主发展的新机遇。2002年11月,中共十六大明确提出:"扩大基层民主,是发展社会主义民主的基础性工作。健全基层自治组织和民主管理制度,完善公开办事制度,保证人民群众依法直接行使民主权利,管理基层公共事务和公益事业,对干部实行民主监督。完善村民自治,健全村党组织领导的充满活力的村民自治机制。"2004年中办发17号文件进一步强调实行村务公开,民主管理,落实农民群众的知情权、决策权、参与权、监督权等民主权利。2007年10月,党的十七大报告指出:"发展基层民主,保障人民享有更多更切实的民主权利。人民依法直接行使民主权利,管理基层公共事务和公益事业,实行自我管理、自我服务、自我教育、自我监督,对干部实行民主监督,是人民当家作主最有效、最广泛的途径,必须作为发展社会主义民主政治的基础性工程重点推进。"这都为农村基层民主的发展指明了方向,提供了依据和保障。

随着农村综合改革的全面深入及新农村建设的顺利推进,乡村民主政治建设在实践中亦展现出勃勃的生机。基层民主的发展使农民获得了更大的个人自由度和政治独立权,极大地推进了中国农村社会的民主化进程,确保农民行使自己的民主权利当家作主,完善基层民主制度的创新之处不断涌现,如"两票制"(在进行村党支部和支部书记选举时,先由村民投信任票,村民民意测验通过后,再由党员投选举票)、[①]"村民联合提名"、"公推公选"等选举村委会的创新模式;"五事制度"(湖北南漳保康县农村建立的"干部问事、群众说事、集中议事、及时办事和定期评事"的"五事"制度)、"1+4+X"(湖北恩施自

---

① 特约记者王卉对民政部前基层政权建设司副司长王振耀的采访,载《中国经济时报》,1998年7月16日。

治州提出的"1+4+X"模式,①即每个村一年至少召开一次村民大会、每季度至少公开一次村务,在公开常规村务内容的基础上,加上"百姓点题"的公开内容即未知变量"X")等民主机制及在全国得到普遍推广的"海选"。农村基层民主制度的完善和创新,使农村的民主管理、民主决策和民主监督在民主选举的基础上进一步得到落实,不仅调动了村民的民主参与热情,而且解决了民主建设中的许多现实问题,促进了农村社会的和谐,推动了新农村建设。

(二)农村基层民主机制的创新实践

基层民主建设不仅是社会主义民主政治建设的基本内容,更是保障公民直接行使民主权利的重要途径。我国宪法规定:"城市和农村按居民居住地区设立的居民委员会或者村民委员会是基层群众性自治组织。"城市居民委员会和农村村民委员会是群众自己建立的自治组织,是群众自我管理、自我教育和自我服务的机构,也是人民实现当家作主和直接参与国家和社会事务管理的重要组织形式。在这些组织里,人民群众通过民主选举选出委员会成员,民主讨论决定本委员会的重大事务,直接地、充分地行使自己所享有的管理国家经济、政治、文化事业和管理社会事务的权利。

农村基层民主,根据1998年11月修订的《中华人民共和国村民委员会组织法》的规定,也就是村民委员会是村民自我管理,自我教育、自我服务的基层群众性自治组织,实行民主选举、民主决策、民主管理、民主监督;广大村民通过村民委员会依法直接行使民主权利。在当代中国农村,以民主选举、民主决策、民主管理、民主监督为主要内容的基层民主建设是社会主义民主政治最引人注目的伟大实践。农村基层民主建设是一项直接关系到整个农村改革、发展和稳定大局的大事,是我国社会主义民主政治建设在农村基层的有效实现形式。

自1998年11月修订的《村民委员会组织法》实施以来,基层的民主选举、村民议事、村务公开等制度化建设日益完善。当我国农村步入建设社会主义新农村,实现全面小康社会的新的发展阶段,进一步健全民主制度,创新民主机制,维护广大农民的根本利益,是完善村民自治、发展社会主义民主政治的重要内容,是促进农村党风廉政建设、密切党群干群关系的有效途径,是进一

---

① 湖北省村务公开民主管理协调小组办公室,《深化村务公开加强民主管理》,载《学习月刊》2006年第4期(下)。

第四章 "恳谈民主"与基层民主机制的创新

步推进农村改革和发展、加快农村全面建设小康社会进程的必然要求。

党的十六大明确提出"完善村民自治,健全村党组织领导的充满活力的村民自治机制",2004年17号文件也多次强调健全机制的重要性,如规范民主决策机制,强化村务管理的监督制约机制,健全领导体制和工作机制等。十七大进一步指出:"要健全基层党组织领导的充满活力的基层群众自治机制,扩大基层群众自治范围,完善民主管理制度,把城乡社区建设成为管理有序、服务完善、文明祥和的社会生活共同体。"

自20世纪80年代我国推行村民自治以来,农村基层民主实际上形成了"乡镇政权与村民自治"的"乡政村治"模式,即国家基层政权设立在乡镇,在乡镇以下的村实行村民自治。在"乡政村治"这一民主模式之下,围绕"扩大基层民主、完善村民自治"这一核心内容,农村基层民主建设取得了诸多的进展和创新,尤其是在基层民主实现形式、民主管理方式和运行机制上,如"两票制""村民联合提名""海选"的选举形式;南漳保康县"干部问事、群众说事、集中议事、及时办事和定期评事"的"五事"制度;恩施自治州提出的"1+4+X"模式(每个村一年至少召开一次村民大会、每季度至少公开一次村务,在公开常规村务内容的基础上,加上"百姓点题"的公开内容即"X");安陆市推行以村"两委"联席会、党员会、村民代表会和评党员、评干部、评村民代表、评"十星级文明农户"为主要内容的"三会四评"制度;宜昌地区由村"两委"班子成员、村民小组长、全体党员、村民代表和愿意参加议事的村民组成每季度召开一次,听取群众反映的问题、评议村组干部、讨论决策村务的"议事恳谈会"。这些创新不仅扩大了广大村民的有序参与,使基层的民主管理、民主决策和民主监督在民主选举的基础上进一步得到落实,还调动了村民的民主参与热情,提高了人民群众在农村基层民主实践中的自我管理水平,推动了农村基层民主的发展。

十六届五中全会提出了建设社会主义新农村的重大历史任务,对农村的民主建设提供了难得的机遇,同时也提出了新的更高的要求。完善村民自治,是推进社会主义新农村建设的必然要求,是调动农民参与社会主义新农村建设积极性的重要途径。十七大指出要发展基层民主,保障人民享有更多更切实的民主权利。在建设社会主义新农村、构建社会主义和谐社会的新时期,我们创新民主机制,丰富社会主义基层民主政治的实现形式,是我国经济社会发展和农民群众参与愿望增强的要求,是完善村民自治,促进新农村建设和和谐社会构建的重要内容。

(三) 农村基层民主机制的研究现状

中国基层民主政治建设因其自身的特殊性而吸引了国内外学者对农村政治问题的广泛关注,伴随着乡村的变迁应运而生的乡村直选和村民自治制度的发展,极大地激发了学者们对乡村政治发展的研究兴趣,关于中国乡村民主政治问题的研究成果十分丰富。

近年来我国农村基层民主政治的研究学者发表了不少本土性的学术论著,如徐勇的《乡村治理与中国政治》和《中国农村村民自治》、曹锦清的《黄河边的中国》、于建嵘的《岳村政治》、项继权的《集体经济背景下的乡村治理》、胡必亮主编的《中国村落的制度变迁与权力分配》等,成果颇丰。这些成果既有实证性的调研报告,也有的从理论角度分析中国农村基层民主的地位、价值意义。他们或从国家社会关系角度对中国农村基层民主建设进行学术研究(徐勇的《中国农村村民自治》、彭勃的《乡村治理:国家介入与体制选择》);或从村民自治制度入手,对"乡政村治"的模式进行完善或重构(徐勇的《乡村治理与中国政治》);或深入研究影响农村治理的各种要素如宗教、宗族、社会精英等。

在《中华人民共和国村民委员会组织法》实施以来,中国农村陆陆续续展开的选举引起了学界的关注。如王振耀、汤晋苏的《中国农村村民委员会换届选举制度》,包心鉴、王振海的《张村民主》,徐勇的《村干部的双重角色:代理人和当家人》,孙龙、仝志辉的《程序引导与村委会选举的规范化——吉林省5县40个村第五届村委会换届选举的调查分析与思考》、吴淼《村委会选举质量的量化分析——以福建省九市2000年度村委会换届选举统计数据为依据》等,他们对民主选举与乡村治理的探讨,一方面作出了经验总结,完善了选举操作及相关技术系统,另一方面进行了理论创新,通过对乡村社会性质认识的深化和准确把握,获得了对现实问题的强力解释。这些都从根本上促进了张村民主政治的发展。

20世纪90年代以来,学界对乡村政治的相关研究,极大地促进了中国农村的民主化进程。尤其是促进了选举制度的日益完善,扩大了村务公开,确保农民在很大程度上实现了自我管理、自我教育、自我服务,保障了农民的民主选举、民主决策、民主管理、民主监督等相关权利。

十六大提出"完善村民自治,健全村党组织领导的充满活力的村民自治机制"以来,农村的民主政治建设越来越被社会广泛关注。伴随着农村基层民主建设向微观层面的深入,广大村民在基层民主机制的创新上迈开了新的步伐,学界也开始关注探讨基层民主的运行机制。如彭智勇、王文龙的《新农村建设中的乡村治理机制探析》，贺雪峰、阿古智子的《村干部的动力机制与角色类型——兼谈乡村治理研究中的若干相关话题》，范俊彦的《健全村民自治机制的基本思路》等。他们都不约而同地主张，只有摒弃那种理想化的唯制度论，理论联系实际，因地制宜地进行制度创新，才能为新农村建设提供一个好的微观制度。健全村民自治机制，必须在完善民主制度，规范工作机制和加强领导方面采取有效措施。

十六大前后，作为基层民主机制创新的"议事恳谈会"在宜昌地区得到推行。"议事恳谈会"作为一种基层民主创新机制，它的出现，迅速引起了学界的关注。如邹正金《关于村级民主制度建设的实践与思考》（《改革》，2003），该文简要分析了"议事恳谈会"的形成、问题与对策；易正春的《议事恳谈会：扩大基层民主的一种新机制》（《学术探讨》，2003），就议事恳谈会的含义及建立目的、存在的问题、特点与功能、发展取向与前景展望作了初步探讨；胡智斌《议事恳谈会：农村基层民主政治建设的新平台》（《地方政府治理创新研究》，2007），就议事恳谈会在政治文明建设中的重要作用进行了阐述，认为它唤醒了老百姓的民主意识，促进了乡村干部工作作风的转变，提高了基层干部执政能力和领导水平，开辟了农村基层组织建设的新途径。但是，对于"议事恳谈会"这一富有成效的基层民主创新机制，学界的探讨并不充分，特别是在建设社会主义新农村、构建社会主义和谐社会的新时期，"议事恳谈会"的发展面临着新的课题，即如何走出自身发展的困境，协调群众利益，调处各方矛盾，引导群众规范有序地参与村务的决策和管理，以理性合法的形式表达自己的利益要求，化解社会矛盾，从而促进农村的和谐与稳定。

本课题立足于宜昌农村民主政治发展的历史传统和现实状况，根据马克思主义的基本观点和我们党关于社会主义和谐社会及社会主义新农村建设的基本要求，拟通过对宜昌"议事恳谈会"的考察，深入分析和探讨社会主义和谐社会及社会主义新农村建设中宜昌农村基层民主政治发展的成就和面临的问题，以期梳理出宜昌基层民主机制和农村基层民主政治建设的基本路径和价值取向，从而为宜昌的经济、政治与社会发展服务，也为我国基层民主机制的创新与农村基层民主政治建设提供具体的和个案性的参照模式。

二、作为一种新型基层民主机制的"议事恳谈会"

基层民主的扩大是中国特色民主政治建设和农村改革的重要内容,它的推行与中国共产党一贯致力于推进政治文明进程是密不可分的。党的十六大报告指出:健全民主制度,丰富民主形式,扩大公民有序的政治参与,保证人民依法实行民主选举、民主决策、民主管理和民主监督,享有广泛的权利和自由,尊重和保障人权。同时指出:扩大基层民主,是发展社会主义民主的基础性工作,健全基层自治组织和民主管理制度,完善公开办事制度,保证人民群众依法直接行使民主权利,管理基层公共事务和公益事业,对干部实行民主监督。

在我国经济社会发展战略的总体架构中,因独占三峡工程和三峡文化两大内涵,宜昌成为一个具有代表性的区域。其在经济、政治和社会等方面特定的发展对中国中西部的发展具有重要的启示意义。近年来,宜昌在农村基层民主政治建设方面取得了长足进步,特别是十六大前后,宜昌在农村大力推行了"议事恳谈会"为主要内容的基层民主机制,以"议"和"谈"为基本切入点开展的民主活动,涉及内容包括民主决策、民主管理、民主监督,是基层民主政治建设中一项机制创新,颇具地方特色,蕴涵着极其深刻的民主价值,极大地推动了本地区的基层民主政治建设和经济社会发展,在湖北乃至全国产生了较大影响。

(一)"议事恳谈会"的发展历程

"议事恳谈会"是宜昌农民在村民自治的发展过程中探索出来的一种扩大农村基层民主、发展社会主义民主政治的有效形式和途径,这个探索过程大致经历了三个阶段。

1. "村民问村官"的萌芽阶段

位于宜昌市五峰土家族自治县的仁和坪镇富裕冲村是"议事恳谈会"的探索起点。对于"议事恳谈会"来说具有重要意义的"村民问村官"活动就是在富裕冲这个有名的后进村萌芽的。该村曾是全镇、也是全县有名的后进村,基层组织瘫痪、干群关系紧张、社会秩序混乱、群众上访不断、村级提留历年欠款高达4.8万元,有的农户甚至10多年没有缴纳过统筹提留款,每到年前,村干部就要"揪猪尾巴",逼着交税款,不交钱不准杀年猪。在仁和坪镇党委的指导下,1998年6月30日,经过民主选举产生了新的村党支部、村委会,为了从根

第四章 "恳谈民主"与基层民主机制的创新

本上缓和党群、干群关系紧张局面,首次开展了"村民问村官"活动。具体内容如下:村"两委"公布"问"的内容,涉及执行政策、财务管理、个人作风等8个方面;干群确定"问"的形式,让群众在公开场合面对面地向"两委"班子及其成员提出意见和建议;村"两委"相关人员作出"改"的承诺,对于群众提出的问题,能立即作出答复的,现场答复,对不能立即解决的问题,作出整改承诺;注重"改"的效果。首次"村民问村官"活动,有近百名村民参加,所"问"27个具体问题,都得到妥善解决。

"村民问村官"活动开展以后,村"两委"按照民主管理的办法,为群众解决了大量具体问题,干部的凝聚力得到了增强,富裕冲村出现了"收款不上门、纠纷不出村、干群关系好、社会风气纯"的良好局面。富裕冲村当年100%的农户定期自觉上交了当年的税款,4.8万元的历史村级提留款也全部清收。"村民问村官"活动还增强了党组织的凝聚力,当年就有5名农民青年不约而同地递交了入党申请书。①

2."民主咨询会"的发展阶段

2002年,五峰县委组织部在调查研究的基础上,对富裕冲村开展的"村民问村官"活动进行了认真总结和提升,建议村党支部、村委会将"村民问村官"活动更名为"民主咨询会",并通过村党员大会和村民代表大会确定每年的6月30日为举办"民主咨询会"的"法定日期"。

五峰县委组织部敏锐地抓住了基层民主政治建设创新的机遇,在仁和坪镇14个村全面推广了富裕冲村开展"民主咨询会"活动的做法和经验,取得了良好效果。统计数据显示:当时全镇应参加民主咨询会12023人,实际到会8043人,占应到会的66.9%。在民主咨询会上,农民群众共提出问题或建议325条。村干部当场解答223条,现场解决63条,承诺限时解决39条。对于承诺限期解决的问题,镇党委统一印制表格,登记造册,明确整改的时限和责任人,切实解决了一大批群众反映强烈的热点、难点问题。②

民主机制的创新,为仁和坪镇的民主发展经济建设开创了崭新的局面。干部的领导方式和工作方法发生了转变,基层组织的凝聚力、战斗力得到增强,群众相信拥护干部,干群关系得到改善密切,干群关系得到理顺,这又为仁

---

① 参见邹正金:《关于村级民主制度建设的实践与思考》,载《改革》2003年第9期。
② 乔文学:《从"村民问村官"到"议事恳谈会"——五峰建立议事恳谈会制度的探索与实践》,载《组织部长参阅》2003年第20期;《宜昌组织工作》2003年。

和坪镇的经济社会发展注入了新的活力。当年,全镇共有蔬菜种植面积3200多亩,建立了60吨的蔬菜冷库1个,基本上形成了蔬菜产业化,为农民增加收入85万元。大力发展茶叶产业,使茶叶的采摘面积达到了5000亩,建立了10家茶叶加工厂,为农民增加收入30多万元。林家坪村采纳群众在"民主咨询会"上提出的建议,大力引进能人并在能人的带动下大力种植蔬菜,形成蔬菜产业化的格局。全村蔬菜总面积就达到了720亩,农民人均增收80元;村集体经济收入也从无到有,2003年集体经济收入达到了2万多元。①

3."议事恳谈会"的推广阶段

宜昌市委在全面总结"民主咨询会"经验的基础上,进一步将其更名为"议事恳谈会",并从2002年9月份开始,在全市乡、村两级全面推行议事恳谈会制度。

五峰县在实践中不断规范和完善"议事恳谈会",全县统一制定了《村级议事恳谈会制度》和《村级议事恳谈会流程图》,充分发挥了"议事恳谈会"联系群众、交流思想、化解矛盾、改进工作的功能,丰富了"议事恳谈会"的内涵。2002年,仁和坪镇全面推行"议事恳谈会",群众共提出325条意见和建议,95%得到了解决。②

宜昌市委组织部在全市转发了五峰县《村级议事恳谈会制度》,时任省委常委、宜昌市委书记的郑少三同志作了重要批示:坚持乡村议事恳谈会制度不是小事,是关系到基层民主政治建设的大事。2003年4月3日、4日,宜昌市委在夷陵区龙泉镇召开了全市推行乡村议事恳谈会工作座谈会,采取现场观摩、经验交流等多种形式,对宜昌市2002年以来推行的乡村议事恳谈会工作进行了回顾和总结。时任宜昌市委副书记的周水舟同志指出,建立议事恳谈会,推行议事恳谈制度,既搭建了基层组织与群众交流沟通的平台,也为提高基层组织凝聚力、向心力开辟了途径,无疑为推动基层组织建设和农村基层民主政治建设提供了重要的结合点和有效载体,是适应农村社会主义市场经济发展新形势与深化农村基层组织建设和民主政治建设的必然选择。会议进一步划分了在推行乡村议事恳谈会制度中的相关责任,县市区委要落实第一责任,乡镇党委要落实直接责任。

---

① 乔文学:《从"村民问村官"到"议事恳谈会"——五峰建立议事恳谈会制度的探索与实践》,载《组织部长参阅》,2003年第20期;《宜昌组织工作》2003年。

② 参见邹正金:《关于村级民主制度建设的实践与思考》,载《改革》2003年第9期。

第四章 "恳谈民主"与基层民主机制的创新

在实践过程中,议事恳谈会制度不断丰富完善。宜昌市点军区在推行"议事恳谈会"的过程中,创新发展了恳谈会的具体程序,实行"五步议事法"。所谓"五步议事法",第一步是公开征集,民主选定议题,为议事恳谈会奠定"议村民最关心的大事"的基调;第二步是调查论证,形成备选方案,为议事恳谈会提供议事决策参考依据;第三步是确定时间,提前发布公告;第四步是按时开会,一事一议一决,确保议事恳谈会低成本、高效率;第五步是督办落实,反馈办事情况,巩固议事恳谈会成果。"五步议事法"切实提高了村级议事恳谈会质量,取得了明显成效。该区李家湾村有一条让村民吃尽出行绕道苦头的长达620米的断头路,在议事恳谈会上,参会群众通过了自愿筹资、出工出力的议题,会后仅用了2个月时间就修通了。①

这种深受群众欢迎的"议事恳谈会"在全市普通推广,截至2006年6月,全市92个乡镇、1651个村全部建立了"议事恳谈会"制度,召开乡镇级议事恳谈会103次,村级议事恳谈会5746次,共解决群众提出的各类问题3077个,化解各类纠纷2522起。② 民主机制创新,使村务公开了,农民的知情权、参与权、决策权和监督权得到了充分体现。

(二)"议事恳谈会"的内涵

作为扩大农村基层民主、发展社会主义民主政治的新机制,在近十年的创新发展历程中,宜昌地区的"议事恳谈会"构筑起了一个农村基层民主政治建设的新平台。

所谓议事恳谈会,就是在乡镇党委政府的指导下,由村党支部和村委会组织,村干部、党员、村民代表以及自愿参加的农民群众组成的一种"圆桌恳谈"式的会议制度,其主要任务是学习政策法规、评议乡村工作和干部作风、讨论政务村务、反映意见、沟通思想、调解纠纷、化解矛盾,就群众关心的难点热点问题征求意见、交换思想,达到沟通干群关系,促进乡村事务民主管理。简而言之,即为"学、述、评、议、审、定"等6方面。"学",即学习党的方针、政策和基本路线,传达上级会议文件精神,学习科技知识和农村实用技术,开展市场信

---

① 参见《关于进一步规范全区村级议事恳谈会制度的通知》,中共宜昌市点军区委组织部文件(点组发〔2003〕6号)。

② 田强、刘学著主编:《地方政府治理创新研究》,湖北人民出版社2007年版,第153页。

息交流;"述",即由村"两委"干部述职,报告工作,反馈对群众反映问题的处理结果,总结工作得失;"评",即对村干部、党员进行公开评议,及时督促党员、干部纠正工作中存在的苗头性、倾向性问题,评处不合格党员;"议",即对村里的重大事务进行民主商议,征求群众意见,与会人员针对村干部述职和需要决策的事项、问题提出合理化建议、意见;"审",即对村收支账目进行公开、说明,接受审核、验证和质询,对不合理的开支提交村民代表大会否决;"定",凡是村里的大事,都列入民主议事恳谈会进行恳谈,再由村民会议或村民代表会议投票表决。

"议事恳谈会"的指导思想是以议事恳谈会搭建基层组织干部群众交流沟通的平台,拓宽加强农村基层民主政治建设的渠道,保证村民当家作主的权利,提高基层组织的凝聚力和向心力,完善村民自治,推动农村基层政治文明建设,促进农村经济发展和社会进步。

"议事恳谈会"坚持"服务于民、依法办事、公开公正、民主平等、注重实效"的原则,倾听民意,民主恳谈,议涉及本村经济社会发展的大事要事,做到一事一议一决,责任到人,限期解决。目的在于通过双向互动,加强干群交流,拓展民主渠道,集思广益,提高民主决策、民主管理、民主监督水平和办事效率,顺利解决本村经济社会发展重大事项。

(三)"议事恳谈会"的特色

作为一种普遍推行的基层民主机制,"议事恳谈会"在实践中日臻完善。在发展基层民主,扩大村民有序的政治参与,保证村民依法实行民主选举、民主决策、民主管理和民主监督的过程中,"议事恳谈会"形成了自己的鲜明特色:

1. 议事内容的针对性

议事恳谈会的主要任务是学习政策、评议干部、审计财务、讨论村务、交流意见和民主决策。其内容涉及本村经济社会发展重大事项和村民关心的热点、难点问题,包括村务和财务收支情况、社会治安、计划生育、救灾救济款物发放、宅基地使用情况、土地征地补偿及分配情况、税费改革及农业税征收减免情况、种粮直接补贴、退耕还林兑现情况及国家其他补贴农民资助村集体和政策落实情况、公益事业、村组干部待遇等。

其所议内容还可以根据农村改革发展的新形势新情况,及时丰富和调整,体现了与时俱进的特点,确保了广大村民的知情权。

2. 参与主体的广泛性

议事恳谈会的规模比村民大会要小,比村民代表会议要大,但议事恳谈会的参与主体却是最广泛的。议事恳谈会是一个开放型的会议,与会人员包括村"两委"成员、村民小组长、全体党员、全体村民代表、上级在本辖区的人大代表、政协委员及愿意参加会议和反映问题的村民等。针对特定的议题,还可邀请乡镇的领导和有关专家学者等出席,力求扩大参与主体的广泛性和层次性。

议事恳谈会人员的构成有助于克服过去"一言堂"式的弊端,有助于发挥集体优势,集思广益,广开言路,广纳贤言,实现民主决策。在新农村建设中,夷陵区鸦鹊岭镇提出走柑橘产业化发展之路,为获得村民支持,镇里邀请各村党支部书记、村民代表、群众代表、人大代表、龙头企业主、柑橘销售商和有关专家等召开议事恳谈会,群众和代表们积极发言,形成了"柑橘是棵摇钱树,旱涝保收靠得住"的共识,现在全镇兴起了发展柑橘产业的热潮。

3. 议事程序的规范性

从现实情况看,实体必须有程序作保障,否则再好的民主制度也是一句空话,光有制度,没有程序,制度也是靠不住的。"议事恳谈会"一般每季度召开一次,山区村和人口较少的村,每年至少召开一次,遇到特殊情况随时召开。基本程序包括三点,一是会前充分准备,走访群众,调查研究,了解群众关心的重点、难点和热点问题,征集议题。二是按时开会,一事一议一决。每次会议都要通报上次议决事项落实情况,然后针对本次议题畅所欲言,充分恳谈。会场要安排专人记录,妥善保管和存档备查。三是会后落实和反馈。

在宜昌推广"议事恳谈会"的实践中,各地村民因地制宜,如点军区的"五步议事法",创新发展了恳谈会的具体程序,有效地保障了"议事恳谈会"的执行和实效。点军区牛扎坪村更是用简单明了的示意图显示了议事恳谈会的程序,方便易行。①

4. 议事主体的平等性

"议事恳谈会"倡导民主平等、民主恳谈,会场采用圆桌会议的形式,不设主席台,与会人员都是议事恳谈的主体,身份一律平等,与会人员可以从不同角度和侧面充分发表意见,提出见解,把问题议深议透。"议事恳谈会"注重了解群众的意愿,倾听群众的心声,拉近了干部与村民的距离,改善了干群关系,

---

① 参见《关于进一步规范全区村级议事恳谈会制度的通知》,中共宜昌市点军区委组织部文件(点组发〔2003〕6号)。

村民从议事恳谈中实现了对村务的管理,找到了反映问题最有效的渠道。

参与主体的平等性,唤醒了村民的当家作主意识和政治参与热情,改变了过去"干部热情高,村民无兴趣,工作难开展"的局面。"议事恳谈会"是基层民主的有效实现形式,它还原了基层民主建设主体的平等关系,实现了官由民选,事由民定,家由民当,村民真正当家作主,村干部"治村"的时代已成过去,体现了农村民主建设新的发展趋势。

5. 议事恳谈的实效性

"议事恳谈会"摆脱了"坐而论道"式的空谈,不搞花架子,不走形式,注重解决群众关心的热点难点问题。每次会议都要通报上次议决事项落实情况。对与会代表或村民的提问,相关人员要认真答复和解释。当场能答复或解决的,必须当场答复解决;当场不能答复或解决的,必须限期办理;对不应该和不能办理的事项,应该解释清楚。根据会议的表决,村"两委"要迅速开会制定措施和方案,责任到人,限期解决并予以公告,做到议而有决,决而有行,行而有果。

议事恳谈的实效还体现在化解各村历史疑难问题上。在以往通过行政手段政策命令难以发挥作用的村庄角落,各村历史遗留下来的老大难问题在摆到议事恳谈的桌面上后,经过村民的协商研究,往往会得到令各方满意的解决方案。夷陵区乐天溪村山林纠纷惊动镇党委,三任书记处理无果,该村后来在2003年8月通过一次议事恳谈会就彻底解决了问题。夷陵区下堡坪乡是个高山老区,交通不便的问题一直制约着地方经济的发展。历届党委、政府数次欲改修公路,都因少数农民在补偿问题上的争执而搁浅。新一届党委、政府将此事提交议事恳谈会,问计于民。公路沿线群众的热情被极大地调动起来,33名村民联名起草了一份倡议书,号召全体村民"识大局,知好歹,不扯皮,为施工建设开绿灯",在公路开工的第二天,工地上出现了群众自发给施工队送肉菜、送茶水的感人场面。

"议事恳谈会"所议事项关系到广大村民的切身利益,促进了乡村的民主决策、民主管理和民主监督,切实实现了村民的知情权、决策权、参与权和监督权,因而它一出现就受到了农村广大干部群众的欢迎。"议事恳谈会"扩大基层民主的生动实践,是我们探索完善基层民主自治机制的新尝试,是构建和谐社会的创新之举,有效地激发了广大村民的政治参与的积极性,调动广大村民发展农业生产的热情,成为建设社会主义新农村的强大推动力。

三、"议事恳谈会"对基层民主机制的创新

创新是一个民族进步的灵魂,是一个国家兴旺发达的不竭动力,也是一个政党永葆生机的源泉。实践基础上的理论创新是社会发展和变革的先导。通过理论创新推动制度创新、科技创新、文化创新以及其他各方面的创新,不断在实践中探索前进、永不自满、永不懈怠是我们要长期坚持的治党治国之道。在我国基层民主建设的伟大实践中,广大村民围绕"扩大基层民主、完善村民自治"这一核心内容,在农村基层民主政治建设中进行了诸多的创新,取得了一定的成就。

作为基层民主机制的创新发展,"议事恳谈会"从一出现就显示出了强大的生命力,其"搭建基层组织与群众交流沟通的平台,拓宽加强农村基层民主政治建设的渠道,保证村民当家作主的权利"。指导思想反映了广大农民切实实行自治,管理村务当家作主的强烈要求,顺应了建设社会主义和谐社会和新农村的趋势,在新形势下对农村基层民主机制进行了创新。

(一)"议事恳谈会"丰富了基层民主的实现形式

创新基层民主机制,必须适应我国经济社会发展和人民群众参与愿望增强的要求,从基层经济、政治、文化、社会生活等方面,扩大人民群众的有序参与,引导和组织人民群众在社会主义基层民主政治的实践中提高自我管理水平。要健全民主制度,丰富民主形式,拓宽民主渠道,依法实行民主选举、民主决策、民主管理、民主监督,保障人民的知情权、参与权、表达权、监督权。

马克思主义政治学认为,民主是指公民与政权之间的关系,这种关系表现为公民权利,主要是指公民管理国家事务的权利。一个国家的公民权利表明这个国家的民主性质和民主程度。我国是人民当家作主的社会主义国家。人民是国家的主人,国家的一切权力属于人民。人民当家作主是社会主义民主政治的本质特征,而人民群众通过丰富的民主形式广泛而有序的政治参与则是他们行使当家作主民主权利的前提。

人民当家做主在农村的集中体现就是村民自治。村民依法管理自己的事情,实行自我管理、自我教育、自我发展,通过直接行使民主选举、民主决策、民主管理和民主监督四项民主权利来实现,这是一条具有中国特色的农村基层民主政治建设的发展道路,也是被实践所验证适合我国实际的农村基本社

政治制度。

丰富民主形式,扩大人民群众的有序的政治参与,能最大限度地调动参与者的主观能动性,使他们充分发挥每个个体的聪明才智,为相同的目标和共同的利益去努力工作;能广泛听取不同的意见和呼声,真正反映和体现农民的利益和要求;能在新的历史时期广泛动员和集中民智民力,全面建设社会主义新农村和构建社会主义和谐社会。

丰富民主形式,扩大人民群众的有序的政治参与,还是落实以人为本、实现人的全面发展和享有高度民主自由的内在要求。科学发展观,就是坚持以人为本,全面、协调、可持续的发展观。坚持以人为本,就是要以实现人的全面发展为目标,从人民群众的根本利益出发谋发展、促发展,不断满足人民群众日益增长的物质文化需要,切实保障人民群众的经济、政治和文化权益,让发展的成果惠及全体人民。发展生产、提高生活水平是人民的愿望,扩大民主参与、充分行使民主权利,同样也是人民为之奋斗的理想和目标,随着物质条件的改善和提高,人们愈加注重精神上的满足和民主自由权利的实现。因此,既不能脱离民主参与来谈社会主义制度的优越性,更不能脱离民主选举、民主决策、民主管理和民主监督的具体内容而空谈民主参与。丰富民主形式,扩大村民有序政治参与,保障村民充分地行使民主权利,是落实以人为本的科学发展观的具体体现。

随着社会发展和变化,人民的民主要求不一样,民主形式也应该多样化,使人民群众的利益诉求有人听,参与的渠道逐步扩大。"议事恳谈会"继承了传统基层民主机制的会议形式,适应了新的历史条件下民主政治的发展需要,拓宽了民众参政议政的途径,尊重广大村民主体地位,落实村民的民主权利,是对基层民主实现形式的丰富和创新。

从拟定"召开"伊始,"议事恳谈会"就注重基层民众的参与:会前张贴告示、挂意见箱、走访农户、发放意见征集表,公开征集群众关心的问题;精心论证议题的实际可行性,选定大多数村民最关心的重点、难点和热点问题作为会议的主要议题;提前公布会议时间地点,动员群众广泛参与;会议讲求效率注重实效。

在会议召开的过程中,村民的主体地位受到尊重,议事和决策都在民主的氛围中进行。与以往村民会议、村民代表大会相比,议事恳谈会尽力营造一种"圆桌会议"的气氛,无领导群众之分,突出所有与会人员的平等性,增强了村民当家作主的意识,是农村村民的民主生活会。村民提出的每一个问题都能

第四章 "恳谈民主"与基层民主机制的创新

得到乡村干部耐心细致地答复,能当场解决的当场解决;不能当场解决的,相关干部要承诺解决时间,落实责任人,在下次恳谈会上通报解决的结果。会议结束后,村"两委"必须迅速制定方案和措施,分工负责,限期落实,并予以公告,接受村民监督。

在村级重大事项上,"议事恳谈会"确保了村民充分行使知情权、决策权、参与权和监督权,真正使他们由形式上的民主上升为实质上的当家作主。

"议事恳谈会"作为一种崭新的民主机制,议关联基层群众切事利益之事,着眼于实现广大村民的民主权利,扩大了基层民主参与的途径,丰富了基层民主的实现形式。它体现了农村基层干部群众对丰富民主形式,实现有序政治参与的创新探索。

(二)"议事恳谈会"打造了基层民主发展的重要平台

推进基层民主发展,必须要完善深入了解民情、充分反映民意、广泛集中民智、切实珍惜民力的决策机制,推进决策科学化民主化。要完善重大决策的规则和程序,建立社情民意反映制度,建立与群众利益密切相关的重大事项社会公示制度和社会听证制度,实行决策的论证制和责任制,防止决策的随意性。

1."议事恳谈会"构造了一个集中民智的平台,促进村级事务的科学决策。

当今农村人口流动频繁,村民会议难以保质保量召开,部分村民民主意识不足,农村各项事业要发展,仅仅依靠村干部几个人的力量和智慧是远远不够的。要解决农村难题,促进农村快速发展,必须发动全体村民群众积极参与,依靠全体群众的力量和智慧,才能取得良好的效果。议事恳谈会起到了整合集体智慧和力量的重要作用,在议事恳谈会上,村干部就村民关心的重要事项向村民陈述,村务重大事项的实施要征求村民的意见或建议,与村民共同探讨能不能干、怎么干,从而真正做到把大事交给群众商量,让群众在村务管理决策中当家作主。对村级重大事务决策,还引进"专家学者"参与听证,征询专家意见,形成书面报告并予以公示,把村民的知情权、参与权、决策权落到实处,同时又最大限度确保决策的科学性与可行性。夷陵区鸦鹊岭镇在建设新农村中提出走柑橘产业化发展之路,为获得村民支持,镇里邀请各村书记、村民代表、有关专家等召开议事恳谈会,群众和代表们积极发言,形成了"柑橘是棵摇钱树,旱涝保收靠得住"的共识,现在全镇兴起了发展柑橘产业的热潮。通过集中民智,聚集民意,凝聚民力,议事恳谈会使民主决策成为阳光决策,科学决策,使村干部科学管理决策的水平大为提高。

2."议事恳谈会"构筑了交流沟通的平台,密切党群、干群关系。

在基层民主政治建设的进程中,村民自治受到诸多不利因素的制约。由于我国生产力发展水平比较落后,农村大部分群众还在为吃饭穿衣而奔波,再加上边远地区山大人稀,农村人口居住分散,村民参加民主活动受自然条件影响很大,干部服务工作很难完全到位。在成立"议事恳谈会"之前,由于干部群众缺乏沟通,村里的大小事务,村干部决定后就交给村民办理,是否符合实际,群众是否拥护都不知晓。往往是干部热情高,村民无兴趣,工作难开展,进而造成了干群关系的紧张。

"议事恳谈会"的主要任务是学习政策法规、评议乡村工作和干部作风、讨论政务村务、反映意见、沟通思想、调解纠纷、化解矛盾、就群众关心的难点热点问题征求意见、交换思想,进而沟通干群关系,促进乡村事务民主管理。借助"议事恳谈会"提供的民主平台,基层干部和农民群众之间实现了良好的双向互动:一方面,畅通了民意表达渠道,决策层能及时了解、掌握直接来自大多数群众的信息,清楚村民忧什么、愁什么、怨什么、缺什么和盼什么,使群众话有地方说,理有地方讲,气有地方消,苦有地方诉,从而释放了民怨,避免了隔阂,化解了矛盾;另一方面,村干部可以直接解答村民心中的疑问,开诚布公,面对面地向群众汇报村务政务管理、重大事项决策和群众普遍关心的热点难点问题,从而增加了二者之间的了解和交流。村党支部、村委会定期在议事恳谈会报告工作,让党员、群众了解其究竟为老百姓办了哪些好事、实事,还有哪些正在办理或未办,办理过程中还有哪些困难,怎样才能解决,村民心中有了数。这样上下联动,统一了干群思想认识,交流沟通了感情。"议事恳谈会"打造了一个基层组织、党员干部和广大村民之间相互交流、直接沟通的平台,保证村民行使当家作主的权利,提高基层组织凝聚力和向心力,完善村民自治,推动农村基层政治文明建设,促进农村经济发展和社会进步。

3."议事恳谈会"构造了民主议事的平台,调动村民参与自治的积极性。

"议事恳谈会"在长期的发展过程中,形成了一套相对完善的规范程序,针对关系村民切身利益的热点问题议事,尊重村民的主体地位民主权利,会议讲求效率注重实效,它的出现有效地克服了村民自治进程中的不利因素,改变了先前村民不愿或不能参加村民大会,更不愿进行费时费力的辩论表决活动的状况,受到了群众的普遍欢迎,促进了群众的积极参与。

实施"议事恳谈会"之前,许多党员、群众对村两委召集的会议不感兴趣,认为"都是走过场,轮不到自己说话"。但"议事恳谈会"针对的是群众关心的热点难点问题,村两委必须向村民报告党务、村务、财务工作,接受党员、村民现场质询并当场解答,会前又充分征询群众意见,征集议题。在"议事恳谈会"上,群众看到干部是实实在在为大家着想,于是气顺了、心齐了,党员、群众参政议政热情高涨。

4."议事恳谈会"构造了民主监督的平台,增强干部的责任感和使命感。

"议事恳谈会"评议乡村工作和干部作风,树立了"有为才有位,有位必须有为"的正确导向,增强了村干部的服务意识和竞争意识。"两委"成员利用"议事恳谈会"进行个人述职,接受党员、群众的评议和测评,进一步增强了村干部的事业心、责任感和积极性。

以往乡村工作缺乏有效的监督机制,村务财务公开也定期进行,但老百姓就是弄不懂心不明,心有疑问说不清,对村干部毫无触动,不少村干部认为"农村工作主要靠的是经验和权威,民主管理和村务公开都是花架子"。但在"议事恳谈会"上,村干部得向村民进行述职报告,接受百姓的咨询和质疑,对于村务管理、重大事项决策和群众普遍关心的热点难点问题,都要在"议事恳谈会"上过群众关。"议事恳谈会"建立了一个有效的民主监督制约机制,在干部和群众的交流中实现了民主评议干部,激励认可干部。

议事恳谈会提供了农村基层民主发展的重要平台,体现了大多数村民的利益、愿望和要求,使农民民主管理、民主决策和民主监督的权利真正落到实处,使农民能够在自己的舞台上"说自己的话,唱自己的戏,做自己的主"。同时,使村干部以民主平等的姿态了解群众的意愿,倾听群众的心声,拉近了干部与村民的距离,改善了干群关系,构筑了基层组织、党员干部和广大村民之间相互交流直接沟通的平台。

(三)"议事恳谈会"构建了基层民主政治生态系统的重要一极

生态学(Ecology)一词源于希腊文 oekologie,oekologie 是由词根 oilkos 和词尾 logos 构成,从字面理解,生态学是研究生物及其环境之间的相互关系的科学。1935 年,英国生物学家坦斯利(A.G.Tansley)提出"生态系统"(Ecosystem)概念,认为生物和环境之间形成了一个不可分割的相互关联和相互影响的整体。20 世纪中期,生态学开始关注人类和社会所面临的实际问题,生态分析方法开始广泛地推广到其他社会科学领域,形成了相应的交叉学科,如社会生态学、政治生态学、行政生态学、生态经济学等,而生态学基本分析方法和价值也得到了广泛的认可和肯定。著名学者王邦佐借鉴生态分析的基本方法,把中国政党制度作为一个生态系统进行考察,在中国政党制度的生态系统中,其生命系统是中国政党制度的系统构成,环境系统是中国政党制度的社会生态环境,中国政党制度根据其所处的社会生态环境的特点和变化进行调整和发展,从而达到中国政党制度的生态平衡。①

在政治生态学上讲,建设社会主义和谐社会之下的新农村基层民主政治,其首要的政治前提在于建立与农村发展要求相适应的基层民主政治生态环境。根据生态分析的基本方法,我们可以将农村基层民主政治作为生态分析中的生命系统,它是主要由村民、村委会、村党支部、农村民间自治组织、宗族势力等要素组成,各要素之间,要素与整体之间,以及整体与外部环境之间,都存在着一定的有机联系,从而在农村基层民主建设这个系统内部和外部形成一定的结构和秩序,表现出系统的集合性、关联性、非加和性、层次性和环境适应性的特征。由此可知农村基层民主建设是一项长期、复杂、浩大的系统工程。② 其发展推进离不开一个多极力量制约平衡和谐共生的环境系统。

根据《中华人民共和国村民委员会组织法》的规定,村民会议享有最高决策权和最高审查监督权,它可以选举和罢免村民委员会成员,制定村民自治章程和村规民约、讨论决定涉及村民利益的重大事项,审议村民委员会每年的工作报告,并评议村民委员会成员的工作。村民委员会是村民自我管理、自我教育、自我服务的基层群众性自治组织,实行民主选举、民主决策、民主管理、民主监督。村民委员会向村民会议负责并报告工作。

不难看出,我国村民自治实际上实行的是村民会议制,村民会议是村民自治组织的最高权力机构,村委会是村民会议领导下的具体行政机关,对村民会议负责。根据村民自治的精神,村民会议是最理想的选择,一切村内大事都通过村民会议投票决定,村民不间断地直接参与行使民主权利;村民委员会执行村民会议的决议,管理村务和公共事业,从而体现"自我管理、自我教育、自我服务"的基本功能。

过去,由于民主机制的不健全,村民会议和村民代表会议大都是村干部唱主角,村里的大小事务,都是村干部拍脑袋决策,村民的民主权利无法实现,村

---

① 王邦佐:《中国政党制度的社会生态分析》,上海人民出版社 2000 年版,前言第 2 页、引论第 5～10 页、第 353 页。

② 刘丹:《乡村民主之路》,湖南人民出版社 2001 年版,第 219 页。

民的合理化建议得不到采纳,从而导致村内事务决策失误多。基层民主政治发展的环境系统是一个不和谐的系统,这多少阻碍了基层民主政治的发展。实行议事恳谈会后,这些情况发生了根本变化。在会议准备阶段,就要围绕议题充分调查研究,征求村民意见,咨询论证,特别事项还要咨询专家反复论证,形成初步方案后再由村"两委"集体讨论修改,最终形成提交议事恳谈会讨论的文字方案。在议事过程中,与会人员围绕议题畅所欲言,各抒己见,从不同角度发表意见,提出建议,在充分讨论的基础上再由有表决权的村民代表表决。"议事恳谈会"扩大民主,提高了决策水平,实现了民主决策和科学决策。

"议事恳谈会"还有助于提高村民自治实效性。在议事恳谈会后,对经过会议充分讨论,并通过法定程序和按照有关要求决定的事项,村"两委"要迅速召开会议,认真研究解决措施,细化方案,规定时限,明确责任,逐项落实,承办者不得以任何理由和形式推诿或打折扣,任何干部和群众都要服从决定,真正做到了议而有决,决而有行,行而有果。

如果说村民会议是代议机关,村民委员会是执行机关的话,那么,"议事恳谈会"可以被看作是一种民主协商机构。在村民自治的基层民主政治生态中,议事恳谈会实际担负了民主协商的议事功能,它的出现形成了一个与村民会议、村民委员会、村民代表会议相对应的协商机构。这就推动了基层民主政治生态环境的良性发展,形成了一个权力机构、执行机构、协商监督机构等多极力量相制约的平衡生态,进而推动我国农村基层民主政治的健康发展。

"议事恳谈会"作为基层民主政治建设的新生事物,是广大农村干部群众对基层民主建设的有益探索,它丰富了基层民主的实现形式,扩大了村民的民主参与,构筑了村级民主发展的崭新平台,进而促进了整个农村基层民主力量的和谐共生,必将为促进基层民主的发展和创新带来更大的推动和启迪。

四、"议事恳谈会"发展过程中存在的问题及思考

从1998年6月30日五峰土家族自治县的仁和坪镇富裕冲村首次开展"村民问村官"活动至今,"议事恳谈会"已经走过将近十年的历程。作为基层民主机制的创新实践,"议事恳谈会"搭建了新时期我国广大村民民主参与的新平台,促进了村民的民主参与,推动了基层民主政治的发展,进而有效地推动了农村经济文化和社会进步。在构建和谐社会、建设社会主义新农村的新时期,在农村改革步入综合改革的新阶段,"议事恳谈会"在面临发展机遇的同

时,也受到一些不利因素的制约,"民主恳谈"在实际开展中也不可避免地存在着局限性。

(一)"议事恳谈会"发展过程中存在的问题

"议事恳谈会"在五峰建立之初就缓解了当地紧张的干群关系,增强了党组的凝聚力,稳定了社会秩序,使全县有名的落后村出现了"收款不上门、纠纷不出村、干群关系好、社会风气纯"的良好局面。但其作为一种崭新的民主机制,其自身的民主参与局限和建设过程的定位制度模糊,限制了其进一步发展。我国农村地区基层民主发展的不利因素也给深入"议事恳谈"带来制约。

1."议事恳谈会"民主参与的有限性

建设社会主义新农村,构建社会主义和谐社会,为农村基层民主建设提供了新的历史机遇。新农村建设站在"统筹城乡发展"的高度,贯彻"多予少取放活""工业反哺农业、城市支持农村的"方针,加大社会各方面对农村的扶持力度,各级政府财政转移支付资金逐步向农村倾斜。这些战略部署能不能落实,各项支农政策和支农资金能不能到位,到了村一级,在很大程度上取决于民主决策、民主管理、民主监督的落实。

民主选举、民主决策、民主管理、民主监督,是农村基层民主政治建设的一个完整体系,四者相辅相成,缺一不可。当前,特别是在行政村合并之后,在广大村民进行"民主选举"之时,更应该建立和畅通其他三个民主权利的渠道,真正落实民主决策、民主管理和民主监督。在村级民主选举之后,如何建立有效的民主决策、民主管理和民主监督机制?"议事恳谈会"对此作了积极的探索。

《村民委员会组织法》规定村民委员会实行村务公开制度,涉及财务的事项必须至少每六个月公布一次,接受群众的监督。中办发17号文件〔2004〕更是对新时期做好村务公开和民主管理工作作出了重大部署。但是在实际生活中,广大村民对《村委会组织法》和中办发17号文件的知晓程度并不高,对"民主选举、民主决策、民主管理和民主监督"和村民的"知情权、决策权、管理权、监督权"认识不清。村民弄不懂也没人解释,心中有疑问也没地方可说,因而村务公开和民主管理往往流于形式,对村干部毫无触动。召开"议事恳谈会"之后,村民对心中的疑虑能够面对面地向村干部提问,对于村民不清楚或不懂的地方,村干部必须耐心细致地解释,因而对村干部形成了一定程度的制约,提高了村务公开的透明度。

村党支部和村委会成员定期在"议事恳谈会"报告工作,进行个人述职,让党员、群众了解其究竟为村民办了哪些好事、实事,还有哪些正在办理或未办,办理过程中还有哪些困难,怎样才能解决,从而接受党员和村民代表的评议。在"议事恳谈会"结束后,村"两委"要制定表决议题的落实措施和具体方案,分工到人,限期办理,及时向村民公布结果,接受村民监督。下次开会时,村"两委"还必须首先将落实情况对与会人员进行反馈,对有条件办理而未能解决的事项,有关责任人要讲明原因,限期完成。这样,"议事恳谈会"就在一定程度上使民主监督落到了实处,并且保证了所议事项的有效解决。

但是,由于"议事恳谈会"全程都是由村"两委"领导和主持的。在会议准备阶段,对从村民中征集的议题由村党支部和村委会集体确定,并提出可供代表充分讨论的备选方案,实际上就已经为"议事恳谈会"确定了基调。会议召开的时间、地点也是由村"两委"决定的,如果村干部估计到争议会很大,一般会在会前主动找与会人员做思想工作,用各种方法"说服"他们以获得支持。在会中,与会人员一般都是就村"两委"提供的备选方案进行讨论和作出表决,基本上都能让村"两委"意向中的备选方案得以通过。会后,又要由"两委"班子表决议案研究措施、细化方案、落实人选,规定完成时限。并且,联系村的乡镇领导和驻村干部要做到"确定议题、拟订方案、开会议事、整改落实"等重要环节"四必到"。这样做虽然使议事更加集中,主题更加明确,提高了"议事恳谈会"的质量和效率,但却使民主决策、民主管理、民主监督容易浮于表面,流于形式。

在当前,为了减轻村级负担,精减了干部职数,大部分干部兼职过多,特别是书记主任一肩挑后,村级权力过分集中,"议事恳谈会"就很难实现对村干部的有效制约和监督。村干部出于便于施政的目的或是出于维护个人权力的目的,利用种种手段来束缚村民的民主权利,担心村民可能运用民约束自己的行为。当农民对村干部假公济私或侵犯集体利益的行为产生不满时,却很难采取行动制止这种行为。因为他们知道反对会得罪一些相对强势的群体而使自己的利益受到更大的损害,给自己带来不必要的麻烦。

因此在看似充分参与切实恳谈的一团和气之下,议事恳谈会却又隐藏着民主参与有限性的缺陷。要发扬议事恳谈会充分议事的功能,必须坚持村委会自下而上选举的同时,还要完善村务监督机制。

在实践中,议事恳谈会参与者的民意代表性也存在不足。参加议事恳谈会的各级人员,就村一级而言多是一些村民代表、老干部、部分党代表和人大代表,实际参加的农民代表数量有限。以2006年4月2日夷陵区黄花乡军田坝村的议事恳谈会为例,与会人员包括 8 名区乡村干部、30 名党员和 55 名群众。55 名群众涵盖了村民代表、人大代表和自发参加的群众。由于议事恳谈会本身不具有相应的法律地位,不能硬性地规定与会人员,这就决定了议事恳谈会的规模不可能很大,参加的只能是少数的群众,比例不会很高。从实际调查来看,恳谈会参加人员大多保持在 50—100 之间,而往往发言的村民不超过 20 个人,一些自愿前来旁听的群众,往往没有机会表达个人的意见。参加议事恳谈会的群众是按照自愿、随机的原则确定的,无法兼顾到不同层面的利益,实际会议中往往会出现甲自然村的群众都到了,而乙自然村的群众一个也没有的状况。而且参加恳谈会的群众的发言往往是出于他们自身利益的考虑或根据他们自己的理解,不能很好地兼顾全局的利益,有些甚至提一些无理的要求,这就大大影响了议事恳谈会的成效。

在"议事恳谈会"积极实践中,村民遭遇了"民主参与"有限性的尴尬。在农村基层民主政治建设的实践中,这种"民主参与"有限性的尴尬也是中国村民自治现状的一个缩影。从本质上讲,村民自治制度是国家"供给"的,实际运行中的村民自治是村民自发性的民主要求与国家有意识的推动和介入相结合的产物。但村民自治的空间并不完全是村民完全掌控的,国家仍掌握着绝大多数村庄和农民的控制权,农民并未成为一种与国家分享政治权力的自主力量。乡级政府对农村社会和村民自治的介入和干预是普遍存在,虽然法律明文规定了乡级政府与村委会的指导关系,但鉴于历史惯性的路径依赖和现实的政治文化氛围,二者之间的关系并不似理论上的那样明确和简单,指导关系变领导关系的情况却是客观存在。在县乡政权强力控制下,村民自治力量弱小,缺乏与乡镇政府进行博弈和谈判的能力。"议事恳谈会"不得不面对行动的合理性和支持力量来源两个问题,也就是说,当议事行为与县乡行政产生冲突时,"议事恳谈会"通过什么途径以及依靠什么力量来克服县乡行政侵害农民利益的行为而又不至于侵犯法律。更重要的是,"议事恳谈会"在维护农民利益而与县乡政权博弈时,因为县乡政权是高度组织起来的力量,其可以寻找各种理由和借口打压"议事恳谈会"。面对强势的政权,"议事恳谈会"最终会陷入有心无力的境地。

"议事恳谈会"丰富了民主实现形式,扩大了村民的有序参与,但当村民一旦意识到民主参与的有限性时,其政治参与热情必将受到挫伤,他们对政治参与的强烈疏远和冷漠会重新影响到农村民主政治的进程。

推进基层民主政治的发展,促进农村的村务公开和民主管理,克服基层民主参与的有限性,在充分借助"议事恳谈会"这一新的民主样式的同时,在实践中还需要坚持村委会自下上选举、健全村务公开制度、规范民主决策机制、完善民主管理制度、强化村务管理的监督制约机制,让农民充分、完全、真正的当家作主。

2."议事恳谈会"议事定位的制度缺失

基层民主政治建设,大多数地方是自发的、不是很规范,存在一些问题和矛盾。有一些问题,要通过完善制度来妥善解决。党的十五届三中全会指出,搞好村民自治,制度建设是根本。"发展社会主义民主,制度更带有根本性、全面性、稳定性和长期性。"①基层民主政治建设,同样要抓住制度建设这个根本,在干部群众中树立起制度的权威性,逐步养成按制度办事的习惯。

"议事恳谈会"作为一种新的民主机制,在宜昌地区的推广和使用中,已经建立起了相对完善的制度和流程。在五峰,全县就统一制定了《村级议事恳谈会制度》和《村级议事恳谈会流程图》,充分发挥"议事恳谈会"联系群众、交流思想、化解矛盾、改进工作的功能,丰富了"议事恳谈会"的内涵。

从字面上看,议事恳谈会的重点是"议"和"谈",它只是为基层民主建设提供参与交流协商的平台,提供一个议事的机会和场所,提供一个重大事项的决策程序,但它并不是一个决策机构,因此,必须把握"议事恳谈会"的议事取向。一切决策必须按照《中华人民共和国村民委员会组织法》的规定,维护村民会议和村民代表会议民主决策的权威性。坚持议事恳谈会的协商功能议事取向,坚持村民自治的法定决策机制,才能促进基层民主政治建设的健康发展。

但是,在目前宜昌农村的民主实践中,"议事恳谈会"的功能定位还存在不妥之处。从"议事恳谈会"的具体实施过程看,恳谈的内容包括村内重大事项,功能有集"议事论证"和"决策施行"于一身的倾向。以点军区《牛扎坪村议事恳谈会制度》为例,议事恳谈会可以讨论通过村民会议制度、村民代表会议制度、村财务制度、村务公开制度等。这些本由村民会议决定的内容被议事恳谈会包办了。

议事恳谈会的推行,创造了基层民众政治参与的新途径,提高了村务的运作效率,其贡献在于能够增强村民的民主意识和当家作主意识,促进其自我教育、自我管理、自我服务。如果我们在民主实践中片面注重效率和创新,而背

---

① 江泽民:《在中国共产党第十五次全国代表大会上的报告》,人民出版社 1997 年版。

离《村民委员会组织法》的自治精神,动摇了民主决策的权威性和合法性,那么我们的基层民主建设成果必然是不稳定的。

搞好村民自治,制度建设是根本。我们建立健全"议事恳谈会"制度的同时,更应贯彻落实其议事功能的定位,明确"议事恳谈会"在基层民主政治体制中的地位。从《中华人民共和国村民委员会组织法》可以看出,农村的基层民主政治体制的基本结构是在中国共产党农村基层党组织的统一领导下,在乡镇人民政府的指导下,实行村民自治。村民委员会是村民自我管理、自我教育、自我服务的基层群众性自治组织,实行民主选举、民主决策、民主管理、民主监督。村民会议享有最高决策权和最高审查监督权,它可以选举和罢免村民委员会成员,制定村民自治章程和村规民约,讨论决定涉及村民利益的重大事项,审议村民委员会每年的工作报告,并评议村民委员会成员的工作。村民委员会向村民会议负责并报告工作。

充分发挥"议事恳谈会"的协商功能,推动基层民主政治科学发展,必须在制度上明确"议事恳谈会"与村民委员会、村民会议的关系。村民会议通过选举、投票行使权力,在选举、投票之前与"议事恳谈会"进行充分协商。"议事恳谈会"与村民会议、村务会三者的关系是,一个在决策前协商,一个在协商后表决作决策,一个在决策后执行,三者统一在基层党组织的领导下,分工协作,各司其职,互为补充,相辅相成。

只有在制度上真正明确了"议事恳谈会"的议事定位功能,才能建立"议事恳谈会"的民主恳谈的长效议事机制。使其成为扩大农村民主的有效形式,拓展民主参与渠道,集思广益,提高民主决策、民主管理、民主监督水平,推动基层民主健康发展。

3. "议事恳谈会"稳健发展的客观制约

大力推进基层民主政治建设,确保全体村民直接参与行使民主权利,是社会主义民主广泛而深刻的实践。由于历史和现实因素的影响,基层民主政治建设受到诸多客观条件的制约。作为基层民主新机制,议事恳谈会在新的时代条件下既面临机遇又迎来挑战。

其一,财力困扰。国家从2000年开始在全国范围内逐步展开农村税费改革,极大地减轻了农民负担,调动了广大农民投身生产建设的积极性。但改革过程中也出现了诸如乡村财力下降、农村公益事业止步不前的诸多问题,这为税费改革后农村的基层民主建设带来了新的问题。据国家发改委有关专家调查,当前开展社会主义新农村建设,若按照一定标准满足农村道路、安全饮水、

第四章 "恳谈民主"与基层民主机制的创新

沼气、用电等基础设施建设,全国大约需要投入 4000 亿元的资金。从农村现实情况来看,相当多的乡村债务沉重,甚至有一部分是空壳村。

税费改革取消了"三提五统",对村中的公益事业采取"一事一议"的办法,进行国家财政转移支付。但缺少其他收入途径的乡村在对改革前遗留下来的债务无法化解的同时,改革后又缺少新的财力来源,运转举步维艰。为了减轻负担、节约开支,部分行政村的"议事恳谈会"制度已经形同虚设,"议事恳谈会"已经停止召开。

其二,发展不平衡。宜昌市全市 92 个乡镇 1651 个行政村,经济发展存在不平衡。以夷陵区为例,该区属城郊接合部,全区 47 个村 394 个村民小组,城郊山区差距明显。如有些偏远落后的农村,大多数村无集体经济,绝大部分青壮年农民长年累月在外打工,他们对本村公共事务知之甚少,使得他们难以行使民主监督权利;有的因回家参与选举的成本高,甚至放弃了行使选举权。实践证明,越是经济落后的地区,干部的见识、思路越受局限,形成恶性循环。对老百姓而言,生计的需要比民主更迫切。就"议事恳谈会"的落实情况来看,经济发达村好于经济薄弱村,交通便利村好于交通落后村。乡镇之间、村与村之间的经济不平衡问题,影响了全区村民自治工作整体水平的提高。虽然全区都建立了"议事恳谈会"制度,各村的具体落实却存在差别。牛扎坪村在首次议事恳谈会上,收集归纳了群众最关心的"村民代表误工补助标准""劳务杂工开支标准""干部通信交通费按规定支付"等 5 个议题,按过去常规开 2~3 个会也不可能定下来,通过这次议事恳谈会,却只用了半天时间群众的疙瘩解开了,对村干部的工作也更加理解和支持了。该村探索的"议事恳谈会五步法"得到了上级的肯定,在国家、省、市有关杂志上进行刊登和推行。

其三,部分干部群众认识不足。毛泽东指出,政治路线确定之后,干部就是决定性因素。在议事恳谈会发展的历程中,部分村民甚至是村委员干部,对扩大基层民主,让广大村民行使当家作主民主权利的重要意义缺乏深入的认识,特别是新农村与和谐社会建设对于政治生活领域的意义缺乏必要认识。

一些村干部对"议事恳谈会"缺乏足够的信任和信心,对广大村民自己管理自己的事情而不是由村干部包办一切放心不下;还有一些村干部对"议事恳谈会"使自己过去所拥有的某些权力及享有的特权弱化感到难以接受。一些党员干部仍习惯于过去高度集中的计划经济体制下只对上负责,而不对下负责,习惯于上级组织的任命和做主,动不动就期望上级领导和组织为自己说话。有的村干部认为"议事恳谈会"是走过场,搞花架子,偏离了农村实际,不能直接带来经济效益而不予重视,认为发展经济奔小康,建设新农村才是硬道理,民主无足轻重。还有的村干部认为村级经济收入少,维持正常运转都很艰难,"议事恳谈会"与决策关系不大,因而"议事恳谈会"流于形式,没有实质效果。

受我国几千年封建历史的影响,部分农民有一种根深蒂固的"臣民意识",或者表现为"施恩于己""为民作主"的"权威崇拜",或者表现为对权力的强烈疏远和政治参与的冷漠,在村民自治中随意放弃自己的民主权利,对村务活动不关心、不参与。对"议事恳谈会"反应淡漠,往往只对眼前的、直接涉及自身既得利益的事较为关心,对影响村中社会各项事业发展的全局性大事关心少,主动参与意识不强。从调查的情况来看,有些农民的思想认识确实不能估计过高,只讲权益,不尽义务等情况时常有之。"没事不见你,有事就找你;解决不好就怨你,解决不了就骂你;有了困难就找你,关键时候不选你"。目前我国农民受教育的程度比较低,文盲率仍高达10.7%,受教育年限人均不足7.7年。毛泽东同志提出"严重的问题在于教育农民"①,时至今日,这个论断仍有现实意义。

正是因为这些原因,所以导致一些地区"议事恳谈会"主角发生错位,本该由村民唱主角的"议事恳谈会"完全靠上级党委政府、村两委推行。

(二)"议事恳谈会"进一步发展完善的对策

植根于宜昌农村、形成发展于和谐社会新农村背景之下的"议事恳谈会",其发展困境既有自身的特点,又在我国中西部地区有一定的代表性。在当前新农村建设以至今后一个时期内,对基层民主机制走出困境的探索都应该作为一项重要的工作切实抓好。

1. 培养新型农民,切实提高干部群众的民主参与意识

"议事恳谈会"在其发展进程中所遭遇的部分干群认识不足进而对基层民主建设态度消极的问题,是农村基层民主建设面临的一个普遍性的问题,其根源在于我国特定的历史、政治、经济和文化等特定因素。提高广大农民的政治参与意识和民主素质,是村民自治和农村以至整个中国民主政治建设的重要方面和基础性环节。在建设社会主义新农村的过程中,中央政府及时提出培养新型农民的重要任务,认为提高农民整体素质,培养造就有文化、懂技术、会

---

① 毛泽东:《论人民民主专政》,载《毛泽东选集》(第4卷),人民出版社1991年版,第1477页。

经营的新型农民,是建设社会主义新农村的迫切需要。① 农民是新农村建设的主体。建设社会主义新农村,培养造就千千万万高素质的新型农民,这是新农村建设最本质、最核心的内容,也是最为迫切的要求。

因此,培养新时期的新农民,既是建设社会主义新农村的根本目标,又是建设社会主义新农村的必要条件。培育和造就新型农民,是一个长期的过程,又是一个系统的工程。推进农村民主政治建设,切实提高干部群众的民主意识和能力水平,必须花大力气加强对群众宣传和教育。

一是要充分利用各种阵地和途径,如党校、农校、村民代表会、议事恳谈会等进行经常教育,重点学习和宣传《村委会组织法》等有关内容,让村民了解并掌握依法享有权利和履行义务的知识。

二是要抓住契机,如十六大及十六届五中、六中全会精神宣讲,十七大报告学习、减免农业税政策,农村医疗政策以及县、乡(镇)人民代表换届选举进行专题性或阶段性教育,进一步提高村民的民主参与意识。

2. 注重制度建设,为民主机制创新提供良好的保障

毋庸讳言,当前我国基层民主建设出现的许多问题,原因在于制度的短缺,制度的缺乏就容易使基层民主建设的主体及各类社会行动者在许多方面缺乏明确的制度引导与规范,甚至违反现行法律和党内法规。"议事恳谈会"的"议事"定位不清,功能有集"议事论证"和"决策施行"于一身的倾向就是表现。因此,要顺利推进基层民主机制健康发展,必须改变制度缺失的状况,通过制订、修正和调整来完善各种制度,为民主机制创新提供良好的保障。

首先,通过制度建设,规范基层民主的运行机制。第一,规范"两委"运行机制。健全、规范农村"两委"工作运行机制;规范村级事务的工作程序,明确职责范围;规范民主决策机制,实现"两委"决策的科学化;深化村务公开制度,加强村级财务管理和监督,提高村级民主决策的透明度;规范科学管理机制,实现"两委"工作的制度化。第二,要根据《村委会组织法》要求,在建立健全村民自治章程基础上,完善"议事恳谈会"等民主制度。"议事恳谈会"是在民主选举之外实现民主决策、民主管理、民主监督的有效途径和重要方式。议事恳谈会构造了一个集中民智的平台,促进村级事务的科学决策;构筑了交流沟通的平台,密切党群、干群关系;构造了民主议事的平台,调动村民参与村务的积

---

① 参见2006年中央"一号文件",新华网北京2月21日电:《中共中央国务院关于推进社会主义新农村建设的若干意见》(2005年12月31日)。

极性;构造了民主监督的平台,增强干部的责任感和使命感。"议事恳谈会"是宜昌地区农民群众民主参与、民主管理方面的创新,产生了良好的效果,但"议事恳谈"毕竟只是一个民主协商机构,并不是法律规定的决策机构。根据《村委会组织法》的规定,村民议事的组织形式就是村民会议或村民代表会议;村民议事的基本功能就是民主讨论、民主商议和共同决定。防止"议事恳谈会"的越权倾向,需要在制度上明确其功能定位,同时还要规范"两委"运行机制。

其次,根据新农村建设的精神,结合农村实际情况,不断在实践中建立既符合法律规范要求,又有明确的可操作性的财政制度,解决财力困扰的燃眉之急。对农村债务较重、公共事业建设任务繁重、财政来源不足的现实困难,可尝试在"一事一议"基础上,拓宽资金来源渠道,建立"村级公共事业财政分担制度"。夷陵区部分农村在实行道路硬化的过程中,结合政府补助,各级党委、政府及广大农民以筹资、投工、投劳等多种方式,加快了当地农村公路建设的步伐。在加强国家对村民自治的财政转移支付力度的基础上,根据各地区不同的经济发展水平和能力,科学测算分担比例,采取"国家财政拨一点、村集体出一点、村企业捐一点、农民个人集一点"的分摊方式,严格按照"一事一议"的程序,解决村级公共事业资金短缺的问题,为村务公开和民主管理提供财政保障。

3. 建立制约机制,拓宽民主参与的深度和广度

推进农村基层民主建设是一个系统工程,要充分把握民主选举、民主决策、民主管理、民主监督四个环节,在最能体现农民的民主参与意识和行使民主权利的民主选举之外,我们更需要建立科学、规范的制约机制,通过落实群众的知情权、参与权、决策权、监督权,突破基层民主参与的有限性,扩大基层民主参与的深度和广度。

落实"知情权",建立信息公开机制。村务公开、财务公开是村民自治的最关键的部分。只有扩大农民的知情权,才能提高其参政程度和参政质量,并为决策民主化、科学化提供更有利的条件和更广泛的基础。村务活动让村民明白,村里的事情让村民知道,这是广大村民最基本的权利,也是实行村民自治的前提。

落实"参与权",建立动力机制。马克思曾经说过:"人们奋斗所争取的一切,都同他们的利益有关。"[1]利益是民主政治的原动力,要大力发展农村经济,依法保护农民的经济利益,努力拓宽农民参政议政渠道,在发展生产的同

---

[1] 《马克思恩格斯全集》(第1卷),人民出版社1956年版,第82页。

时调动农民的民主参与热情。日常事务由村民管理,村里的经济建设、文化事业建设和社会事务的管理让村民参加,并认真听取村民的意见,这就是民主管理,让民主参与与村民自身的切身利益相结合。

落实"决策权",建立结构机制。村里重大事项让村民作主。村民自治的核心是村民依法行使当家作主的权力,确保村里的重大事项和关系村民切身利益的事由村民民主决策。村里每一项重大政策和重要事项决策的出台,如土地征用、工程承包、旧村改造、集体资产管理等方案,都必须经过村两委会、党员大会、村民会议和村民代表会议研究、讨论和决定。对决策采取事前、事中、事后全过程的制约,建立事先预案机制、事中程序性机制和事后责任追究机制。充分体现和有效落实村民当家作主的权力,提高村级事务决策的透明度和科学性。

落实"监督权",建立激励机制。干部作风由村民评判,村干部是村民的"公仆",与村民朝夕相处,其能力素质和作风,村民看得最清楚,也最有发言权。实行村民直接选举后,如果民主监督不跟上,村干部的作风建设仍会产生这样那样的问题。落实村民对村干部的监督权,是实行村民自治的保证,有利于村干部增强"公仆"意识,树立干净干事的良好形象。

4. 发展集体经济,夯实基层民主建设的物质基础

推进农村民主政治建设,必须有一定的集体经济实力作保证。实践证明,乡村集体经济实力,在很大程度上决定了村委会的服务功能和乡村民主建设的吸引力和凝聚力,直接影响乡村基层民主机制发展。1996年6月,江泽民同志就强调指出:"村级集体经济要有一定的实力。集体经济没有一点实力,村级组织的凝聚力、号召力、战斗力就很难发挥出来。"只有积极发展农村集体经济,才能为农村基层民主的发展提供强大的支撑条件和物质手段。

在对宜昌几个区的调查中我们发现,虽然各区都建立了议事恳谈会制度,各村的具体落实却存在差别。在缺乏集体经济实力的乡村,由于乡村基层组织难以为村民提供良好的社会服务,缺乏凝聚群众的物质基础,村委会办理公共事务和公益事业只能完全依靠村民出资出力。因此在这样的乡村,村民不愿意参与到乡村民主政治建设中来,基层组织瘫痪或者半瘫痪,议事恳谈会也形同虚设。

在建设新农村的进程中,针对宜昌农村城郊山区差距明显,经济发展不平衡的情况,我们可以利用"工业反哺农业、城市支持农村"、国家和社会各方面加大对农村的扶持力度的契机,完善偏远地区的交通公共基础设施建设,改善当地经济发展的物质条件。再加上三峡工程蓄水秭归兴山等新县城重建,更

为宜昌边远地区村庄规划和基础设施更新带来得天独厚的优势。宜昌自身自然资源丰富,地质面貌多样,水力资源在全国占有重要地位,土特产品柑橘、香菇、茶叶等产量丰富;矿产资源十分丰富,现湖北兴发集团已探明的矿物有49种,占全国已知矿的1/3,占湖北省的45%。风光集峡、山、水、洞于一域,发展旅游业有着独特的地域优势和资源;宜昌市适宜的气候,优质的土壤,为红色大鲵等各种动植物生长提供了良好的环境,林业、特产是宜昌的一大优势资源。

宜昌农村地区重视和关注村组集体经济的发展,可以凭借新农村和三峡工程建设的双重优势,立足自身,充分挖掘农业内部增收潜力,按照国内外市场需求,积极发展品质优良、特色明显、附加值高的优势农产品,推进"一村一品",实现增值增效,扶持龙头企业带动贫困地区调整结构。同时还要加强对现有村组集体资产的管理,进一步强化民主理财工作,做好"管理"文章,壮大集体经济。

中国是一个农业大国,农村基层民主政治是中国特色民主政治建设和农村改革的重大实践,其发展进程关乎新农村建设目标的实现,关系到社会主义政治文明的发展。由于历史和现实的原因,极富创造性和活力的农村基层民主政治建设受到多种因素制约,但在富有创新精神的亿万农民的实践中,植根于广袤田野之中的农村基层民主政治,必将在我们全面迈向小康社会的征途中,在构建社会主义和谐社会的视野下,伴随着新农村的建设而走出困境,取得更大的发展。

五、和谐农村视野下基层民主机制的创新

以村民自治为主要内容的农村基层民主在改革开放的20多年历程中已经经历了从萌芽到制度化、规范化的过程。在我们进入新世纪全面构建社会主义和谐社会,建设社会主义新农村的新阶段,新的机遇与挑战给我们的农村基层民主建设提出了新的要求,这需要我们的基层民主建设在坚持基层民主制度的同时进行基层民主机制的创新,更好地保障亿万农民的民主权利,推进社会主义和谐农村建设。"议事恳谈会"推行的时间虽不长,但收到的效果却显而易见,它创新了农村基层民主机制,增加了基层民主的活力,找到了落实村民自治的有效途径。"议事恳谈会"的成功对社会主义新农村村民自治机制创新具有重要的启发意义。

第四章 "恳谈民主"与基层民主机制的创新

(一)农村基层民主建设面临的新机遇

党的十六届六中全会通过的《中共中央关于构建社会主义和谐社会若干重大问题的决定》中明确提出构建社会主义和谐社会的目标,为构建和谐的中国农村社会,推进农村基层民主建设,提供了历史契机。"生产发展、生活宽裕、乡风文明、村容整洁、管理民主"的新农村建设目标把基层民主建设作为农村全面发展的重要一极。面对建设社会主义新农村与构建和谐社会的双重机遇,中国乡村的基层民主建设进入到一个新的历史发展阶段。

1. 农村基层民主建设迎来社会主义现代化建设的新布局

中国共产党执政以来第一个关于全面加强社会主义社会建设的纲领性文件,十六届六中全会作出的《中共中央关于构建社会主义和谐社会若干重大问题的决定》提出了从现在起到2020年构建社会主义和谐社会的目标和主要任务,"推动社会建设与经济建设、政治建设、文化建设协调发展"[1],进一步完善了中国社会主义现代化建设的奋斗目标。这标志着我国现代化建设的布局从过去的"经济建设、政治建设和文化建设"的三位一体正式扩展为四位一体。

作为社会主义现代化建设布局的最新组成部分,和谐社会着眼于"民主法治、公平正义、诚信友爱、充满活力、安定有序、人与自然和谐相处"[2];注重实现"社会主义民主法制更加完善,依法治国基本方略得到全面落实,人民的权益得到切实尊重和保障"[3]的目标和任务;加强制度建设,完善民主权利保障制度,巩固人民当家作主的政治地位;坚持协调发展、加强社会事业建设,扎实推进社会主义新农村建设。

在四位一体的现代化建设布局下,构建和谐社会的全面部署在协调经济政治文化社会建设和谐发展的同时,也为社会主义民主政治建设提供有利的制度保障和社会环境,必将极大地促进我国的民主政治发展,也为新农村基层民主建设提供新的机遇。

2. 社会主义新农村建设为基层民主提供新契机

---

[1] 参见《人民日报》2006年10月19日第一版载:《中共中央关于构建社会主义和谐社会若干重大问题的决定》。

[2] 参见《人民日报》2006年10月19日第一版载:《中共中央关于构建社会主义和谐社会若干重大问题的决定》。

[3] 参见《人民日报》2006年10月19日第一版载:《中共中央关于构建社会主义和谐社会若干重大问题的决定》。

十六届五中全会和六中全会都提出建设社会主义新农村的重大历史任务,为做好当前和今后一个时期的"三农"工作指明了方向。早在党的十六届四中全会上,中央就提出"两个趋向"的重要诊断:"综观一些工业化国家发展的历程,在工业化初始阶段,农业支持工业、为工业提供积累带有普遍性的趋向;但在工业化达到相当程度以后,工业反哺农业、城市支持农村,实现工业与农业、城市与农村协调发展,也是带有普遍性的趋向。"在 2004 年召开的中央经济工作会议上,中央又明确提出我国总体上已进入"以工促农,以城带乡"的发展阶段的重要判断。一个重要论断,一个重要判断,这表明我们党对现代化建设规律的认识达到了新的高度,是解决"三农问题"的重大理论创新,也是我们建设社会主义新农村的理论和实践依据。

新农村建设是一个完整的系统工程,全面体现了新形势下农村经济、政治、文化和社会发展的要求。新农村建设站在"统筹城乡发展"的高度,贯彻"多予少取放活""工业反哺农业、城市支持农村"的方针,加大社会各方面对农村的扶持力度。这必将对农村的基础设施建设、公共事业发展等产生很大的推动作用,进而确保实现新农村"生产发展、生活宽裕、乡风文明、村容整洁、管理民主"[①]的目标。而"管理民主"的目标正是当前农村基层民主政治建设的目标,落实这一目标,需要巩固基层党组织的核心领导地位,发挥基层组织在新农村建设中的组织和推动作用,引领群众创业致富,加快农村民主化进程。广大农民作为新农村建设的主体力量,他们的积极性调动与否,他们的民主权利实现与否,直接关系到新农村建设的进展和成败。

建设社会主义新农村的重大战略决策,为农村基层民主发展提供了难得的契机和更为有利的环境,同时也提出了新的更高的要求。加快农村基层民主创新研究,引导农民依法运用民主机制,正确行使自己的民主权利,是推进社会主义新农村建设的必然要求,是调动农民参与社会主义新农村建设积极性的重要途径。

3. 农村综合改革推动基层民主建设的新发展

在 2006 年 9 月 1 日至 2 日国务院召开的全国农村综合改革工作会议上,国务院总理温家宝强调,农业税的取消标志着我国农村改革开始进入综合改革的新阶段。近三十年的农村改革虽然内容略有不同,但是保障农民的物质

---

① 参见《人民日报》2005 年 10 月 19 日第一版载:《中共中央关于制定国民经济和社会发展第十一个五年规划的建议》。

利益,维护农民的民主权利,解放和发展生产力的主旨却贯穿始终。

农村综合改革提出以转变政府职能为重点,推进乡镇机构改革,强化乡镇政府为农村经济发展创造环境、为农民提供更多的公共服务和为农村构建和谐社会创造条件的职能。这些都有助于改变废除人民公社后乡镇机构政经不分、政社不分的情况。在当前中国乡村的"乡镇政权与村民自治"的"乡政村治"治理模式中,乡镇机构作为国家政权在农村基层的代表,其机构改革职能转变,有助于进一步分清政府事务与农村事务,重塑乡政府与村委会之间的指导关系,实现"四项民主"——民主选举、民主决策、民主管理、民主监督的权利,达到"三个自我"——自我管理、自我教育、自我服务的目的,实现国家政权与村民自治之间互动合作共赢的良好关系。

随着农村改革的纵深发展,改革乡镇机构,转变政府职能,将进一步推动农村民主政治建设和村民自治,提高基层自治能力。

(二)新农村基层民主建设对于和谐新农村的重要意义

1. 农村基层民主是构建和谐新农村的政治保障

和谐社会的本质是要实现人与人的和谐、人与自然的和谐。新农村建设的目标是"生产发展、生活宽裕、乡风文明、村容整洁、管理民主"。建设社会主义新农村不仅是构建和谐社会必不可缺的重要组成部分,而且直接关乎社会主义和谐社会的成败。社会主义和谐社会不仅要有城市的和谐,更要有农村的和谐,在一个拥有 9 亿农民的农业大国,"中国的农村社会不仅蕴含了中国社会形态的根本特点,而且还规定着中国社会的发展趋向"[①]。

亿万村民在基层实行自治形式的直接民主,这是我国社会主义民主政治的一大创造,是我国人民民主制度优越性的重要体现。在新时期有效实践村民自治,建设农村基层民主政治,有利于体现亿万村民建设和谐新农村的主体地位,反映和实现广大农民群众的意志和愿望,密切党群干群关系,最终把广大农民组织调动起来投身到新农村建设中,实现广大人民的愿望,为和谐新农村的构建提供强有力的行动支持和政治保障。

党的十六大以来,我国农村的基层民主建设取得了一系列可喜的成绩。实践证明,基层民主机制越健全,农村社会就越和谐稳定。只有保证广大村民

---

① 薛和:《江村自治——社会变迁中的农村基层民主》,江苏人民出版社 2004 年版,第 2 页。

依法直接行使民主权利,只有激发广大村民的政治参与热情,才能更好地调动一切积极因素为构建和谐新农村而努力奋斗。目前,我国农村已建立起64万多个村民委员会,[①]广大村民通过村民委员会,依法直接行使民主选举、民主决策、民主管理和民主监督的权利,实行民主自治,已经成为当代中国最直接、最广泛的民主实践。实践证明,加强农村基层民主政治建设,是构建和谐社会新农村的重要政治保障。

2. 农村基层民主是促进新农村和谐的动力机制

唯物辩证法认为,整个世界充满了矛盾,问题就是矛盾,事物就是矛盾,世界也是矛盾,没有矛盾就没有世界。矛盾无处不在,无时不在,这是事物的共同本质,是无条件的、绝对的。矛盾所具有的这种无处不在、无时不有的性质,就叫作矛盾的普遍性。对此,毛泽东曾做过极为精辟的概括。他说:"矛盾的普遍性或绝对性这个问题有两方面的意义。其一是说,矛盾存在于一切事物的发展过程中;其二是说,每一事物发展过程中存在着自始至终的矛盾运动。"[②]简单地说,矛盾普遍性指的是:矛盾无处不在,矛盾无时不在。

和谐社会并不是没有矛盾的社会,新农村也蕴含着种种冲突。由于历史和现实的原因,农村社会不可避免地存在着各种矛盾,如基层组织瘫痪、干群关系紧张、社会秩序混乱、群众不断上访、农村居民收入与城市差距不断拉大、社会事业发展不平衡、农村基础设施建设滞后等。构建和谐新农村的关键在于注重矛盾的可控性,将矛盾冲突控制在村民可以承受的范围内,最大限度地缓和、化解矛盾冲突,尽可能地减少它们对新农村建设造成的危害和损失。

随着基层民主的发展,村民通过总结经验教训,越来越多地把"协商"方式纳入到民主实践中来,这就形成一种所谓"协商民主"。在这样的民主程序中,通过不同主体之间互相协商,在考虑到不同利益要求的条件下,求同存异,对主要问题达成共识,使矛盾得到相对的解决。这正是民主政治的一个特殊功能,它以其特有的机制,为不同利益群体反映自己的要求、表达自己的愿望和不满,提供了不同而有效的途径、方式、方法;相应的民主机制也将促使这些问题得到依法公正负责地解决。

十六大前后,宜昌在农村大力推行"议事恳谈会"这一民主机制,搭建了

---

① 李薇薇,基层民主:《构建和谐社会的重要保障——专访国务院发展研究中心研究员赵树凯》[EB/OL],新华网(www.xinhuanet.com),2006年12月5日。

② 《毛泽东选集》(第1卷),人民出版社1991年第2版,第205页。

基层干部群众交流协商的平台,扩大了村民的民主参与,有效地对干部进行激励和约束,化解农村社会各种矛盾,使广大农村地区出现了"收款不上门、纠纷不出村、干群关系好、社会风气纯"的良好局面。基层民主的发展经验说明,完善农村基层民主机制,加强基层民主建设,能够促进新农村和谐,因为它是恰当而稳妥解决各种社会矛盾的一种可靠机制。

3. 农村基层民主是实现和谐新农村的必由之路

农村民主政治既是实现人民当家作主的可靠保证,同时也是实现和谐新农村的必由之路。其主要原因在于:

首先,基层民主建设既是和谐社会的题中之意,也是新农村建设的重要组成部分。我国是人民民主专政的社会主义国家,保障人民的民主权利既是社会主义现代化建设的政治保证,又是社会主义现代化建设的目标。社会和谐是社会主义的本质属性,社会和谐所体现的"民主法治、公平正义、诚信友爱、充满活力、安定有序、人与自然和谐相处"的基本特征,无一不是社会主义经济、政治、文化和社会建设所规定的本质要求。建设社会主义新农村是一个综合性的系统工程,民主政治建设是其中的一个重要方面,从某种意义上讲,加强农村民主政治建设是充分发挥农民主体地位、协调农村利益关系进而使新农村建设落到实处的重要保障。只有充分发挥社会主义民主,确保广大村民当家作主的地位,保证人民依法享有广泛的政治权利和自由,才能调动亿万农民群众投身于和谐新农村建设的积极性。

其次,基层民主建设能够协调利益分配,化解农村社会矛盾,维护农村社会稳定。随着新农村建设的稳步推进,农村利益关系正处于深刻的变动之中,许多村民十分关心的民生问题如农民的土地保障、集体资产管理和收益分配、公共事业的兴办等都促使农民群众产生更多的参与要求,保障和扩展自己的利益。利益之争一旦失去良好的协调,就可能催生新的不安定因素,如果处理不好,小事就可能演变为大事,基层社会中的矛盾有可能向上扩展,如近年来群体上访事件的不断增多,就给新农村与和谐社会的建设加以重创。基层民主机制可以给群众提供公平对话、相互协商从而和平解决彼此矛盾的平台。在民主基础上的制度创新,可以在更广泛的范围内建立农村社会的良性对话沟通机制。随着农村民主机制的不断完善,基层民主日益成为化解矛盾,舒缓社会紧张关系的润滑剂,维护农村社会稳定,保障和谐新农村建设的顺利推进。

最后,基层民主建设是贯彻落实新农村大政方针的切实保障。社会主义新农村建设,是"十一五"时期构建新型工农城乡关系的根本措施,具有里程碑式的划时代意义。目前,新农村建设的大政方针已定,党和政府的工作重心向农村地区转移,城市各行各业向农民敞开大门,用人力、物力、财力捆绑支持推进新农村建设,把掌握的资源更多地投向农村,把基础设施建设重点转向农村,在制定发展规划、安排建设项目、增加资金投入时都向农村倾斜。社会各界对中央建设新农村的决心和政策力度不再有什么怀疑,但人们越来越担心的是:政策导向转变以后,这些好的政策能否被很好地实施,能否充分发挥作用。特别是投入增加以后,这些投入能否真正"掷地有声"而不致被截留,能否充分惠及农民,或者说这些钱能否真正花好,这是问题所在。破解这一问题,把新农村建设的理想目标转化为现实的行动和未来的真实图景,关键之一就是加强基层民主建设:完善村务公开制度,保障农民群众的知情权;规范民主决策机制,保障农民群众的决策权;完善民主管理制度保障农民群众的参与权;强化村务管理的监督制约机制,保障农民群众的监督权。

(三)"议事恳谈会"对新农村基层民主机制创新的启示

2006年2月21日,《中共中央国务院关于推进社会主义新农村建设的若干意见》明确以"乡村治理机制"来承载"加强农村民主政治建设","充满活力的村民自治制度"不再成为唯一的民主政治制度表述。在建设社会主义新农村、构建和谐社会的蓝图中,乡村基层民主必然面临着如何在机制上进行创新,为和谐农村的全面可持续发展提供政治保障和制度支撑的课题。

开创农村基层民主建设的新局面需要创新基层民主机制,但在创新基层民主机制的过程中我们必须坚持几项原则:首先,坚持党的领导原则,党的领导是人民当家作主和依法治国的根本保证。党的领导必须贯穿于农村基层民主建设的各项工作中,保证党的领导核心作用的发挥。其次,坚持人民当家作主原则,人民当家作主是社会主义民主政治的本质要求,也是农村基层民主建设的核心与精髓。只有广大村民能够当家作主,农村基层民主建设才有生机与活力。再次,坚持依法治村原则,依法治村、依法治国是党领导人民治理国家的基本方略,农村基层民主实践反复证明,依法办事则安,违法而行则乱。坚持有法可依、有法必依、执法必严、违法必究,保证农村基层民主建设健康运行。最后,坚持统筹兼顾原则,不能片面强调农村基层民主而忽视其他方面的重要工作,只有统筹兼顾,才能全面提升农村社会管理水平。

在坚持以上原则的基础上,"议事恳谈会"在实践中积累的经验在基层民

第四章 "恳谈民主"与基层民主机制的创新

主机制创新方面带给我们如下启示：

1. 以人为本，最大限度地实现村民民主权利

我国是工人阶级领导的、以工农联盟为基础的社会主义国家。马克思主义经典作家从来都强调建立和巩固工农联盟、注重农民的民主权利，认为这是无产阶级政权的基础。列宁指出："工农联盟是苏维埃政权的力量所在，是我们取得成就、取得最终胜利的保证。"①毛泽东同志在做党的"七大"政治报告时，语重心长地告诫党，"不要把'农民'这两个字忘掉了。忘记了农民，就没有中国革命，也就没有中国的社会主义革命，也就没有一切革命。我们马克思主义的书读得很多，但是要注意，不要把'农民'这两个字忘记了；这两个字忘记了，就是读一百万册马克思主义的书也是没有用处的，因为你没有力量。"②江泽民同志认为："农业、农村和农民问题始终是一个关系我们党和国家全局的根本性问题。"③建设社会主义新农村，扩大农村基层民主，使占总人口70%的广大农民共享改革开放的成果，走上富裕文明的道路，这关系到政权的稳固，关系到党和国家的长治久安。

在以人为本的科学发展观统领下，社会主义新农村的民主政治建设必须牢固树立以人为本的思想，切实落实村民民主权利，真正实现村民的民主选举、民主管理、民主决策和民主监督。农民始终是推进农业农村发展的主体，是新农村的建设者、管理者和维护者，也是新农村建设的主力军和力量源泉。胡锦涛总书记指出："广大农民群众是推动生产力发展最活跃、最积极的因素。充分发挥广大农民群众的主体作用，是建设社会主义新农村的关键。"以人为本，就必须充分相信和尊重广大农民，相信他们能够自己解放自己，自己管理自己，给他们平等的民主权利，通过他们自己的努力来实现他们的根本利益。

"议事恳谈会"的成功之处就在于它体现了以人为本的思想：首先，它是一个民主的平台，拓宽了村民民意表达和民主决策的渠道，使村民能够在乡村政治舞台上"说自己的话，唱自己的戏，做自己的主"，从而唤醒了广大农民的民主参与意识。其次，它是个沟通的渠道，它架起了干群之间的连心桥，使村民

---

① 列宁：《论粮食税》，载《列宁选集》（第4卷），人民出版社，1995年版，第512页。
② 毛泽东：《在中国共产党第七次全国代表大会上的口头政治报告》，载《毛泽东文集》（第3卷），人民出版社1996年版，第305页。
③ 《要高度重视农业、农村和农民问题》，载《十四大以来重要文献选编》（上册），第421页。

能够了解村干部的工作情况和所面临的困难,使村干部能够面对面地听民意、知民情、化民怨、解民难,从而加强了二者之间的联系。再次,它是个集中民智的平台,"议事恳谈会"从实现村民的根本利益出发,广泛听取群众意见,反映群众呼声,选定大多数村民最为关心的难点和热点问题作为会议的议题,经过充分讨论,根据与会代表的集中表决,形成决策,因而能够集思广益,保证决策的科学性。

农民群众是基层民主政治的实践主体,农村基层民主建设在新的时代条件下要取得进展,需要人民群众的广泛参与和支持。因为"人民群众的理想信念、精神状态和人心所向,最终决定建设有中国特色社会主义事业的成败"。[①] 政治参与"可以形成政治文化的良好的氛围……增强公民的政治责任感,使公民都能够成为具有政治自主性和自控性的责任个体,这是民主政治的一个重要支撑点"[②]。在基层民主机制创新的过程中,坚持人民群众自治的主体地位,围绕农民当家作主,切实行使自己的民主权利,构筑新民主参与的平台,扩大村民的政治参与,开拓广大村民政治参与的途径。

由此可见,在社会主义新农村政治文明的建设过程中,必须树立以人为本的思想,制约公权力过大的现象,还权于民,切实落实村民的民主权利,最大限度地保证村民的知情权、选择权、管理权、决策权和监督权,充分发挥群众的智慧和力量来实现其根本利益。

2. 完善机制,进一步促进农村基层民主的科学化、制度化和规范化

进一步健全和完善村级民主管理制度,努力推进农村基层民主的科学化、制度化、规范化,是党中央交给各级党委、政府非常现实而又紧迫的任务。"议事恳谈会"之所以取得成功,就在于它的科学化、制度化和规范化。

围绕农村民主政治建设,中央提出在当前的重要任务就是健全村党组织领导的充满活力的村民自治机制,进一步完善村务公开和民主议事制度,让农民群众真正享有知情权、参与权、管理权和监督权。在实践中,由于建立了各种规章制度,确定了具体程序,用严格、健全的制度来规范、约束村干部和村民的言行,从而保证了"议事恳谈会"这一民主机制的正常进行。以宜昌市为例,各县区在推广议事恳谈会的过程中,都强调制定了统一的《议事恳谈会制度》,

---

① 江泽民:《论有中国特色社会主义(专题摘编)》,中央文献出版社2002年版。
② 刘明君、王炳华:《当代中国政治文明走向》,湖北人民出版社2004年版,第108页。

第四章 "恳谈民主"与基层民主机制的创新

各村相应的建立《村级议事恳谈会制度》,对议事恳谈会的主题、程序、规则和实施监督等方面作出了规定,这有助于充分发挥议事恳谈会联系群众、交流思想、化解矛盾、改进工作的功能,丰富了议事恳谈会的内涵。毋庸讳言,目前,确实有不少地方村级民主管理无章可循、有章不循,村干部办事随意性较大,"拍脑袋决策、拍胸脯表态、拍屁股走人"的"三拍"干部仍不乏其人。因此,用严格、健全的制度来规范、约束村干部的言行,是堵塞村级民主管理漏洞,防止和纠正工作随意性的关键环节。

十六大指出:"要着重加强制度建设,实现社会主义民主政治的制度化、规范化和程序化。"建设社会主义基层政治文明,关键在于制度建设。邓小平曾强调指出:"我们过去发生的各种错误,固然与某些领导人的思想、作风有关,但是组织制度、工作制度方面的问题更重要。这些方面的制度好可以使坏人无法任意横行,制度不好可以使好人无法充分做好事,甚至会走向反面。即使像毛泽东同志这样伟大的人物,也受到一些不好的制度的严重影响,以至对党和国家对他个人都造成了很大的不幸。我们今天再不健全社会主义制度,人们就会说,为什么资本主义制度所能解决的一些问题,社会主义制度反而不能解决呢?这种比较方法虽然不全面,但是我们不能因此而不加以重视。斯大林严重破坏社会主义法制,毛泽东同志就说过,这样的事件在英、法、美这样的西方国家不可能发生。他虽然认识到这一点,但是由于没有在实际上解决领导制度问题以及其他一些原因,仍然导致了'文化大革命'的十年浩劫。这个教训是极其深刻的。不是说个人没有责任,而是说领导制度、组织制度问题更带有根本性、全局性、稳定性和长期性,这种制度问题,关系到党和国家是否改变颜色,必须引起全党的高度重视。"[①]

在社会主义新农村政治文明建设的过程中,一定要进一步推动民主政治建设的制度化、规范化和程序化,确保广大村民民主选举、民主管理、民主决策和民主监督权利的真正落实。

3. 理顺关系,促进基层民主政治力量的和谐共生

和谐社会是一个"民主法治、公平正义、诚信友爱、充满活力、安定有序、人与自然和谐相处"的社会。社会主义新农村的特征是"生产发展、生活宽裕、乡风文明、村容整洁、管理民主"。社会主义和谐社会背景之下的新农村建设,离不开一个良好的基层民主政治环境,需要参与基层民主政治建设的各个主体

---

① 《邓小平文选》(第2卷),人民出版社1994年版,第333页。

关系顺畅,和谐共生。共生是不同类型的生物或社会组织为满足各自的需要而组成的互利联盟。长久以来,主客二分的思维模式和市场经济的趋利取向使人在处理人与自然、人与人和人与社会的关系上,追求自身利益的最大化,把自然、他人和社会关系视为客体,造成自然环境恶化、人际关系紧张的困境。主客二分的思维模式反映在基层民主政治中就表现为镇政府对村务工作行政命令、发号施令,从服务为重的角色转换成领导角色。村两委关系紧张,村委会违背村民自治出现行政化倾向,广大村民的利益和权利在实践中被忽视,村民集体上访频发。"议事恳谈会"的出现使农村基层民主机制更加丰富、更加完善,形成了一个关系顺畅、结构合理,又代表各方利益的政治诉求框架,促进基层民主政治力量的和谐共生。

在村民自治的基层民主政治生态中,村民委员会是自我管理、自我教育、自我服务的基层群众性组织,乡镇人民政府指导、支持和帮助村民委员会,发挥领导核心的作用。中国共产党在农村的基层组织依法支持和保障村民开展自治活动,村民通过村民会议和村民代表会议讨论决定村务。农村基层民主的向前推进与发展,是这些政治力量共同作用的结果。

"议事恳谈会"是基层民主机制的创新,有助于理顺关系,凝聚基层民主建设的诸多力量,协调上下关系,保障村民自治的健康发展。实际担负了议事功能的"议事恳谈会",形成了一个与村民会议、村民委员会、村民代表会议相对应的协商机构,完善了民主决策、民主管理和民主监督。"议事恳谈会"是村民自治的创新形式,其健康发展离不开各级党委、政府的大力培育和支持。"议事恳谈会"规定,村党支部和村委会对议事恳谈会负有组织责任,村"两委"一把手是直接责任人,会前要认真准备,会中要组织引导,会后要及时整理有关资料和关注问题的处理情况。联系村的乡镇领导和驻村干部,要加强对村级议事恳谈会的具体指导。可以说,乡镇党委政府的指导及村党支部村委会的组织对"议事恳谈会"的顺利召开具有重要作用。

在社会主义新农村政治文明建设过程中,也必须始终坚持镇党委、政府的领导和指导。一方面,镇党委要加强对村党支部的领导,保证村党支部在村组织中处于强有力的领导核心地位,确保党对农村工作的领导。镇政府要加强对村民委员会工作的指导、支持和帮助,对村民委员会的决议、决定进行监督、审查,看其是否符合国家的法律、法规和党的方针、政策,这是乡政府履行指导职责的重要表现。另一方面,镇党委、政府不得干预依法属于村民自治范围的事情。要让群众自己的事自己办,大家的事共同办,实现"还政于民"。充分调

第四章 "恳谈民主"与基层民主机制的创新

动和发挥农民群众的积极性和创造性,促进农村经济、文化的全面进步,从而加快新农村建设的步伐。

同时,《村委会组织法》明确规定村委会是"村民自我管理、自我教育、自我服务的基层群众性自治组织,实行民主选举、民主决策、民主管理、民主监督","村委会办理本村的公共事务和公益事业,调解民间纠纷、协助维护社会治安,向人民政府反映村民的意见、要求和提出建议"。同时,它又规定"中国共产党在农村的基层组织,按照中共章程进行工作,发挥领导核心作用;依照宪法和法律,支持和保障村民开展自治活动、直接行使民主权利"。这种规定一方面明确了民选的村委会对村治的管理权,另一方面又确认了村党支部对村委会的领导,赋予了村党支部对村务的"决定"权,从而埋下了"两委"矛盾的制度根源。

因此,在社会主义新农村政治文明建设过程中,一是要理顺乡村关系,强化民主治理,限制公权过大,放权于民,真正实现民主选举、民主决策、民主管理和民主监督。二是要明确村支部和村委会的各自职能,从制度上明确村支部领导作用不是具体事务的领导,而是一种思想领导,确保村民自治不偏离正确的政治方向,同时,监督村委会依法实现民主治理,使村委会的决策不致损坏村民的根本利益。

第五章
协商民主视角下基层群众自治的完善与发展

一、理论脉络：协商民主学说及其在中国的发展

在西方民主理论中，协商民主一般被视为一种民主决策机制，一种民主治理机制，一种社团形式或政府形式。虽然协商民主是西方民主理论中的一个概念，但是它作为一种民主形式同样存在于中国的民主政治中。与西方协商民主不同，中国协商民主是在继承和发扬中国传统文化的基础之上，将马克思主义理论与中国的具体实际相结合的独特创造。自新民主主义革命起，它就形成于中国革命的统一战线中，通过多年的实践与探索，逐渐形成了具有中国特色的社会主义协商民主。而西方的协商民主理论也为中国协商民主的发展注入了新的理论源泉，具有重要的借鉴价值。

（一）协商民主理论概述

1. 协商民主的概念
(1) 协商民主概念的提出

20世纪90年代，西方民主理论研究开始转向协商民主，到目前为止，协商民主已成为西方学术界的一个热门话题。协商民主（deliberative democracy）又译为商议性民主、审议性民主、审慎的民主，最早出现于约瑟夫·M.比赛特的《协商民主：共和政府的多数原则》一文，此后，伯纳德·曼宁、詹姆斯·博曼、乔舒亚·科恩等诸多学术界领军人物在不同的领域对协商民主进行了深入的研究，其中影响力最大的是哈贝马斯和罗尔斯。

第五章　协商民主视角下基层群众自治的完善与发展

我国学者陈家刚认为"协商民主的理论基础源于自由主义和批判理论"①,当代协商民主理论并不是完全的创新,而是对古典协商民主传统的复兴。亚里士多德认为审议是公民公开讨论相互论辩和商讨法律的过程②,在雅典民主中,审议是在公民大会中进行的,古希腊城邦的公民大会对全体公民开放,协商、讨论、争辩是会议的关键。由于西方自由主义民主的霸权地位岌岌可危,正面临着合法性的压力和诸多挑战,国家政权的合法性激起不少民众的怀疑,尤其是在全球一体化的冲击下,更需要重塑人们对民主的理解,面对复杂、多变、高风险的社会,需要一种新的民主治理体制。于是,一些西方左翼学者把目光转向古希腊雅典的协商民主传统,期以解决自由主义民主政治的合法性危机。在某种意义上可以说,协商民主为民主理论与实践的发展创造了新的方向,为民主治理体制的创新提供了理论基础。

(2)协商民主的内涵

学术界关于协商民主的定义一直都没有一个明确的界定,由于不同国家的不同学者研究的领域和侧重各不一样,他们对协商民主内涵的阐释和强调的重点也不尽相同。但是,从近30年的研究成果中,我们也不难发现,学者们对协商民主的一些基本共识还是存在的,在各式各样关于协商民主的概念中仍具备许多共性,主要表现在以下几个方面:

第一,协商民主是一种民主决策机制。戴维·米勒指出"当决策是通过公开探讨过程而达成,其中所有参与者都能自由发表意见并愿意平等听取和考虑不同意见时,这个民主体制就是协商性质的。"③这样的决策可以同时反映出参与者之前的观点、利益以及通过协商思考各方观点之后作出的判断。亨德里克斯认为"在协商民主模式中,民主决策是平等公民之间理性公共谈论的

---

① 陈家刚:《协商民主与政治协商》,载《学习与探索》2007年第5期。
② Stephen Salkever,"The Deliberative Model of Democracy and Aristotle Ethics of National Questions", in Aristotle and Modern Politics: The Persistence of Politic Philosophy, ed. by Aristide Tessitore, North Dame: University of Notre Dame Press, 2002.
③ David Miller,"Is Deliberative Democracy Unfair Todisadvantaged Groups? in Democracy as Public Deliberation: New Perspectives", ed. by Maurizio Passerin D'entreves, Manchester University Press, 2002, p.201.

结果。正是通过追求实现理解的交流来寻求合理的替代,并作出合法的决策。"①作为一种决策机制的协商民主它要求容纳每个受到决策影响的公民,实现完全平等的政治参与,自由公开的信息交流,只有经过这样的协商过程才能使决策具有合法性。

第二,协商民主是一种民主治理机制。"协商民主是一种具有巨大潜能的民主治理形式,它能够有效地回应文化间对话和多元文化社会认知的某些核心问题,它尤其强调对于公共利益的责任、促进政治话语的相互理解、辨别所有政治意愿,以及支持那些重视所有人的需求与利益的具有集体约束力的政策。"②作为一种治理机制的协商民主它强调在当今多元文化社会中,政府与公民应对公共事务进行共同决策,并且以最大限度地实现集体利益为目标,通过自由平等的对话达成共识,进而作出人们普遍认同的决策。这些决策不仅当前对所有公民具有约束力,并且也是随时可以补充和修正的。

第三,协商民主是一种社团形式或政府形式。科恩认为:"协商民主是一种事务受其成员的公共协商所支配的共同体。这种团体将民主本身看作是基本的政治理想,而不只是将其看成是能够根据公正和平等价值来解释的协商理想。"③这个团体是一个正在形成的、独立的社团,社团成员在管理日常生活事务中拥有不同的理想、信念和利益诉求,并尊重其他人意愿表达和协商的平等权利,他们通过协商来解决集体选择问题,将协商程序看作合法性的来源,其社团条件既为成员间的协商提供框架,也是这种协商的结果以及表现。库克也指出:"如果用最简单的术语来描述的话,协商民主是为政治生活的理性讨论提供基本空间的民主政府。"④这点强调了政府生活中理性讨论过程。

尽管协商民主的含义是多维度的,但是它旨在追求政治平等和决策中的

---

① Carolyn Hendriks,"The Ambiguous Role of Civil Society in Deliberative Democracy",Refereed Paper Presented to The Jubilee Conference of the Australian Political Studies Association,Australian National University,Canberra,October 2002.

② Jorge M.valadez,Deliberative Democracy,Political Legitimacy,and Self-Democracy in Multicultural Societies,USA Westview Press,2001,p.30.

③ Joshua Cohen,"Deliberation and Democratic Legitimacy",in James Bohman and William Rehg ed.,Deliberative Democracy:Essays on Reason and Politics,The MIT Press,1997,p.67.

④ Maeve Cooke,"Five Arguments for Deliberative Democracy",in Political Studies,2000,Vol.48,pp.947-969.

第五章　协商民主视角下基层群众自治的完善与发展

审慎性,实现一个人格受到尊重,每个理性的观点和声音都能自由平等表达的公正社会。

2. 协商民主的特征

(1)多元性

社会多元性是协商民主的基本前提条件。多元社会要求其政治体制和运作机制能够妥善解决分歧、化解冲突实现社会和谐发展,多元的社会的现实在一定程度上推动了协商民主的发展。"就文化多元主义来说,多样性甚至促进了公开利用理性,并使民主生活生气勃勃"。① 在多元社会中,不同的文化相互激荡,社会分化日益加剧,社会主体及其价值利益追求也朝着多元化的方向发展,社会分歧不断扩大。对于协商民主来说在公民参与协商讨论中,多元的视角、利益、文化之间的冲突,能够使人们尊重不同的视角,理解不同的经验,掌握更全面的社会知识,进而作出最公正明智的决策以解决集体问题。

(2)合法性

合法性是协商民主理念的内核,可以说协商民主的过程就是追求政治合法性的过程。协商民主的政治合法性首先来源于所有参与者的意志,从民主制度的本质而言,"行使国家权力的授权必须来自受到这种权利支配的社会成员的集体决策"。② 也就是说,根据民主的制度性特征,它来自社会成员的讨论与决策。其次,协商民主的政治合法性来源于通过合理的协商程序达成的集体共识,政治决策虽然与参与者个人意愿相关,但最后作出的决策却不是任何个人的意志,而是在充分协商讨论后形成的集体共识,是社会公共利益的表征。

(3)理性

理性是协商民主最为显著的特征,只有诉诸理性,才可能使参与者摒弃情绪化影响,在协商过程中作出妥协并最终达成集体共识。正如协商理论家认为的那样,协商过程中参与者所陈述的想法或者理由都是经由理性的思考而得出的,即便他们的理由无法说服其他的人,但是他们的意见也会得到他人的合理领会和思考,并且在接受他人对其建议的批判性审视的基础上,修改自己的观点或意见。由此可见,"公共协商结果的政治合法性不仅基于考虑所有人

---

① James Bohman, Public Deliberation: Pluralism, Complexity and Democracy, the MIT Press, Cambridge, Massachusetts, London, England, 1996, p.72.

② Michael Walzer, Spheres of Justice, New York: Basic Books, 1983.

的需求和利益,而且还建立在利用公开审视过的理性指导协商这一事实基础之上。"①协商民主预设的协商参与者都会超越自身看法的局限而去理解他人的意见、利益和需求,目标的一致性的达成是建立在相互理解和妥协的基础之上的,而不是将自己的观点强加于别人。

(4)程序性

合理的程序是协商民主获得合法性的关键所在。科恩指出:"合理的多元主义会导致程序民主概念。按照这种定义,源于合法性的民主谱系只能通过集体决策的程序及与公平过程相关的价值来体现,如公开性,提出替代性选择的平等机会,以及对这些替代进行全面公正的审视。"②在民主协商程序中,所有参与者彼此地位平等,他们根据既定的程序平等地讨论和磋商,相互妥协以求达成各方都能接受的集体共识。这种程序还具有广泛的包容性,少数人的意愿也会受到重视,甚至影响未来的结果。

(5)公开性

协商民主程序坚持公开性原则。"协商过程所提出的各种理由应该能够为所有参与协商的公民所理解。协商是在公共空间进行的,而且,协商的内容也是公开的。我们不能用神的启示来证明某项决策的正当性,不管决策本身在本质上是神圣的还是世俗的,都是无法接受的。"③在协商民主理念中,人人都有权利知晓和评判与自身利益相关的政策或法律,协商民主具有公开性的特征,具体来说就是协商过程是公开的,公众知晓整个协商过程;参与者在协商过程中提出自己意见和看法是公开的;最后决策是公开的,公众知道决策形成的来龙去脉。

(6)平等性

"平等"是人类理解和构建民主的重要理念,它是协商民主的基本要素。协商民主对平等有着具体的要求,这种平等是一种具体的、相对复杂的平等。首先,参与协商的机会是平等的,人人都有平等的机会获得政治影响力;其次,参与协商者拥有平等的可支配资源,避免出现强制性的同意某人观点的现象;最后,个体参与者的协商能力是平等的,提出的观点具有说服力。

---

① 乔治·瓦德拉斯:《协商民主》,载《马克思主义与现实》2004年第3期。

② James Bohman, William Rehg, Deliberative Democracy, The MIT Press, Cambridge, Massachusetts, London, England, 1997, p.409.

③ Amy Gutman and Dennis Thomapson, Why Deliberative Democracy? Princeton University Press, 2004, p.7.

第五章 协商民主视角下基层群众自治的完善与发展

(7)参与性

没有利益相关者的参与就没有协商民主。所谓民主协商实际上就是许多有着不同偏好和利益诉求的主体参政议政的过程。只有利益相关者积极、广泛地参与公共协商,才能够在对话、讨论过程中,真实地表达自身的偏好,倾听别人的观点,审视不同的观念和倾向,求同存异,最终在相互妥协的基础上达成对于公共利益的基本共识。

(8)责任性

协商民主的责任性表现为,参与者在民主协商过程中必须承担一定的责任,对自己的广告负责。"参与协商过程的公民承担着一系列的特定责任:一是提供理由说服协商过程中所有其他参与者的责任;二是对其他理由和观点作出回应的责任;三是根据协商过程提出的观点和理由修正各种建议以实现共同接受的建议的责任。"[1]

(二)中国协商民主的理论源流

1."和合之道"的文化传统

不同的文化传统,衍生出不同的民主样式。在中国,协商民主思想深深地扎根于我国传统思想的文化土壤中。我国传统思想一向以"和、合"为先,所谓"和"是指不同思想观念或利益需要相协调,"合"是指主客体一致意义上的"天人合一",人与自然、人与社会的双重和谐。"夫和实生物,同则不继。以他平他谓之和,故能丰长而物归之;若以同裨同,尽乃弃矣。"[2]这说明万事万物的生存与发展并不在于同一事物的简单相加,而是在于不同事物之间的相互平衡与协调。"君子和而不同,小人同而不和"[3]"和也者天下之达到也"。[4]"和合之道"在儒家思想中也占据着非常重要的地位,以孔孟为代表的儒家思想旨在追求人与人之间的和谐,力图构建人际与社会和谐的道德价值观,以建设一个大同的社会。"和"也是道家思想的一个重要特征,道家思想强调人与自然的和谐,追求"天地与我并生,而万物与我为一"[5]的境界。此外,中国古代的

---

[1] Maurizio Passerin D'entreves ed., Democracy as Public Deliberation: New Perspective, Manchester University Press, 2002, pp.90-92.

[2] 《国语·郑语》

[3] 《论语·子路》

[4] 《中庸》

[5] 《庄子·齐物论》

民本思想也认为政治中的基本问题即民的问题,君如舟,民如水,水能载舟亦能覆舟,民心向背决定着政治的兴衰与国家的存亡。这也正是"和合之道"的充分体现与升华。

"和合之道"注重多样的平衡,对不同的意见或事物持以包容的态度,以达到万事万物的和谐统一,它承认利益与价值的多元性,主张不同观点之间的博弈。"和合之道"是中国传统文化的精髓所在,我们将这种思想渗入到了人自身的发展和社会的发展之中:在人际交往中,我们提倡包容宽厚之心待人;在经济建设中,我们坚持经济社会的可持续协调发展,统筹兼顾,促进人与自然的和谐相处;在文化建设中,我们主张百家争鸣,百花齐放,积极推进理论的创新,营造积极健康的舆论氛围;在政治建设中,我们不断扩大民主,积极构建社会主义和谐社会。

由此我们可以看出,"和合之道"对中国的民主政治具有深刻的影响,它是我们社会最高行为准则之一,是我们治国安邦之道。"和合之道"里所蕴含的民主、宽容、妥协、互惠双赢、多元兼容的智慧以及天下为公的开阔襟怀是中国协商民主不可或缺的基本价值。

2. 马克思主义理论基础

(1)马克思主义民主理论为中国协商民主的发展指明了方向。在《黑格尔法哲学批判》一书中,马克思曾经对民主概念做过系统阐述。"民主制是作为类概念的国家制度",[①]"在民主制中,国家制度本身只表现为一种规定,即人民的自我规定。……在民主制中即是人民的国家制度"。"民主制独有的特点是:国家制度在这里究竟只是人民的一个内在环节"。[②] 在马克思那里,民主政治就是人民自己决定自己国家的制度,人民是国家全部政治生活的决定环节。在民主政治环境下,人民不再是被动地接受国家政府赋予的权利,而是可以主动积极地参与到政治生活的每一个环节中。列宁在此基础上提出判断一个国家是否民主的重要标志就是广大群众能否真正参加国家管理,并作出了"没有民主,就不可能有社会主义"的著名论断。中国共产党人在长期的革命和社会主义建设过程中,将马克思主义理论与中国实际相结合,坚持人民民主专政,坚持人民当家作主,在宪法中明确阐述中华人民共和国一切权利属于人民。协商民主作为中国民主政治的重要组成部分和体现,离不开马克思主义

[①]《马克思恩格斯全集》(第1卷),人民出版社1995年版,第80页。
[②]《马克思恩格斯全集》(第2卷),人民出版社1995年版,第39~40页。

第五章　协商民主视角下基层群众自治的完善与发展

的指导,马克思主义民主理论为我国协商民主的发展打下了坚实基础,并指明了前进的方向。

(2)马克思主义统一战线理论为中国协商民主的发展奠定了理论基石。马克思恩格斯在《共产党宣言》中明确指出:"共产党人到处都支持一切反对现存的社会制度和政治制度的革命运动。""共产党人到处都努力争取全世界的民主政党之间的团结和协议。"①马克思恩格斯在客观地分析了人类发展的历史规律,认为无产阶级担负着解放全人类的重大使命,但是要实现这一使命,光靠本阶级的力量是不够的。列宁立足于苏俄社会主义革命与建设实际,发展了马克思恩格斯的统一战线思想。《共产主义运动中的"左派"幼稚病》一文中,列宁指出:无产阶级"要战胜强大的敌人,只有尽最大的力量,同时必须极仔细、极留心、极谨慎、极巧妙地一方面利用敌人之间的一切'裂痕',哪怕是极小的'裂痕',利用各国资产阶级之间以及各国家内资产阶级各集团或各派别之间的一切利益对立;另一方面要利用一切机会,哪怕是极小的机会,来获得最大的同盟者……"②并且他还强调在无产阶级取得政权之后仍要重视统一战线的问题。在马列主义的基础之上,中国共产党人进一步发展了统一战线理论,在新民主主义革命和社会主义建设时期,一直坚持着以工人阶级为领导、以工农联盟为基础的最广泛的爱国统一战线。进入新时期的中国,统一战线也进入了新的发展阶段,形成了以社会主义和爱国主义为政治基础,工人阶级与农民阶级、其他劳动者联盟为主要力量的爱国统一战线。中国共产党领导的多党合作和政治协商便是马克思主义统一战线理论发展的产物,同时也是协商民主在政治生活领域得到的最集中的体现。

(3)马克思主义政党理论为中国协商民主提供了直接理论来源。按照马克思主义理论,政党具有鲜明的阶级属性,政党关系是阶级关系最高的表现形式。马克思认为无产阶级在民主革命和社会革命中,都应该建立自己的政党组织,并且由本阶级最先进的部分领导。共产党代表着整个工人运动中最广大、最根本、最长远的利益,是无产阶级队伍中最坚决最先进的部分,它的首要任务就是通过革命使无产阶级成为领导阶级,努力争取民主的实现。马克思分析了当时欧洲工人运动的局势,认为工人运动面临的首要问题就是共产党如何处理与其他政党的关系,只有依靠团结和联合的力量才能保证工人运动

---

① 《马克思恩格斯选集》(第1卷),人民出版社,第284~285页。
② 《列宁选集》(第4卷),人民出版社,1995年版,第180页。

的成功。十月革命胜利后,列宁在马克思主义政党理论基础上首次提出了在无产阶级专政国家实行多党合作制的构想。在这个构想中明确论述了实行多党合作的阶级基础、政治基础和策略原则,并且指出各个政党之间关系的确立必须根据每个国家的具体国情。中国共产党人在继承马克思主义关于政党合作思想的基础上,根据中国的特殊国情,确立了在人民民主专政条件下、在社会主义整个历史阶段与民主党派长期共存的战略思想。中国共产党以"长期共存,互相监督,肝胆相照,荣辱与共"为指导方针,始终坚持多党合作与协商,并根据时局的变化,不断调整合作的策略。中国共产党领导的多党合作和政治协商制度以马克思主义政党理论为重要理论基础,以中国共产党领导下的各民主党派为主体力量,为中国协商民主提供了重要的制度保障。

3. 协商民主理论的外部借鉴

近几年,国内学者越来越重视协商民主的研究,一系列协商民主英文专著被翻译出来,西方协商民主理论逐步进入公众的视野,以协商民主为主题的国际、国内学术会议和研讨会议积极召开,更是为生长在不同文化历史背景下的协商民主提供了一个相互对话、比较平台,这些都为中国协商民主的发展注入了新的源泉。尤其是协商民意测验等一系列协商方法的引入,使协商民主更趋于合理、科学,保证了协商中的公平、公正,现代社会科学方法指导下的协商程序真正实现了群众路线中的协商原则。

4. 政治协商会议的内在经验

2006年中共中央在《中共中央关于加强人民政协工作的意见》中正式提出"协商民主",然而协商民主在中国的历史却可以追溯到新民主主义革命时期。

人民政协的成立是中国协商民主思想走向实践道路的起点。抗日战争胜利后,中国共产党和国民党共同召开了讨论和平建国方案的政治协商会议,参加会议的各党派代表和社会贤达经讨论协商通过了五项协议。当时中国共产党希望可以通过建立联合政府,和平解决国内问题。虽然后来蒋介石坚持独裁,发动内战,撕破了政协协议,但是政治协商会议却为我国各党派协商国是提供了一种民主范式,意义极大。1949年6月政治协商会议正式定名为中国人民政治协商会议,同年9月在北京隆重举行。

1949年6月—1954年,人民政协一直代行着全国人大的职权,决定了新中国的国体、政体,并选举出了中国人民政府及其领导人,完成了创立新中国的使命。1950年6月,周恩来专门对共产党在政协的工作提出要求和建议,他指出"中国共产党与党外人士要一视同仁""要上下一致,内外一致""要让党

第五章 协商民主视角下基层群众自治的完善与发展

外人士做到知无不言,言无不尽",并且还强调政协是以党的方针政策为指导的,而不是个人,政协里人人平等,没有领导与被领导的关系。

到了1954年,全国人大正式召开,人民政协不再代行其职权。毛泽东对人大召开后政协的性质、地位、作用、任务等问题进行了说明,他指出政协的性质并不等同于人大和国务院这种国家权力机关和国家管理机关,它是各党派协商机关,是党派性质的机关;政协具有广泛的代表性,国家大事、各种决策法规经由各党派、各民族、各团体的领导人讨论会更为完备,它作为我国政治体制的一部分具有不可替代的作用;人大召开后政协的任务即是协商国际问题、协商候选名单、提出意见、协调关系以及学习马列主义。1956年我国社会主义改造完成,毛泽东放眼整个社会主义历史,创造性地提出中国共产党与各民主党派"长期共存,互相监督"的方针,实际上说明了社会主义制度下共产党作为执政党仍需要接受监督和制约。随后,国内阶级斗争不断扩大,人民政协受到了很大的冲击和打击,1966年"文化大革命"爆发后,被迫停办。

直至1978年党的十一届三中全会的召开,人民政协进入了一个新的历史时期,中国共产党领导的多党合作和政治协商制度正式载入了我国宪法,成为我国的一项基本政治制度。为了适应新时期国内阶级关系的根本变化和党的工作重心的转移,我国的统一战线不再是过去的四个阶级的阶级联盟,而是发展成为由全体社会主义劳动者、拥护社会主义的爱国者、拥护祖国统一的爱国者、社会主义建设者组成的政治联盟。人民政协的中心任务也不再是过去以阶级斗争为主,而是转到为建设社会主义现代化服务,为祖国统一服务。一直以来,中共中央不断强调人民政协在我国民主政治发展中的作用和地位。1991年江泽民首次提出,"选举投票和充分协商是我国社会主义民主的两种重要形式"[①]。2006年中共中央正式提出选举民主和协商民主是我国社会主义民主两种重要形式。

在中国,协商民主形成于革命统一战线中,作为革命胜利的重要保障,它又是社会主义现代化建设的必然要求,是中国民主政治发展的必然结果。协商民主在其发展历程中始终坚持中国共产党的领导,坚持"共存、合作、发展"的基本原则,不断扩大协商的主体,凸显出高度的包容性、协商性以及合作性。

---

① 2006年中共中央颁布《关于加强人民政协工作意见》。

二、现实瓶颈：协商民主视角下基层群众自治困局

基层群众自治发展至今已取得了不小成效，但在主体方面和制度层面都出现了这样那样的问题，致使基层群众自治的发展陷入了困局。为了破解这一难局，我们只有依靠协商民主的力量，以保证基层群众公共利益的最优化；实现基层群众主体的多元化；形成基层群众自治形式的协商性；提升基层群众政治参与的有序性，从而推进基层群众自治的完善与发展。

（一）我国基层群众自治的历史进程与主要内容

1. 我国基层群众自治的发展历程

作为基层群众自治的载体，城市居民委员会最早出现于 20 世纪 50 年代的杭州市。1949 年 12 月杭州市人民政府正式发出《关于取消保甲制度建立居民委员会的指示》，这是迄今为止发现的我国最早关于城市建立居委会的政令。1950 年天津市人民政府决定在各派出所辖区内设立居民委员会。1951 年上海市人民政府决定在全市基层普遍建立居民委员会，并且明确居民委员会是群众自治性组织，居民委员会干部由居民群众民主选举产生。1953 年，时任全国人大常委会副委员长、北京市委书记彭真同志在给毛泽东主席的中共中央报告中提出："街道居民委员会的组织是需要建立的。它的性质是群众自治组织，不是政权组织。它的任务主要是把工厂、商店和机关、学校以外的街道居民组织起来，在居民自愿原则下，办理有关居民的共同福利事项，宣传政府的政策法令，发动居民响应政府的号召和向基层政权反映居民意见。居民委员应由居民小组选举产生，在城市基层政权或派出机关的统一指导下进行工作，但它在组织上并不是基层政权的'腿'，不应交付很多事情给它办。"① 1954 年 12 月全国人大常委会通过颁布了《城市居民委员会组织条例》，明确规定："居民委员会是群众自治性的居民组织。"居民委员会条例颁布实施，极大地推动了全国各城市居民委员会的发展，在很短时间内，全国普通建立起了基层居民委员会。

我国农村村民委员会的建立相对较晚，是在 20 世纪 80 年代初伴随着农村家庭联产承包责任制的改革而出现的。在此之前，我国广大农村一直实行

---

① 《彭真文选》，人民出版社 1991 年版，第 241 页。

第五章　协商民主视角下基层群众自治的完善与发展

"政经合一"体制——国家政权组织与集体经济组织合二为一。当时农村生产大队,既是一种村级政权组织,又是一种村级集体经济组织。党的十一届三中全会以后,广大农村实行家庭承包责任制,生产大队这种"政经合一"体制已经不适应农村经济发展的客观要求和农民的实际需要。在这种情况下,广西壮族自治区的罗城、宜山两个地区的农民,借鉴城市实行居民委员会的做法,率先建立了村民委员会,作为农村基层的群众性自治组织,代替了过去的生产大队。村民委员会负责管理本村的公共事务和公益事业,调解民间纠纷,协助维护社会治安等。村民委员会既不是农村一级政权组织或乡镇政府的派出机构,也不是农村集体经济组织,而是一种农村基层社区组织。村民委员会一出现就显示出了强大的生命力,全国各地农村纷纷效仿。党和国家及时总结广大农村建立村民委员会的实践,在1982年12月4日第五届全国人民代表大会第五次会议通过的新宪法中,把村民委员会与居民委员会一起作出明确规定,使之成为中国特色社会主义民主政治的重要组成部分。随后,村民委员会在广大农村更加迅速地推广开来。

2. 我国基层群众自治的主要内容

基层群众自治的内容包括民主选举、民主决策、民主管理和民主监督。

民主选举,是指村(居)民委员会的主任、副主任和委员由村(居)民选举产生,任何组织和个人不得制定、委派村(居)民委员会成员。选举实行公平、公正和公开原则,凡年满18周岁的村(居)民,只要没有依法被剥夺政治权利,都有选举权和被选举权。候选人由本居住区的村(居)民直接提名,候选人应当多于应选人数,实行差额选举。选举实行无记名投票、公开计票、选举结果当场揭晓。每次选举产生的村(居)民委员会成员任期三年,任期届满后必须进行换届选举。民主选举有利于把群众拥护的思想好、作风正、有文化、有本领、真心诚意为群众办事的人选选进村(居)民委员会,保证基层群众自治落在实处。

民主决策,是指凡涉及村(居)民切身利益的事项,必须由村(居)民集体讨论,按照多数人的意见作出决定。村(居)民会议是民主决策的基本形式和途径,另外还有村(居)民代表会议也是民主决策的重要形式和途径。

民主管理,是指凡村(居)民切身利益的事情,不仅要由村(居)民集体讨论决定,而且在管理过程中也要充分发扬民主,认真听取并切实尊重村(居)民的意见,对不同的意见要坚持说服教育,不得强迫命令,更不得打击报复。

民主监督,是指村(居)民对村(居)民委员会的工作和本居住区内的各项公共事务和公益事业实行监督,以保证民主决策的落实,切实现群众自治。民主监督主要体现在:村(居)民委员会受村(居)民监督,村(居)民有权依法罢免村(居)民委员会成员;村(居)民委员会向村(居)民会议负责和报告工作,并接受其工作审议;村(居)民委员会实行村(居)务公开,并保证其内容的真实性,凡是村(居)民委员会不及时公布应当公布的事项或者公布的事项不真实,村(居)民有权向基层人民政府及其县级人民政府有关主管部门反映。

(二)基层群众自治面临的困境

1. 基层群众自治的主体困境

(1)自治主体结构失衡

基层群众自治的主体是广大村(居)民,每个村(居)民作为一个独立的个体存在着性别差异、职业差异、身份地位差异、受教育程度以及经济状况差异,这些差异的存在导致了基层治理中各种力量相互博弈的失衡现象,这种失衡不仅体现在主体构成方面,也体现在主体文化素质方面。尽管村民自治的主体具有一定的广泛性,它原则上规定村(居)民会议的参与者必须是年满18周岁,户籍在本居住地的人员,以及那些户籍不在本居住区的人员,实际上只要能够被证明是长期在本区居住,有意愿参加村(居)民会议并且得到村(居)民会议同意其参加的人员都可以参加村(居)民会议。但是通过调查可以发现在村(居)民会议上,领导阶层、精英阶层所占比例明显高于普通的百姓。领导干部或精英阶层由于自身受教育程度高,各方面能力较强,掌握的信息资源较多,在协商讨论的过程中,居于主导地位,不仅可以充分表达自己的意见,甚至能够左右整个会议过程,使最终决策符合自身利益的要求。而部分村(居)民由于受教育程度低,长期在家务农,或者从事一些简单的体力劳动,性格内向且不善言辞,他们的意见往往得不到充分表达和足够重视,在协商讨论的过程中常处于被动地位。这种现象就导致了协商决策的结果在绝大多数情况下仅仅代表了那些"精英"群体的利益,而少数弱者的利益往往处于"被保护"的状况,严重妨碍了基层治理公正的实现。

在中国的民主政治中人民是国家的主体,是国家的本质所在。每个公民都有决定国家制度和管理国家的平等权利,并且这个平等不仅仅是形式上的平等,也是实质上的平等。我国宪法明确表述人民是国家的主人,中华人民共和国的一切权利属于人民,中华人民共和国公民在法律面前人人平等。然而这只是在形式上赋予了人民平等地位,在具体基层治理实践的过程中,由于主

第五章 协商民主视角下基层群众自治的完善与发展

体构成中结构和素质的差异,每个人掌握和了解相关政策法规信息的权利,每个人的发言权,每个人在决策形成的各个环节中身份都是不平衡的,自治主体自身的意见和思考很容易受到预先要求和规范的权威抑制,因此实质上的平等并未得到真正的实现。基层群众自治制度作为我国实现人民当家作主的主要途径如果长此以往,必将有悖于民主发展的初衷。

(2)自治主体参与程度有限

基层群众自治制度中,村(居)民在基层治理中的参与是通过民主选举、民主决策、民主管理、民主监督来实现的。就目前发展状况来看,基层治理经过多年的实践,村(居)民参与的广泛性在不断扩大,参政议政能力正逐步加强,但是参与程度仍停留在初级阶段。这主要表现在以下几个方面:

第一,民主选举走向形式化,缺乏实质性的内容。民主选举是村(居)民参与基层治理最主要的方式,一个理想的民主选举应该是一个规范化、程序化、透明化,并具有实质性、公平性的选举。但目前民主选举中暴露出了很多问题,这些问题严重影响到选举结果的权威性和公正性。首先是选民态度不端正,存在着较大的盲目性。尽管近几年选民的参选率有所提高,但是选举的质量并未提高,这主要表现为最后归总的选票中废票较多。造成这一现象的主要原因在于选举结果与选民选票关联度不高或者选举出的当家人的为政状况对选民福利影响不大,致使选民认为选举无关紧要,对选举缺少应有的重视。另外,对于绝大多数基层群众来说,候选人的信息情况往往是通过竞选宣传、大众舆论,从而达到的只是最初的和低层面的了解,人们所掌握到的信息一般不能全面客观地反映候选人的基本素质,大多数人很难判断究竟具备什么样的素质才能成为候选人。其次是存在着贿选的现象。候选人为了当选,不惜以一定的金钱或者物质好处去收买选民手中的选票,使得投票变成不是当事人本人意愿的行为,而是在金钱利益的驱使下随时变动的行为。近几年来,贿选已不仅仅是个别现象,而已经成为一种普遍的现象,在很多地方,尤其是一些经济发展快的富裕地区,均有发生。最后是领导干部和宗教势力的干预。部分领导担心百姓不会选或者为了让有利于自己的人当选上,便利用自身的职权和威信去干预影响选民的意愿。另外,中国社会具有很浓的人情味,相同宗教派系的选民常有着相同的情感归属,隶属于各个宗教派系的选民往往都希望属于本宗教派系的人选上,因此在选举中宗教派系的人会出面拉选票,为了拉票,各个宗教派系之间有时甚至会发生武力冲突。这样的选举带有明显的情感倾向性,是人们在感性支配下的意见表达,缺少中立的态度和理性的思考,很容易导致选举中出现混乱局面,使民主选举丧失合法性。

第二,各种自治机构虚置,民主管理、民主决策和民主监督职能缺失。村(居)民参与的自治组织主要有:村(居)民委员会、村(居)民会议、村(居)民代表大会。其中村(居)民会议的是基层群众自治最高的权力机构,它的决议应代表全体村(居)民的利益;村(居)民代表大会是具有一定专业知识和较高威望的村民组成的监督组织,主要监督村(居)民会议决议的执行,维护村(居)民的利益;村(居)民委员会则是村(居)民会议决议的执行机构。这些组织本应各尽其职,发挥作用,但现实状况是大多数组织被虚置了,主要表现为:一些农村以村民居住分散,外出打工,村民流动性强为由,很少召开这些会议,除非为了选举干部和一些紧要的事情,才会召开;村务公开时间周期延长,频次减少;还有一些地方虽然设置了村(居)民公开栏,但较少利用,里面要么空白,要么很少更新。

公民的政治参与是政府决策增进公共利益的根本保障,因此政府有必要在行政过程中有序地引入公民参与,并不断增加参与的广度与深度,使得这种参与不仅仅是公民解决问题实现目标的手段,同时它自身被视为治理中需追求的目标。从上述分析我们可以看出,目前我国基层的政治参与大多局限于村民会议、村民代表大会等这些体制内的参与。这种体制内的参与是由政府动员的,不是人们自发性的参与;它的目的主要在于选举,人们参与的次数和频率较低;人们在参与过程中很大程度上关注的只是自己的利益能否得到满足,无视公共利益,很难达成共识或者制定的决策有失公正,这些都表明目前基层自治主体参与程度有限。我国正处在复杂多元发展期内,对于基层社会而言,利益分化扩大,社会法制尚不健全,政治体制改革滞后,导致这种政治参与呈现出较大的不确定性,公民权利和利益也就难以得到切实保障。

(3)自治主体参与意识不强

基层群众自治制度的发展使得人们的民主意识得到觉醒,但从整体上来看,基层群众政治参与意识还有待加强,这跟我国传统政治文化的影响分不开。中国政治意识和政治思想的发展自古以来都受到以儒家思想为核心的高度集权的君主专制制度的影响,加上小农经济社会权力崇拜、清官情结、等级意识、宗法观念和安贫乐道等思想根深蒂固的影响,至今束缚着人们的政治心理和政治思想,制约着人们的政治行为。权力崇拜、清官情结和等级意识必将导致森严壁垒的官本位特权地位和特权意识的蔓延;宗法观念必将导致家庭和家族利益至上、裙带关系滋生;安贫乐道心态必将导致政治冷漠,政治疏离

第五章 协商民主视角下基层群众自治的完善与发展

情绪浓厚。这些方面都与现代社会民主政治中所倡导的公民精神是背道而驰的。尽管基层群众自治制度的确立和发展,赋予了我国公民最广泛的政治参与权利,可是因为公民参与意识不够,导致实际参与程度和水平普遍偏低。

2. 基层群众自治的体制困境

(1)压力型体制下的政府行为商业化

压力型体制主要是指各级政治组织为了完成经济赶超任务和各项指标,各级政治组织把任务和指标层层量化分解,下派给下级组织或者个人,并责令其在规定的时间内完成,然后根据完成的情况给予政治和经济方面的奖励。[①]这种压力型体制的产生既有市场经济的原因,也受传统计划经济体制的影响,总体上可视为中国社会主义现代化和市场化进程双重变奏背景下社会急剧转型的产物。

尽管这种压力型体制在一定时期起到过积极的作用,但是随着市场经济的发展,它的弊端也逐渐显现出来,在基层治理中表现为政府的行为越来越商业化。首先,政府随意收费和集资。政府每年的财政支出不仅需要用于支付编制内干部的工资以及活动的费用,而且还要用于各种公共设施的建设,光靠国家每年有限的财政预算显然是不够的,因此只有靠自筹资金解决。为了维持机构的正常运转,县乡两级通过收费、集资等方式直接向企业、个人伸手要钱来增加预算外收入。这种随意性收费、集资由于缺乏相应的监管制度,促成有的地方政府肆意妄为,一方面财政吃紧,另一方面又浪费挥霍,甚至出现收费罚款的收入竟与税收收入持平的现象。其次,政府过分重视经济效益。在缺乏充足的财政支持的情况下,各职能部门为了完成上级制定的任务,利用手中的权力搞垄断经营,获取高额利润,于是抓经济、办企业、上项目成了政府工作的重心。这种情况直接导致了政府职能部门的"经济实体化",其经济职能被无限倍放大,很容易造成官商勾结,破坏市场公平竞争的原则,更助长了腐败之风。

这种体制性弊端尤其是在乡村基层社会中表现得尤为突出。在整个中国政治治理的压力型体制结构中,乡村基层政权处于整个网络构架的终端,承担着各级政府部门重重压力。基层政府一方面要应付上级政府的行政命令,另一方面又要绞尽脑汁、利用各种方式从上级政府争取资金和项目,推动基层地方的发展。而村民的全部生活就是不断地创造更高的经济效益,他们的主要

---

① 徐岩松,《从压力型体制向合作型体制转变》,中国选举与治理网,http://www.chinaelections.org/newsinfo.asp? newsid=18790。

工作就是生产,他们所关心的是如何提高产量,如何创收,如何赶超政府规定的任务目标,在基本物质生活难以保证的情况下,对于政治显然无暇顾及,更无心参与。尤其是集体经济基础薄弱、资源和区位环境差的基层单位,由于缺乏必要的经济激励,无论是基层干部还是群众都缺乏政治参与的内生动力。

政府行为的商业化一方面导致民营小企业生存困难,农民压力过重,另一方面导致了基层治理在经济压力的作用下,经济的发展成了基层政府工作的全部,"自治"仅仅只是个形式,村(居)民会议、村(居)民委员会只是一个空壳而已,基层群众自治中所包含的"民主"精神,在基层政府一心抓经济建设的过程中,被逐渐淡忘和模糊掉。

(2)国家权力干预下自治权异化

我国宪法规定:"在农村地区建立群众自治性的村民委员会,村民自己的事情由村民自己依法去办,保证村民能够行使直接的民主权利。"然而由于历史、社会、文化等诸多方面的影响,村民的自治权发生了异化的现象,村民自治在某种程度上演变成了乡政府、村民委员会"自治",而村民作为自治的核心行动者,其功能正在逐步弱化。

虽然村民自治是村民自己首创的,但是基层群众自治制度是在国家政府的主导下建立起来的,它在全国范围得以推广和普及更是国家权力强制力量作用下的结果。政治学理论认为,各方行动者的政治资源、行动能力与利益是不平等的,其中存在一个明显的强势行动者,由于其他行动者之间面临无法克服的"集体行动"困境而无法去制约强势行动者等因素,制度往往是这个强势行动者"精心设计的改变博弈形式的产物",并被强加于其他行动者之上。在我国基层自治背景下,国家无疑扮演着"明显的强势行动者",基层群众自治制度的主要目的就是为了加强国家对基层社会的控制,它是国家精心设计的产物。"中国实际展开的政治建设和政治发展,虽然核心目标是民主与法治,但其行动原则是创造有效政治,保持和提升政治对经济和社会发展的整体有效性。"[①]基层群众自治无疑是具有民主色彩的制度安排,但是作为国家设计的产物这种民主首要任务却是如何提升国家政治的有效性,如何让国家更加有力量加强政治领导、完善政治治理、维护政治稳定从而实现政治发展。"与西方地方自治是经过长期自然生成而后得到国家法律认可的路径不同,中国的农村村民自治一开始就有国家立法以授权的性质,即村民自治是基于国家难

---

① 冯霞:《当代中国民主政治发展的价值取向》,载《人民论坛》2009年第17期。

第五章 协商民主视角下基层群众自治的完善与发展

以通过单一的行政管理有效治理社会而将部分治理权下放给基层,并在这一层次实行直接民主的方式治理,中国的村民自治权不是自然生成的,而是国家赋予的。"[①]"任何制度的行动者,不仅在其所运行制度的给定空间存在,而且在该制度所在更大制度空间存在……既然行动者是在两个空间存在,那么其运行制度的行动过程不仅受到所运行制度的约束,而且受到这个制度所在的更大制度体系的约束。"[②]这也就意味着国家作为制度的核心行动者虽然应该遵循基层群众自治制度,并且需要在基层自治这个空间行动,但是当基层自治有可能威胁到自己,国家也可以从基层群众自治制度所给定的运行空间跳出来,进入到政治发展这个更为广大的空间中活动,采取一定的措施来限制其发展,并同时赋予这些限制充足的理由。

中国基层群众自治实践中,基层政府基于其拥有国家权力,特别是行政权,通过下达命令、政策指导、村财乡管、下达任务指标、干涉村委会委员的选举等方式对村民自治进行行政干预。在具有国家强制力量色彩的行政权面前,村民自治权利明显处于弱势地位。近年来很多地方都开展了包村制度,虽然形式各不相同,但主要内容基本一致,即包村干部是挂钩村委会的,是村内各项事务的第一(直接)负责人。包村干部的角色比较特殊:一方面他是村民自治负责人,对上级是村民利益的名义代表;另一方面他又是乡镇机关工作人员,对村民是国家的行政权力的象征,代表着自上而下的科层权威。一旦面临行政权与村民自治权之间的利益冲突,包村干部难免角色错位、处境尴尬。更为重要的是,包村干部来自乡镇机关,势必更多地站在政府的立场上思考问题,因而加重了村民自治权与行政权博弈的力量悬殊。包村制是在村民自治条件下国家通过加强行政权力对基层控制的一种手段,代表村民自治的村委会在与这些包村干部的博弈中只能处于被动接受的地位。

基层群众自治制度在国家力量的干预下获得发展完善的同时,也受到国家力量的百般阻挠,如今基层群众自治所面临的最大的困境就是自治权利的中心正发生着从基层向政府的位移。尽管基层群众的利益与地方政府的利益存在着种种契合点,但仍有着本质区别,一旦他们的利益诉求与政府的利益发生冲突的时候,政府基于自身的利益和发展的需要,就有可能会选择牺牲群众

---

① 徐勇:《现代国家构建与村民自治的成长》,载《学习与探索》2006 年第 6 期。
② 林尚立:《行动者与制度效度:以文本结构为中介的分析——以全国人大预算核查为研究对象》,载《经济社会体制比较》2006 年第 5 期。

的利益。因此,垄断所有行政资源的基层政府所拥有的国家力量对群众根本利益的实现构成了潜在的威胁。

(3)利益表达机制缺位下群体性事件增多

目前,中国基层社会改革和建设虽然总体上朝着和谐、文明的方向发展,但是由于基层社会的复杂性和日益严重的两极分化,而引发的基层群众对民权、民主、宪政与法治的需求日益增长,使中国基层社会建设中也出现了一些不和谐的音符。我们可以看到基层民主建设不断深入促使民众维权意识广泛觉醒的同时,维权活动也此起彼伏的发生,社会矛盾与冲突正在加剧,这对基层社会的治理工作带来了巨大的难题和挑战。

"常态下的民主政治体制具有多样性的参与渠道,普通民众可以根据自身的需求,通过不同的制度平台参与政治生活,这样,公民的利益诉求才能够得到及时表达、利益需求得到及时满足,最终形成一种公民和国家之间的信任、互动和互惠。"[1]然而,一旦这种制度构造中存在不完善的环节,制度化的利益诉求表达渠道不能够应对日益增多的参与需求,同时再加上一些机关和政府官员对公民正当利益的侵害,就会导致公民政治参与的非制度化、非程序化,以及非理性化。在当下中国,每年有上千起群体性事件发生,其中大多数都是由维权而引发的公民非正常的政治参与。"据公安部2004年统计显示,劳资关系、农村征地、城市拆迁、企业改制重组、移民安置补偿等问题,是酿成'群体性事件'的直接原因。另据笔者前些时在互联网上通过'谷歌'搜索,有关中国近年维权事件的信息达180多万条(虽然有重复计算的)。2005年中国社科院发表的《社会蓝皮书》中公布的中国'群体性事件',已由1993年的1万起增加到2003年的6万起,也就是说,平均每天164.4起,10年增6倍;参与人数也由约73万增加到约307万。又据最近媒体透露,2008年因为经济利益问题引发的20人以上的群体性事件已达12万起,平均每天328起,也就是全国每4分半钟就有一起。正如大家所深切感受到的,2008年是中国群体性事件的高发年——贵州瓮安事件、云南孟连事件、陕西府谷事件、河北定州事件、广东惠州事件,以及重庆、甘肃永登、海南三亚、广东汕头等地的多起出租车司机罢运事件,一次次群体性事件正在以激烈的方式考验着当下中国的政治体制和社会管理机制。如此集中的群体性事件在一年内爆发,尽管有偶然性因素,但根本原因还在于群众利益诉求遭遇体制性迟钝,人民群众合理诉求的表达

---

[1] 陈家刚:《协商民主与当代中国政治》,中国人民大学出版社2009年版,第242页。

第五章　协商民主视角下基层群众自治的完善与发展

渠道和反馈渠道不畅,长期积累的问题和矛盾得不到地方党政部门的有效回应,以致党群矛盾、干群矛盾、政民矛盾、警民矛盾、商民矛盾持续累积,最终酿成激烈的冲突和对抗。"[1]

毫无疑问,当前如火如荼的基层民主建设日益显示出中国基本政治制度强大优越性,但是群体性事件如此高发则充分暴露出现行体制和机制方面的深层原因:一是在部门利益的驱使下,官商勾结、与民争利,严重侵害群众利益。一些地方部门为了追求"政绩",过分依赖讨好"利税大户",而这些"利税大户"通过贿赂官员取得非法利益,权利与资本非正常的结合严重地损害了老百姓的切身利益。二是由于政治体制改革的相对滞后,缺乏强有力的权力制约与监督机制,一些干部蝇营狗苟于官商利益圈,长期脱离群众,缺乏对老百姓的基本感情。他们只顾少数富人的利益和要求,对群众的呼声不闻不问,对群众的疾苦麻木不仁。基层群众合理的利益诉求得不到政府部门的重视和及时疏导,引起了人们强烈的不满,鱼水关系变成了水火关系。三是信息传播手段的现代化和多元化使得一些以前能够靠国家力量盖住的事情真相再也无法完全盖住,而又缺乏应急措施和机制,使问题的负面影响不断扩大。特别值得一提的是,随着互联网络的普及,一个由3亿网民组成的"民意群体"正在迅速崛起和不断壮大,形成了"一呼百应"的强大舆论力量,凡是在网络上公开和暴露的事件,都会在第一时间引发社会各界的广泛关注。由于民众对自身权利认知能力的提高以及民主参与的途径和方式越来越丰富,维权者的集体行动抗衡国家权力的势力逐渐增强,国家权力要像过去那样通过对维权者压制来化解社会冲突,必将付出更高的社会代价。

(三)以协商民主促进基层群众自治的发展

1. 协商民主可以保证基层群众公共利益的最大化

所谓公共利益是指社会或国家占绝对地位的集体利益而不是某个狭隘或专门行业的利益。公共利益表示构成一个整体的大多数人的共同利益,它基于这样一种思想,即公共政策应该最终提高大家的福利而不只是几个人的福利。[2] 在中国,公共利益指的是国家为了进行社会、经济、文化、国防建设以及

---

[1]　虞崇胜:《上下联动:破解中国基层民主困局的应然路径》,载《学习与实践》2010年第2期。

[2]　吴定:《公共政策辞典》,台湾五南图书出版公司2003年版。

兴办社会公共事业需要的利益,是一定范围内不特定多数人的共同利益。按照我国学者俞可平教授的观点,治理就是在既定范围内运用权威维持秩序满足公众需要。其目的在于通过既成程序运用权力引导、规范和控制公民活动,实现公共利益的最大化。基层治理就是以公共利益为导向,人们通过理性的对话、协商,在多元目标和利益之间寻求妥协,获得政治的合法性。对于中国而言,以群众自治为主的基层治理追求每个人的利益的表达和实现,但归根结底也是为了社会公共利益的实现。

历史证明,民主是实现公共利益最大化的最不坏的方式,而协商民主更是可以有效地保证基层群众公共利益的实现。协商民主作为一种治理形式,它高度重视公民对于公共利益的责任,强调通过公共协商实现公共利益的过程——协商民主承认社会多元利益冲突、分歧,尊重各种不同的利益,鼓励公开和改变各种利益,实现参与者的偏好向公共利益的转移。"公共协商主要目标不是狭隘地追求个人利益,而是利用公共理性寻求能够最大限度地满足所有公民愿望的政策。"[1]作为协商民主的核心,协商过程是对当代自由民主中流失的个人主义和自利道德的矫正。协商过程不是政治讨价还价或契约性市场交易模式,而是公共利益责任支配的程序。

2. 协商民主可以实现基层群众自治主体的多元化

在当今多元社会中,许多复杂的公共问题无法由政府单独解决,而必须依赖于其他的社会力量合作。因此为了实现多元主体的良性互动,构成治理的主体不仅包括代表国家力量的政府机构,还包括企业、个人、非政府组织等。基层治理应该是一种包容多元文明、包容差异,包容不同参与者的治理。在中国,基层治理的主体是来自不同的行业,经济、政治、文化背景各不相同的村(居)民,他们通过民主选举、民主决策、民主管理、民主监督的方式共同管理着基层公共事务。

在协商民主理论中,经由协商的决策过程能够包容所有受决策影响的利益相关者,他们能够平等地参与政治讨论,没有人具有超越任何其他人的优先性。在一个利益、文化、族群、信仰等存在多样性的社会中,社会分化不断加剧,矛盾和冲突普遍存在。而这种种的冲突和分歧,在协商理论家看来,则是实现公平正义和产生美德的最肥沃的土壤。正是因为它们的存在,共同的善、

---

[1] Jorge M. Valadez, Deliberative Democracy, Political Legitimacy, and Self-Determination in Multicultural Societies, USA Westview Press, 2001, p.31

第五章 协商民主视角下基层群众自治的完善与发展

正义、公共利益等诉求才会被要求应该对所有人施于同等的考虑。因此,实现公共协商的正义就要求每个人能够平等地参与。多元主体通过的协商,使不同的价值观念、道德理念、行为方式进行对话、交流,相互审视、提供经验,从而促进决策的形成,提高治理的效率。

3. 协商民主可以形成基层群众自治形式的协商性

治理是一种非压迫性和强制性的行为方式,它为各种不同的观点提供交流的平台,并通过辩论与说服达成意见的一致。基层治理中,自治赋予参与者对各种方案和建议的检查、审视、批判的权利。在就公共决策讨论的过程中,个人通过诉诸权力或者正当性使自己的主张适合于公开陈述,同时通过倾听和了解他人的观点,对公共问题的解决作出深思熟虑的判断。在这个互动过程中,偏好的转化和共识的达成依靠的是对话说服,而不是控制和强制。村(居)民会议作为我国基层治理的权力机关,其作用就在于为村(居)民提供一个管理、监督基层公共事务的制度平台,使他们能够直接对话、讨论、协商来决定涉及本居住地区绝大多数群众切身利益的各项重大问题。

协商民主理论中,"公共协商就是一种带有特定目标的对话","它不仅仅是谈话,更是理性的交流,诚实地传递思想,注意倾听并理解他人,利用批判性思考和理性观点就公共政策作出决定。"[①]

4. 协商民主可以提升基层群众政治参与的有序性

公民的政治参与应该是一种有序的参与。公民有序的政治参与是指公民在认同现在制度的前提下,为促进社会经济和政治的发展,提高政府管理公共事务的能力和绩效,维护公民的合法权益,促进公共利益等而进行的各种规范化、制度化、法制化的政治活动,它包括各种利益表达、利益维护的方式,是有领导、有组织、有秩序、自主的、理性的、适度的政治参与行为。公民有序的政治参与是适应社会多元化发展,利益格局分化的现实需要,是民主政治发展的必然要求。基层群众自治作为我国民主政治的一部分离不开公民有序的政治参与,基层群众自治就是我国基层群众有序政治参与的主要实现形式。基层群众自治是以基层群众为主体,在基层群众自治组织领导下召开基层群众会议,集体讨论、决定和解决问题,实现基层群众自我管理、自我教育和自我服务。

协商民主视角下公共决策的形成必须经过公共协商,即参与者共同讨论和理性审视达成集体共识,实现公共利益,这就意味着公民广泛有序的政治参

---

① 陈家刚,《协商民主与当代中国政治》,中国人民大学出版社 2009 年版,第 48 页。

与。并且这种有序的政治参与是理性的参与,参与者要在合理表达、倾听、理解各种不同观点、意见的基础上,通过理性的判断和审视,达成一致的目标;是以一定的程序和组织为基础的参与,以合法化、制度化的渠道来实现,并且强调程序的公开、公正;是以维护公共利益,赋予公共决策合法性为目的的参与。

三、民主恳谈:协商民主视角下基层群众自治的样式创新

近几年来,我国基层群众自治发展过程中出现了许多带有协商性质的创新实践活动,虽然这些创新性实践不同于严格意义上的协商民主,但它们都不同程度地体现出了协商民主的某些特征,其中以民主恳谈最具代表性。

最早兴起于浙江温岭的民主恳谈,是市场经济和民主政治发展的产物,最初适用于思想政治教育工作,随后向基层方向延伸,并不断成熟,逐步趋于科学合理,有力地推进了基层群众自治的制度化、规范化和程序化建设。同时具有协商民主特征的民主恳谈的成功也表明协商民主对于我国基层民主政治的发展有着重大的意义:协商民主实现了民主管理中政府与村民协商式"共治",提高了治理的质量;协商民主实现了民主决策中民意的充分表达与聚合,促进了合法决策;协商民主实现了民主监督中村民对公共权力"倒逼"与制约,缓和了社会矛盾与冲突。

民主恳谈所彰显出的强大生命力为我国基层群众自治的样式创新提供了一个很好的范例,然而在其发展过程中也受到当地经济发展状况,政府创新动力以及自治主体公民精神等因素的影响和制约,我们只有不断地创造出有利的因素,消除不利的影响,才能充分发挥协商民主的巨大优势。

(一)民主恳谈的背景与流变

1. 民主恳谈的背景
(1)市场经济的发展

市场经济在我国的确立,不仅改变了我们社会的经济状态,改造了我们的思想价值观念、生活方式,同时也造就了一批批现代民主政治所需要的具有"独立性"人格的人。商品货币关系是市场经济最主要的社会关系,在人们的经济社会生活中起着决定性的作用。在商品货币关系主导下,不仅生产、交换、分配和消费等经济领域出现物化,而且传统的血缘纽带、等级差别、种族差别也不同程度被打破,促使了广大劳动群众从长期的人的依赖关系束缚中解

第五章 协商民主视角下基层群众自治的完善与发展

脱出来,人体的主体意识得到了不断强化。改革开放以来,浙江的经济发展走在了全国的前列,成为全国经济增长最快的省份之一,自由、平等、自主、竞争、公开、民主等市场经济基本价值观念逐渐深入到浙江人的意识中,并且不断向政治生活领域渗透和延伸。

(2)民主政治的发展

市场经济的快速发展促进了浙江民主政治的发展,在全国基层民主政治建设广泛兴起的背景下,浙江省的基层群众自治也取得了重大的成就。尤其是在基层选举制度的建设方面,经过多年的探索和实践,浙江省已经基本实现了在村民自治基础上的村委会直接选举,而且民主选举样式不断创新,比如在村委会选举中出现了候选人竞选演说、预选确定候选人等创新样式,在乡镇领导人选举推出了"公推公选""海推直选"等创新样式,使得基层民主选举范围不断得到扩大的同时,选举质量也有了很大提高。

但是,浙江省的民主选举制度在发展的同时也暴露出许多问题。一方面是因为我国基层民主选举制度的不完善;另一方面是因为浙江省作为全国民营经济最发达的省份之一,各种利益关系尤为复杂,社会分化尤为剧烈,大大增加了民主选举工作开展的难度。比如,我国的《选举法》和浙江地方性法规中都对贿选作出了明确规定,但是在现实中由于对贿选的界定和取证等难度较大,更为重要的是在物质利益的巨大诱惑之下,浙江基层民主选举中贿选现象日益严重。其中比较典型的就是在选举过程中,候选人利用金钱或者物质诱惑来拉票,一手交钱,一手交票,在资本和权力关系运作中常常伴随着黑金政治、暴力政治。这种交易背后的动机就是,官员一旦上任,就可以利用手中权力去获得比前期付出多得多的回报,即使是通过公正选举上任的领导人,在公共事务的管理当中必要的制约和监督机制缺位情况下,腐败现象很容易发生。

市场经济的发展唤起了人们参政议政的热情,但是经济发展的不平衡和社会阶层的分化又导致了乡村政治生活中越来越多的矛盾和冲突,基层民主政治的建设光靠民主选举制度的保障是远远不够的。民主选举之后,乡村社会的治理问题成为浙江省各地政府关注的重点问题。于是,近些年来,浙江基层政府在民主选举的基础之上,致力于民主决策、民主管理和民主监督的创新实践,结合各地的实际,探索出了以民主恳谈会为主要形式的多种治理模式。

2. 民主恳谈的兴起与发展

1999年,浙江温岭市松门镇作为农村现代化教育的试点单位,举办了"农业农村现代化教育论坛",奏响了民主恳谈奠基礼,在温岭市委的大力推广下,民主恳谈经过几年的发展,已经逐步趋于成熟和稳定。

(1)民主恳谈的兴起

从1987年开始,浙江省就在农村开展农业和农村现代化教育活动,基本形成了一定的模式,即根据形式需要选定主题,召开大会进行动员,然后请相关专家和官员现场授课。经过十几年的发展,这种单一的教育模式因为广大农民的反感和厌倦,根本达不到预期的教育效果和目标,改革已是迫不得已。1999年6月,为了贯彻落实党的十五大和十五届三中全会的精神,根据浙江省委和台州市委统一部署,温岭市决定在松门镇进行农业和农村现代化教育活动改革试点。于是松门镇以"社会治安"为主题,举办了首期"农业农村现代化建设论坛"。目的在于跳出传统"说教式"宣传教育模式,通过沟通对话的方式,倾听老百姓的心声,推动政府与广大人民群众之间的互动,切切实实为民办实事,解决问题。结果证明这种全新的教育方式产生了很多积极的效应,在基层治理中有着巨大的发展潜力。较之以前思想政治工作中村民冷漠应对甚是不同,在此次教育论坛上,广大农民积极参与,还有150多人自发前来。参与群众所谈问题十分广泛,小到邻里纠纷、液化气价格,大到村镇建设、投资环境等,统统提出了明确的看法和要求。镇领导不推诿不敷衍,对大多数问题都现场予以明确答复,对现场解答不了的一些老大难问题,在解释之外还承诺了解决的具体设想和大致时间。

"农业农村现代化教育论坛"的成功,产生了积极的社会效应,调动了普通民众参政议政的热情,1999年底,松门经验在经过温岭市委的推广下,各乡镇纷纷出现了形式多样的民主沟通对话活动,虽然形式丰富多彩,但是在实质上都与教育论坛相似——是一种村民与政府的对话机制,群众对政府工作提出意见或建议,政府就提出的问题给予回应。议题的范围涉及农业、渔业等问题,具体包括城镇建设问题、道路交通问题、社会治安问题、环境卫生问题、计划生育问题等。各地推出的形式包括"村民民主日""农民讲台""民情直通车"和"民情恳谈"等,实际上也都大同小异。这些形式在2001年被温岭市委统一更名为"民主恳谈"。松门镇的"农业农村现代化教育论坛"作为温岭市民主恳谈的雏形,是协商式治理模式在基层群众自治实践中的初步探索。

(2)民主恳谈的发展

民主恳谈创立之初还只是被当作思想政治教育工作的一种新的手段和方法,但是,在此后的发展中,它逐渐被地方政府自觉地运用于基层治理中,开始

第五章　协商民主视角下基层群众自治的完善与发展

由"恳谈"走向"民主"。

2000年12月,浙江省委宣传部、温岭市市委与浙江日报联合召开了"用民主方法加强和改进农村思想政治工作研讨会",与会专家学者对民主恳谈的视域已经明显超越了农村思想政治工作的局限,上升到基层民主的高度,民主恳谈由此被赋予新的内涵和价值目标。扬弃后的民主恳谈,虽然保留了原有的对话形式,但其重点却转向如何扩大基层民主,如何组织和引导基层群众进行民主管理、民主决策和民主监督等更为深层的问题。为了引导民主恳谈的健康发展,温岭市委颁布了《关于"民主恳谈"的若干规定(试行)》,对相关问题进行了明确而详细的规定。通过改进和完善,温岭的民主恳谈不断向纵深发展,民主恳谈开始向各个层级、各个领域多层次、全方位地展开,不但在村镇、居民社区中,而且在党政机关、基层事业单位、各种社团组织中都大力开展了民主恳谈活动。

这一时期的民主恳谈逐渐由只是就单个具体问题或者个人利益进行的一般性沟通,发展成为就公共利益问题进行的集中性恳谈;由向民众单向性地宣传党的路线、方针和政策,发展成党委、政府与老百姓双向性的互动交流。它的特点是:程序比较简单,主持人介绍议题后,村民便围绕议题展开讨论或向与会的相关领导质询;恳谈形式灵活,结合各村的实际自由开展,没有太多的限制;恳谈结果有不确定性,由于参与者的代表性不足,对有争议的话题缺乏量化分析的工具,协商结果缺乏相应的保障机制,只由主持人最终决定是否采纳恳谈结果。

(3)民主恳谈的深化

民主恳谈会经过几年的调整和完善,日趋成熟,它已成为群众参与基层社会公共事务管理的重要平台。但是,由于各方面原因,它也面临着一系列发展障碍:

第一,民主恳谈功能定位的问题。对于民主恳谈功能的定位直接影响到民主恳谈的内容和程序,作为一种体制外的事物,它的功能定位过高不符合基层治理的实际,定得过低又容易忽视它在基层治理中应有的价值,因此寻求民主恳谈功能的合理定位是发展民主恳谈的当务之急。

第二,民主恳谈与现行制度结合的问题。民主恳谈发展至今很大程度上依靠的是基层政府的开明领导,这也意味着领导人的变更,也可能使得民主恳谈走向没落,因此民主恳谈的发展仅仅只依靠部分领导人推动是不会长久的,只有将民主恳谈纳入现行基层自治制度体系之中,才能避免因人成事、人走政息的怪圈。

第三,民主恳谈成果落实的问题。部分基层政府领导由于习惯了过去简单的决策方法,面对缺乏实践经验和要求规范的程序化运作的民主恳谈会有抵触的情绪,从而使民主恳谈成为摆设,或者只是为了应付上级的考核。为了方便省事,民主恳谈的组织者自行确定议题和安排程序,使得民主恳谈很容易受到组织者喜好的影响,具有不确定性。并且民主决策的程序尚不规范,对于参与者提出的问题哪些是需要当场作出回应,哪些可以不用当场决定;组织者如何吸纳民意,最后作出决策的依据是什么,都没有明确具体的规定。

第四,民主恳谈在技术操作上的问题。首先,民意代表的选择范围要尽可能广泛,但是增加民意代表人数就意味着在有限的时间里每个代表发言时间和发言机会会减少。如果参加会议的代表人数过多,短短的一天或半天的议程中,很难保证所有的与会代表的意见都能得到充分的表达,一般情况下每场民主恳谈会中只有15个左右的代表有发言机会。因此如何在有限的民主恳谈过程中,尽可能增加代表的表达机会是民主恳谈在发展过程中迫切需要解决的问题。其次,以往的民主恳谈的参与方式都是以自愿为主,它一方面保证了所有与决策相关的人员都可以参与到讨论中,另一方面也产生负面的影响,即容易形成小部分人的利益一边倒的趋势,从而使公共利益受到扭曲。因此如何确定恳谈会的人选,确保与会代表的科学性和真实性也是一个必须解决的问题。

为了解决上述问题,克服民主恳谈的发展障碍,部分乡镇引入了现代社会科学方法,实现了民主恳谈与现行制度的有效结合,推动了民主恳谈的深化发展。

第一,吸纳"协商民意测验"法。"协商民意测验是一种基于信息对等和充分协商基础上的民意调查,旨在克服传统民意调查的诸多局限性,它可解决目前民意咨询不足的问题。"[①]2005年,浙江省温岭市泽国镇政府为了确定下一年基础设施的公共预算,在民主恳谈会的基础上引入了协商民意测验的方法,寻求具有真实代表性的民意表达,作出科学的决策。实践证明,协商民意测验有效地克服了传统民主恳谈会的缺陷。它主要有以下五个特征:第一个特征是抽样,所有的民意代表按该镇常住人口的2‰的比例随机抽样产生。随机抽样是把统计学原理运用到社会调查中的一种科学手段。随机抽样的目的在

---

① 陈剩勇、何包钢:《协商民主的发展》,中国社会科学出版社2006年版,第27页。

第五章　协商民主视角下基层群众自治的完善与发展

于通过一个良好样本的选取,科学的反映抽取的总体。① 在统计意义上实现了所有人的平等即人人都有被抽到的可能性,通过这种方法选出来的参与者其代表性更加真实可靠。第二个特征是事先提供说明材料,事先公布和讨论与主题相关的材料,使参与者可以提前了解到这些说明材料,有更充裕的时间消化和思考相关的问题,并且也可以先与周围老百姓进行初步的商讨,这样不仅可以加强信息的透明性,解决信息不对称问题,同时更有助于提高讨论的质量。第三个特征是分大、小组开会,几百个人参与的大会,采用随机抽样的方式分成若干个小组,平均每小组 10 人左右。先分小组进行讨论,克服了只有极少数参与者有发言机会的局限,让每个人都有充裕的时间充分表达自己的观点,小组会讨论的结果并不用达成一致观点,只需要确定出在大组会议的发言人和提问的问题,最后在大组会议上共同交流小组讨论的成果。这样做不仅可以保证每个参与者意见观点的充分表达,也可以很好地控制局面,避免因人多而造成的混乱。第四个特征是两次问卷。问卷调查的方式可以更全面地收集参与者最真实的想法,有的参与者在公开表达中不便于说出来的问题,可以在填的表中反映出来的。并且在讨论前做一套问卷,讨论后做一套问卷,这样就可以了解参与者在讨论前后偏好的变化,通过数据统计可以定量地分析变化的情况,使政府的决策更为科学合理。第五个特征是主持人制度,在民主恳谈会中,由与议题没有相关利益、有较强责任心、有一定主持能力的人担任主持人。过去的民主恳谈会都是由领导干部担任主持人,一方面领导干部常常会将整个协商议程朝自己希望的方向引导;另一方面,由于领导的在场,参与者会担心自己提出的意见与领导的不一致而遭到打击报复,因此在表达自己观点看法时候会有所避讳,在一定程度上影响了民主恳谈会的真实性。而引用外来的主持人,既非政府官员,又非政府指定,他在会议中可以保持中立客观的态度,参与者也可以毫无顾忌地畅所欲言。

　　第二,进行"民主审议"。民主审议式就是将民主恳谈纳入基层人大和村民大会之中,赋予其审议政府或村委工作的职能。人民代表大会是我国宪法规定的最高权力机关,而村民大会则是《村民委员会组织法》规定的村民自治最高权力机构。2005 年,温岭市新河镇人代会率先将民主恳谈这种草根民主形式引入到人大审议过程中,用以审查参政预算。这种民主审议式的民主恳

---

① 何包钢:《协商民主:理论、方法和实践》,中国社会科学出版社 2008 年版,第 86 页。

谈经过几年的发展完善,在温岭多个乡镇人代会中得到推广和普及,它作为一种游离于体制外的草根民主已经进入到现行的制度框架内,并逐步走向制度化、法制化和程序化。这种民主审议的方式激活了基层人大在基层治理中应有的作用,同时民主恳谈也借助基层人大作为地方最高权力机构拥有的国家强制权力,解决了结果的不确定性,有着更为深刻的社会影响力。

(二)民主恳谈的工作程序与协商特征

1. 民主恳谈的工作程序

(1)确定议题。民主恳谈的议题一般是从政府职能部门、村干部汇总所收集到的群众议题中产生;领导干部通过调研,与本地的重大规划或者与决策相关的配套议题中产生;针对村里群众反映强烈和急需解决的热点、难点问题,讨论研究后提出恳谈会的议题。另外有的地方明确规定了哪些事情、哪些议题必须经由恳谈会才能做出决策。议题由 1/5 以上的人大代表联名提出,或者群众联名经人大讨论批准后也可以提出,因此并非只有党委、政府可以启动民主恳谈,人大代表和普通群众也可按照程序启动会议。

(2)公告议题和相关方案。确定议题后,会议主办方必须提前公布恳谈会的时间、地点、主题其相关材料,必要时还要公布初步方案,让参与者能够提前做好准备。

(3)确定参加人员。参加人员的确定主要有四种方法:一种是随机抽样,从所有受到决策影响的人中按照电话号码、身份证号码以及通过编号等方式随机抽取。第二种是自愿参与,任何群众都可以自愿报名参加,不受限制。第三种是主办方指定,主办方根据意愿,从受相关法规政策影响的人中指定一部分人参与。第四种是混合型,就是将随机抽样、自愿参与、主办方指定这三种方式相结合,这种方式吸收了前三种方式的优点,最为科学合理。

(4)成立专家组。如果涉及重大问题或技术性问题,那么在民主恳谈会之前,必须邀请相关专家从技术角度论证每个项目的优缺点和可行性,并提供明确的技术性资料。不过,专家不以代表者的身份介入民主恳谈会,只是从纯技术的角度解释民众关心的问题,为有争议的问题提供相关的技术知识。

(5)确定会议程序。首先确定主持人,民主恳谈的主持人要求与协商主题无相关利益,保证公正、中立,有一定的责任心和一定的主持能力。其次是确定会议的流程,由主持人介绍恳谈会的议题、基本情况及初步的方案,经由群众分组充分地协商讨论,领导根据群众的讨论情况,对方案进行补充或修改,

第五章 协商民主视角下基层群众自治的完善与发展

如此反复,形成共识,由主持人宣布最终结果。

(6)人大表决。在民主恳谈过程中,对相关事项的决定意见分歧较大,无法达成共识或者必须经由人大批准的重大事项,则由人大代表审议表决产生最终决策。

2. 民主恳谈的协商特征

民主恳谈虽然是在政府的主导作用下展开的,但是它的本质在于公民有序的政治参与,通过对话表达利益,通过共识形成决策。民主恳谈鼓励公民的积极参与,平等对话,并在对话过程中相互理解、相互尊重,以公共利益为导向形成共识,在很大程度上具有协商民主的特征。

(1)行为主体的广泛性。协商民主鼓励平等自由的公民在公共政治生活广泛的参与过程中,进行对话、讨论和审视,是一种寻求大众参与的民主形式。民主恳谈作为一种开放的对话平台具有非常广泛的包容性,其行为主体包括所有政策影响的相关对象,既有政府,也有普通老百姓,各种民间组织和市场主体。所有的参与者无论性别、年龄和职业只要有意愿,都可以经由各种渠道参与进去,发表自己的意见和看法。

(2)利益表达的多元性。协商民主是基于现实社会的多元性,不同的群体有着不同的利益、偏好和信仰,寻求以对话的方式促进沟通,作出决策。民主恳谈通过公民与基层政府、村委干部之间的对话,充分征询群众的意见和看法,让不同群体的利益都得到有效的审视和协调,并在公共政策中得以体现。

(3)协商信息的公开性。协商民主强调所有协商信息和过程必须公开透明,参与者有权且能够方便快捷地获取自己希望了解的任何信息。各种政策的理论来源、现实依据都经由民主恳谈会公开,让普通村民了解掌握,并且根据所掌握了解的情况,公开提出自己的看法和观点,相互探讨,从而寻求制定公共政策的最优选择。

(4)协商程序的规范性。协商民主对程序有着价值偏好,任何合法性的决策只能经由集体决策的程序以及公平的过程来实现。民主恳谈在程序安排上改变了以往命令——执行的单向治理模式,形成了政府与群众共同研究、共同管理、共同监督的双向互动治理模式。所有参与者都是基于平等的对话、沟通和倾听,形成合理的公共判断,构建共同行动的基础。民主恳谈从议题设置、前期准备到讨论、协商以及监督反馈都有严格的程序规定。

(三)民主恳谈的绩效

1. 民主决策中民意的充分表达与聚合

在政治决策中,只有实现民意的充分表达与聚合,才能获得广大决策对象的认同和支持,实现合法决策。而只有确保决策中公民协商过程的公正、公平、公开,才能实现民意的充分表达和聚合。这正是民主恳谈会优越性所在。

(1)民主恳谈会实现了村民参与政治的平等权利。所有参与者平等地参与政治讨论,谁都没有超越他人的优先权。不仅仅是乡、镇、村一级才能开民主恳谈会,政府各职能部门、居民委员会,以及各企业、事业单位都开展了形式丰富的民主恳谈活动。民主恳谈为基层群众自治提供了多层次、宽领域的参与平台,普通群众利益诉求可以通过多渠道的、不同程度的参与来实现。民主恳谈会为公共协商提供了一个没有恐惧、没有强制、没有威胁、没有愚弄的政治环境,在这种没有任何压力的环境下,每一个观点和看法都可以进行充分的表达,平等的交流,都受到同等程度的关注与对待,决策者能够获得真实的普遍的信息,从而做出更好的决策。

(2)经由协商的决策更符合公共利益。"我们应该将公共协商主要看作是具有工具价值的,它是作出高质量决策的工具,如果公共协商不服务于这个目标,那它就没有价值。"① 在选举民主视域下,公民的偏好被看成是固定的,通过投票的形式聚集不同的偏好,得到认可最多的意见就代表了全体人民的利益,作为决策的结果。而在协商民主看来选举民主只是数量上的民主,并不一定形成公共利益,因为公民的偏好是可以经由理性的协商而发生转移的,没有经过理性的协商和探讨,少数的意见没有得到应有的尊重,而这些少数的意见并不一定不代表公共利益。通过大家理性的沟通对话,充分考虑每个人的意见,这样的决策形式使一些人的意见,哪怕是少数的意见都能得到尊重,或者由于更符合公共利益而获得一致认同。民意测验中两次问卷调查显示出讨论前后民众偏好转移的情况就可以很好地证明这点。这样,经由民主协商充分讨论的结果更能代表集体共识,更符合公共利益,因而也更具合法性。这种合法性,"不仅仅出于多数的意愿,而且是基于集体反思的结果,这种反思是通过政治

---

① [美]詹姆斯·博曼、威廉·雷吉:《协商民主:论理性与政治》,第194页。

第五章　协商民主视角下基层群众自治的完善与发展

上的平等参与和尊重所有公民道德和实践关怀的政策确定活动而完成的"。①

２. 民主管理中政府与村民的互信与"共治"

在现代政治理论中，治理是指在一个既定的制度关系框架内运用权威引导、控制和规范政府机构、公民社会、私人机构和公民个人等的各种活动，从而最大限度地促进公共利益的过程。②"与统治不同，治理指的是一种由共同目标支持的活动，这些管理活动的主体未必是政府，也无需依靠国家的强制力量来实现"。③善治比治理更强调民主参与所实现的国家与社会的良性互动。随着政府的日益扩张及分权，公共服务压力逐渐增加，公民参与公务事务的意愿不断增强，使地方政府依靠传统的管制方式已无法适应新的实践和发展要求，于是逐渐转向与市场、公民社会的合作来实现政治管理。政府管理理念和方式由"地方政府"转向了"地方治理"。一个良好的治理，是社会秩序和权威能够被自觉的认可和服从，这就意味着公共管理人员和管理机构对公民的要求作出及时的、负责的回应，政治信息要全面公开，公民普遍参与到社会治理过程。民主恳谈会改变了传统的政治控制方式，把良好的治理过程看成是政府与社会多方力量合作的过程，通过平等协商建构起管理公共事务的民主程序，达成多元主体对公共事务的理性共识。村民通过集体讨论协商，实现对地方公共事务的"共治"，可以弥补传统公共权力委托——代理人关系中不可避免的偏差。

(１)协商民主搭建了政府与公民互动的平台，畅通了政治信息的交换。上下沟通，信息交流是政治治理中的关键因素。而在现实政治生活中，上级系统的信息往往由于各种原因不能到达下级和平民百姓，或者社会生活中一些平常信息很难进入高层领导人的视野，政治信息的扭曲、失真、堵塞将直接导致政治决策的失误。民主恳谈会上，对于村民而言，可以就自己关心的问题向领导质询，或者就乡村公共事务提出自己的看法和意见，而对于政府而言，广泛听取了群众的呼声，并及时给予了相关问题的回应，在与村民的协商互动中寻求村民的理解和支持。并且民主恳谈会的方法可以在一天时间内获得大量高质量的信息，然后对这些意见进行分类、统计分析就可以知道哪些意见具有普

---

① ［美］乔治·Ｍ.瓦拉德兹著，何莉编译：《协商民主》，载《马克思主义与现实》２００４年第３期，第３６页。
② 陈家钢：《协商民主与当代中国政治》，中国人民大学出版社２００９年版，第１３５页。
③ 俞可平：《治理与善治》，社会科学文献出版社２０００年版，第２～３页。

遍性，或者某个决定有多少人支持，有多少人反对。这些给决策提供了一个客观的量化描述，相比较过去某个领导花一天时间在村里采访几个人所收集到的信息，民主恳谈的方式更为科学合理，它所收集到的信息，来源广泛，更具代表性，能客观真实地反映出整个村的情况，使决策更加科学化，从而提高了政府治理的质量。

（2）协商民主通过转移决策权威以减轻责任，减少了社会治理管理成本。任何一项公共决策必然涉及很多人的利益，很难作出一项令各方都满意的公共决策，所以，政府的决策经常遭到指责、批评和抵制，这就促使地方官员寻求避免指责的策略。[①] 民主恳谈就是一个有效的策略。权责一致是一项基本的民主原理，在民主恳谈会上，所有的利益相关者都参与到决策的形成过程中，因此最后的决定不再是以往政府"我决定"即我要承担责任，而转变成"我们决定"即民众要共同承担责任。这样的决策由所有参与者负责，地方官员不仅可以讨到清白，而且还可以减轻因错误的决策而要承担的政治责任。有的地方还将协商纳入制度之中，让人民代表大会通过民主恳谈会达成共识，使之具有法律上的效力。另外，通过公共协商产生政策是建立在公众一致认同和广泛支持基础之上，具备了现实的合法性，更易于执行，这样就降低了由地方官员强制执行所带来的成本和冲突。"协商是靠说理来解决争端，是一种和平的力量，由它解决社会纠纷，不仅减少了暴力镇压所带来的成本，而且改变了政府的形象，使行政权力运作更加顺畅。"[②]

3. 民主监督中村民对公共权力的"倒逼"与制约

实现对公共权力的有效制约，是民主监督的重要目标，而实现这一目标的关键就在于公民权利的力量聚集。在我国传统的公民政治参与中，分散式参与和个体参与是公民政治参与的主要形式，这种参与形式下，一方面，各种利益诉求纷繁复杂，政府疲于应付，又很难准确地把握民意的真正导向，从而很难保证公共利益的实现；另一方面，分散的个体参与，力量本就弱小，特别是在压力型体制结构中，他所具有的对政治决策的影响力是微乎其微的，因此很难发挥政治参与应有的效应。由于缺乏应有的监督力量，政府的行为难以做到

[①] See R. Kent Weaver, "The Politics of Blame Avoidance", *Journal of Public Policy*, 1986, 6, pp.371-398.

[②] 何包钢：《协商民主：理论、方法和实践》，中国社会科学出版社2008年版，第159页。

第五章 协商民主视角下基层群众自治的完善与发展

完全的公开透明,这样不仅容易滋生腐败,同时由于中国政治文化中"骂官"的传统,再加上缺乏民众与政府沟通的渠道,政府决策的困境和难处得不到理解,很容易招致民怨,引起民愤,从而激发社会冲突和矛盾。民主恳谈在一定意义上将公民的个人力量聚集起来,为政府与公民之间的沟通提供了一个制度化的交流平台,不仅实现了公民对公共权力的"倒逼"与有效制约,也在一定程度上化解了社会矛盾与冲突。

(1)通过对基层监督架构协商式整合和改造,实现了对公共权力的有效监督和制约。党的十七大报告指出:"完善制约和监督机制,保证人民赋予的权力始终用来为人民谋利益,确保权力正确行使,必须让权力在阳光下运行。要坚持用制度管权、管事、管人,建立健全决策权、执行权、监督权既相互制约又相互协调的权力结构和运行机制。"民主恳谈确保公民参与权与知情权的实现,实质上也就是在权力运行的全过程中实现了决策权、执行权、监督权既相互制约又相互协调的权力结构和运行机制,从而保障了公民对政府有效监督与制约的实现。不仅如此,民主恳谈会过程中,公民对政府工作的咨询,促使了公共权力的透明化运作,并且为了加强民主恳谈的监督功能,还进一步建立了民主恳谈配套制度体系,如民主恳谈挂牌销号制度、便民绿色通道工作制度、工程监督小组以及村务监督委员会等一系列反馈监督机制和监督机构,充分发挥了民主恳谈的监督功能。其中村务监督委员会成员是由村民直选产生,对村民大会负责,负责给村民传达村务工作情况,收集村民的反馈意见,结合村民的意见对村务作出判断。由于村务监督委员会独立于村委会,因而较好地保证了村民知情权和监督权的实现。基层监督架构通过协商式的整合和改造,使公民可以根据自己的意志有效地行使自治权,并且加强了人民群众对公共权力的制约。

(2)通过畅通利益表达渠道,缓解了基层治理中的矛盾与冲突。市场经济的发展带来了社会中利益分化的加剧,上级领导之间、基层群众之间、领导与群众之间的利益分化越来越大。在目前的基层政治制度框架内,普通老百姓常常因为制度有限而无法参与到公共事务决策的活动中,他们一旦对政府的政策不满,就常常以激烈的方式表达以排泄心中的不满与愤怒,如上暴力上访、抗议、游行示威等。因此缓解各种矛盾与冲突的重点就是要畅通利益表达的渠道。民主恳谈会给矛盾冲突的各方提供了一个人人都平等享有话语权的交流平台,有效地化解了村民与政府间、村民间的各种矛盾与冲突。对于政府而言,一方面可以全面了解村民的利益诉求,从而有针对性地采取相应的措施协调各方利益冲突,缓解个人利益和集体利益之间的矛盾;另一方面政府的各种决策行为都暴露在阳光下,避免了过去的"领导拍板""暗箱操作",从而增进了村民的理解和支持,获得了村民的信任。对于村民而言,平等的参与引导他们在多元利益冲突和分歧中,都能站在他人的立场上看问题,在相互尊重、相互理解基础上达成一致意见。同时,基于平等参与下的民主恳谈,使弱势群体的利益也会受到关注。由于是合理的程序安排,所以不存在多数人故意漠视少数人利益的现象,少数人同样能够进行有效的利益诉求,并能经过舆论传播,引起广泛的关注。由此我们可以看出协商民主下,各种声音都能平等的发出,各式问题都有机会获得解决,从而有效地缓解了各种社会矛盾和冲突。

(四)民主恳谈的制约因素

1. 基层社会经济发展状况

地方经济条件和社会富裕程度在构建和发展基层群众自治制度中起了很大的作用。经济的发展,各种利益关系也会随之变得错综复杂,人们在经济的契约关系中,独立性增强,利益要求增高,可以用行政权力来解决的问题,反而会带来反对和抗议。此外在市场经济条件下,特别是商人,他们的平等意识、权利意识也不断地被激发出来,因此,地方政府官员不得不寻找各种手段和方法去协调各方的利益冲突,为了安抚人们不断增长的维权意识,以维护自己的统治,同时也推动了基层民主的发展。我们可以很明显地感受到,在一些贫困地区的地方干部喜欢一手遮天,善于用权力垄断信息来获得好处,这些地方的村民自治发展的往往毫无起色,或者干脆被束之高阁。相反,在沿海地区,特别是浙江等经济条件好的乡镇干部更愿意放权,一方面因为他们有足够的经济条件,无需用权谋钱;另一方面,经济的富裕使得地方政府有充足的财力来组织大规模的村民会议,有大量的精力去落实村民自治。一定的经济实力为基层群众自治制度的建设提供了更为广阔的发展空间,只有具备了一定的物质基础,才能保证村(居)民有序政治参与的持续性,基层群众自治制度只有在不断的实践过程中,相关的法律、政策、制度才能得以不断的补充和完善。

2. 地方政府的创新动力

中国是一个高度集权制国家,政治权利在各种制度建设中发挥着重要的作用,许多改革和制度创新都是在政府的主导下进行的。一般而言政府的创新动力主要出自以下两个方面的考量:

(1)治理。治理是所有地方政府推动制度创新的核心动机,所有的政府创

第五章 协商民主视角下基层群众自治的完善与发展

新行为的动机和理由都是为了提高政府的执政能力。多年的地方治理实践表明,由于权力和资源的相互依赖,虽然地方政府依然是地方管理活动的中心,但是地方权力的行使方式已不再局限于政府,而是与各类行动者形成了相互制约的权力关系网,一些复杂的地方公共问题,已无法由公共机构单独解决,而必须依赖其他社会力量的合作。为了提高地方政府的效率,促进共同利益,这就要求在新形势下,地方政府必须担当起维护公共利益的重任,充分利用市场机制和公民社会,整合各类行动者和各种资源。具体来说要顺应民众民主意识发展的客观要求,缓解政府与人们之间的紧张关系,优化政府的执政环境,希望可以通过为群众提供参与公共事务管理和表达利益的渠道,赢得人们的政治支持。在经济发达的地区,一些民营企业和利益集团对影响他们经济生活的公共事务有着强烈的参与欲望,由于他们的税收占据了地方预算的绝大部分,因此政府迫于压力,便会想办法提供更多的参与渠道,满足他们的参与要求。另外,一些具有较高管理能力的官员充分认识到仅仅依靠行政手段去管制不仅仅无法很好地解决问题,反而会引起更大的冲突,因此需要建立一个更好的协调机制去调节整合冲突性利益。例如,1990年,浙江某乡镇领导不顾老百姓的普遍抗议和抵制,用强制性行政手段去废除某个旧市场,另辟新市场,结果却事与愿违,旧市场仍然正常运转,新市场无法发挥作用。但是这件事后,乡镇领导吸取了教训,应事先召开协商会议,征求老百姓的意见,这样就可以避免错误的决策。

(2)政绩。政绩也是政府推动制度创新的重要动力,尤其是在民主与创新作为中国当下重要的话语环境下,我国地方政府由原来的产品市场竞争、原材料争夺、人才竞争的基础上又增加了制度创新竞争。基层群众自治制度在改革和创新的过程中可以获得可观的政治效益,成为地方领导升迁的重要资本。例如台州温岭的地方领导就集中力量创新基层群众自治的形式,目标在于创造一个台州品牌:民主恳谈,写入十六大文件,2003年获得中国地方政府创新奖。相比之下,一些地方政府领导只是迫于上级部门的压力而推行民主恳谈,感觉也不会取得各方面的突破,因而缺乏动力,民主恳谈也就流于形式了。

当然我们也可以看到,一些地方政府缺乏制度创新的动力,其主要原因在于:任何一项制度的创新都需要消耗一定的成本,包括制度设计的成本,实施新政策安排的预期成本等,当过去做法仍然可行的情况下,愿意沿用旧的做法,认为没有必要再去投入人力、物力去安排新的制度。还有一个主要原因是,创新即意味着没有任何东西可供效仿,在没有任何经验可循的情况下,地方政府的制度创新行为必然存在着潜在的风险,一些领导干部由于身居要职,为了明哲保身,思想行为都很保守谨慎,认为在上级没做任何要求的情况下,自己进行制度创新就是自找麻烦,而且需要承担创新的风险,在这种"无过便是功"的思维模式下,地方政府更乐于平稳地度过自己的任用期。

3. 基层群众自治主体的公民精神

"公民精神是现代民主社会中的一个重要维度,简单地说就是指公民对公共事务所持有的一种承诺和信念。它体现为社会公共事务积极参与意识;体现为公民作为独立主体的自治精神;体现为协调主体间关系的宽容精神;体现为消除矛盾的妥协精神。"[①]现代民主制度的健康和稳定不仅依赖于基本制度的正义,而且依赖于民主制度下公民的素质和态度,需要有一定水准的公民品德和公共精神。基层群众自治制度是我国民主制度中惠及范围最广、最为重要的一个部分,它的发展更离不开公民精神的发扬,只有让我们社会中的每一个成员具备良好的公民精神,将公民精神注入基层治理的参与中去,才能真正实现我们自治的理想。公民精神中所包含的以下要素对中国基层群众自治制度建设有着深刻的影响:

(1)个体主体性。个体主体性是现代公民精神的灵魂。通过前文的论述我们得知,基层群众自治制度的建设离不开公民有序的政治参与,而公民只有具备主体意识,才会积极地参与到政治生活中去。在基层治理中,如果公民缺乏独立自主的精神,必将缺乏对政治参与的热情,任由官僚、精英摆布,基层群众自治最终只会流于形式,所谓民主也只是空谈。只有充分发挥个体的主体性,在参与意识得以充分表达的条件下,公民的政治参与才会受到尊重与重视,公民正当的个人利益才会得到充分的表达,基层群众自治才会真正落到实处。特别值得关注的是乡村地区尤其是偏远的山村,较之城市他们受到我国封建专制的禁锢和宗法观念的影响更为具体深刻,村民中普遍缺乏独立人格意识,表现为行为中无独立性、无主体性、无自我性的奴性人格,而这种人格特征又左右着人们的思想和行动,基层群众自治在这些地方的开展往往是举步维艰。

(2)权责意识。权责意识是现代公民精神的核心。民主社会条件下,公民的权利要得到充分的认可尊重,关键在于公民自身要有明确的权利意识。与

---

① 叶汝贤:《公民社会、公民精神和集体行动》,载《马克思主义与现实》2006年第3期。

第五章　协商民主视角下基层群众自治的完善与发展

此同时,由于民主政治是公众参与的政治,每个公民的政治行为都可能在彼此的互动中相互影响,因此公民在政治参与中需具备一定的责任意识。在基层治理中,如果公民的自治权受到忽视,政府随时可以替人民"作主",而人们由于权利意识淡薄,只知道奉命行事,忍气吞声,基层治理的权力完全移交给政府部门和政治精英,"权力导致腐败,绝对权力导致绝对腐败",①这样的基层政府容易滋生不正之风。又或者说在自治的过程中,人们都没有任何的责任意识,各行其是,只顾自己的利益而忽视公共利益,多元利益主体的非理性较量很容易触发基层社会的暴力冲突。只有确立公民的权责意识,公民的自治权才能得到充分的尊重和实现,公民只有以维护和促进公共利益的实现为己任,对自己的行为负责,基层群众自治才能充分有效的实现。

(3)规则意识。规则意识是现代公民精神的根本。民主政治是由一系列公认的民主规则维系的,没有规矩不成方圆,一旦规则被制度化,就必须执行。基层群众自治的主体是个非常庞大的群体,各个利益集团乃至每个人的利益诉求都要有表达的机会,这种情况下没有一定的规则,势必会造成混乱的局面,这样基层群众自治机制是无法有序运作的。基层群众自治制度的规则就是其运行的程序,包括立法程序、决策程序、选举程序、议事程序等,公民只有应用这些规则,才能确保基层群众自治工作有条不紊地开展以及基层群众自治制度的稳定发展。

四、未来方略:协商民主视角下基层群众自治的完善与发展

当前,我国基层群众自治制度建设已经取得了长足的发展,并在实践中创造了许多行之有效的民主样式,但同时也存在着一些问题和不足,我们在新的历史时期,以马克思主义民主政治理论为指导,借助协商民主理论,全力推进我国基层群众自治的完善和发展。

(一)协商民主视角下基层群众自治架构的完善

1. 实行协商式选举,提升民主选举的合法性

民主选举是公共权力合法性的来源之一,即选民将自己的权利委托给代理人参与政治的一种形式。然而目前的民主选举中民主选举的公正性一方面

---

① [英]阿克顿:《自由与权利》,商务印书馆2001年版,第342页。

受到乡村干部势力、家族宗教势力、财团势力以及社会黑恶势力的影响和操控,另一方面竞争性民主中,少数服从多数的原则在一定程度上有失公允,少数人仍作为自治的主体,他们的利益得不到保障,因此必须实行协商式的选举,以提升民主选举的合法性。

"协商式的选举就是平等、自由利益相关者掌握足够的信息,进行充分的参与,对自己的选举意见与其他人进行理性的交换,试图说服他人,或者转换自身偏好的一种选举形式。其核心是在持续的协商基础上达成共识。"[1]这种选举的意义不再只是大家举举手投投票,而是要求必须关注选举前期准备、选举过程以及选举之后的监督整个选举的过程,通过协商式选举确定的当选者可能不一定是全体选民都支持的,但绝对是每位选民最不反对的。从选举人的产生到当选者的确定和监督,乡村内部都须经历反复的协商。事先,相关部门要提供足够的信息包括职位信息、所有候选人信息等;在选举过程中,选民依据所掌握的信息,对每一位候选者展开深入的讨论,充分发挥理性沟通的力量,从而选出大家心目中最合适的人选。

2. 规范民主决策和管理的议事程序,提升公共决策的科学性

民主决策和管理要求凡涉及村(居)民切身利益的事项,必须由村(居)民集体讨论决定,而且在管理过程中也要充分发扬民主,认真听取、切实尊重村(居)民意见。目前,我国农村基本上都采取"一事一议"制度,凡涉及本村发展和公共利益的重大事务都召开村民代表大会进行专题讨论。但是在实际运作过程中,还是由领导干部或精英阶层操控居多,议事程序有失规范,随意性大,多数情况下决策都是由领导说了算,对于本地区日常事务的管理,公民的参与常常是不必要的。程序的规范性是民主协商决策合法性的根本保障,只有严格按照规范性程序进行操作,民主的公共决策才能取得合法性与科学性。

依照法律和实践的要求,基层群众自治中的民主决策管理的运行程序应该包括五个步骤:第一,民主提案。会议主办方要以户为单位发放《意见征询表》,征集议题,了解群众关心和急需解决的问题。有时也可由基层群众以一定比例的人数联名提出议案。第二,讨论形成初步方案。会议主办方将咨询的议题进行汇总,组织代表讨论,梳理出最迫切需要解决的议题,并制定初步实施方案,公开征求基层群众的意见。第三,讨论确定方案。通过各种议事平

---

[1] 戴均:《协商民主:村民自治可持续发展的政治诉求》,载《人文杂志》2009年第2期。

第五章　协商民主视角下基层群众自治的完善与发展

台,如听证咨询会、民主恳谈会、村民小组会议等各种自治组织或者社团的内部讨论等多种形式来修正完善方案。第四,协商表决。由基层群众代表会议对民主讨论、修改后的方案进行协商讨论,能够及时解决的拿出解决方案,短期内不能解决的要说明原因并承诺限期解决,然后召开基层群众会议进行公决。基层群众代表会议必须引入专家咨询制度,会议过程有书面记录并及时公开。第五,基层群众自治组织对方案进行实施,并及时反馈实施情况,接受监督。

3. 构建民主审议制,提升民主监督的有效性

民主监督是目前基层群众自治中最薄弱的环节,基层群众自治制度虽然赋予了公民监督基层政府工作和本居住区内的各项公共事务和公益事业的权利,但在现实的基层治理中,由于监督体系并不完善,并且缺乏相应的制度保障,民主监督很难落到实处。因此,必须构建民主审议制,将民主协商引入各项行政和立法行为中,提升民主监督的有效性。

民主审议制主要包括四种:第一,民主审议人事制度。即基层政府工作人员从事任免都要召开民主协商大会,进行民主决议,再提交人大表决。第二,民主审议基层政府财务预算制度。即年初召开民主协商会议对基层政府预算草案进行审议与质询,提出意见和建议,基层政府根据会议决定进行修改,审议通过后再提交人大表决。第三,政府考核的民主审议制。政府职能部门的相关负责人定期或不定期地向协商民主会议述职,接受代表质询与监督,群众评价低的部门必须整改。第四,民主审议政府立法制度。即政府机关制定规章制度必须经民主协商会议审议,草案经审议通过后方能颁布实施。

(二)协商民主视角下基层群众自治制度环境的营造

1. 建立以公民权利为本位的公共权力运行机制

公共权力指行为者(个人、群体或组织)在公共事务方面控制社会资源、从事社会活动,实现预期目标,影响相关行为者的能力。公共权力的主体公共权力本是公民的共同权力,但是在现实社会生活中,公共权力的形式不可能由全体公民来共同行使,只能由其代表(委托人)来行使。作为一种政治权力它是"权力"概念——影响他人的能力,在公共事务中的应用,表现为公共生活中的个体、群体或组织对公共事务的影响能力;其主体包括国际组织、国家权力机关(政府)、各社会团体,有组织或无组织的群体,以及处于政治体系中的个体;以政治强制性为后盾,通过各种制度化和非制度化的手段得以实施,其作用效

果取决于它的对象的服从的程度。在我国政治发展过程中,公共权力始终主导着整个社会的发展,在一定意义上,基层治理的过程也是基层公共权力运行的过程,基层群众自治制度的实现程度完全取决于基层公共权力运行机制的有效性。因此,我们必须将实现基层公共权力运行机制的有效运作作为基层群众自治制度完善的重要方向。

公民权利是一种被社会所认可的赋予个体公民可做或可不做的自由,包括依照宪法和法律所享有的各种经济、政治和社会权利。公民权利是基于人权作为一种抵抗政府和国家的力量而存在的,是国家政府权力合法性的基础。《独立宣言》以经典性的语言揭示了公民基本权利所防范的对象就是国家政府,政府权力的唯一正当性就是确保公民基本权利的实现。任何法律和制度都不能损害或妨害公民权利的行使,国家政府应充分重视公民权利的保障和实现,并在国家的制度层面得以体现。

基层公共权力的运行机制包括乡镇级政府权力运作和村级的村民自治组织权力运作。乡镇政府代表国家权力,是国家权威的体现;村民自治组织是公民政治参与权利得以实现的结果,是社会力量的体现。《村民委员会组织法》规定:"乡、民族乡、镇的人民政府对村民委员会给予指导、支持和帮助,但不得干预村民自治范围内的事务。村民委员会协助乡、民族乡、镇的人民政府开展工作。"乡镇政府与基层群众自治组织之间是指导与被指导的关系,一方面,乡镇政府要充分尊重村民的自治权,不得干预村民自治范围内的事务;另一方面,乡镇政府又在许多公共事务上,直接或间接控制着村委会。由于乡镇政府直接决定村委会的工作职责、任务目标和工资待遇,因而能够在一定程度上实现对村委会的控制。乡镇政府作为国家政权机关,在基层治理中享有国家赋予的强制性权力,拥有丰富的物质资源、政治资源、信息资源,是公共权力运行结构的中心;而由于村民呈原子状态的分布,具有极强的流动性,因此由村民组织起来的村委会、村民会议、村民代表大会等自治组织,尽管人员众多,但其组织性都较为松散,只能处于附属地位。

这种传统公共权力运行模式中,国家权力始终处于整个社会的支配地位,公民权利的构建和保障往往被忽视,国家权力和公民权利的博弈是失衡博弈。在公共权力运行过程中,国家权力和公民权利作为一个矛盾的统一体,既彼此对立、相互制衡,又相互统一、彼此协调。因此,为了保证民主社会发展的稳定性,就必须实现国家权力与公民权利之间的平衡,以公民权利的诉求为重心,建立起公民权利本位的权力运行机制。

第五章 协商民主视角下基层群众自治的完善与发展

第一,凸显公民作用,建立基层公共权力运行的平衡机制。基层群众自治制度确保了公民在基层公共权力运作中的主体作用,但在乡镇政府权力与自治组织权力现实博弈中,公民的主体作用未能得到充分的实现,而公民作用的失效直接导致了公共权力运行的非平衡状态,限制了公民权利的实现。对于基层政府而言,以科层制原则组建起来的乡镇政府,由于权力的过度集中和缺失相应的约束和制衡的权力,必将导致政府权力的习惯性扩张、异化,从而引起社会矛盾的加剧;对于基层自治组织而言又缺乏应有的独立性,只能作为乡镇政府的附属机构而存在。这种单向度的公共权力运行模式,完全忽略了公民的作用,有悖于基层政治发展的民主方向。在基层治理中,只有凸显公民的作用,才能确保公民权利的实现,只有在公民作用充分介入下基层自治组织才能形成与政府权力相抗衡的力量。协商民主高度重视公民的作用,并充分肯定了政治参与中的公民作用的价值意义——容纳受决策影响的每个公民才能真正赋予决策合法性。协商民主保护的是每个作为公民而不是作为具有相同利益和思想的人的权益,作为独立个体的公民,其作用和影响力都能在协商的过程中得以体现——在直接的交往和对话背景下,每个公民都有发言权,每个公民都可以在表达自身利益和倾听他人表达的协商过程中形成对公共决策的影响力。协商民主可以将分散的公民力量聚集起来,并由此形成一种合力,以制衡国家权力,因此,完善基层群众自治制度的方向之一就是将协商民主作为凸显公民作用、实现公民权利的一个重要维度,建立公共权力运行的平衡机制。

第二,发挥沟通的作用,建立基层公共权力运行的互动机制。从上述的分析中可以看出在基层治理中,政府与自治组织实际上是以一种命令与服从、控制与被控制的关系而存在,对公共事物的管理主要是政府通过基层党委对村委下达行政命令的方式实现的,政府与村民之间没有直接沟通的平台与渠道。这种情况下,公民的利益诉求得不到有效表达,政府的行为得不到有效监督,其决策常常会置公民的利益于不顾。这种单靠行政强制力的公共权力运作机制由于缺乏公民与政府之间的互动,公民权利得不到充分的实现,并且往往导致公民与政府间矛盾的加深,造成社会暴力冲突的增加,不利于社会的和谐稳定,因此我们必须发挥沟通作用,加强政府与公民间的互动。协商作为协商民主的核心概念,就是指一种面对面的沟通对话、交流讨论的方式,作为政治过程的参与者能够在互动的过程中建设性地交流意见,诚实地传递思想,真诚地倾听并理解他人,通过理性的沟通减少偏好的分歧,促进共识的达成。这种互动过程依靠的是理性的观点和说服而不是操控和压迫。协商民主将有利于促进公民与政府间的沟通,从而建立基层公共权力运行的互动机制。

2. 转变政府的角色职能

学者们将政府职能界定为根据社会需要,政府在国家和社会管理中承担的职能和功能。① 新中国建立以来,我国基层政府经历了从"代理型政权经营者"到"谋利型政权经营者",再到"服务型政权经营者"的演变。政府机构全面改革以来,群众、居民参政议政意识增强,服务行政作为一种核心价值观被注入乡镇政府职能设计和行政中。随着市场经济的发展和改革开放的深入,政府已经无法再像过去那样一味地用强制性的行政手段去控制基层社会,政府在基层治理中职能方式都应作出相应的调整。

(1)政府职能转变要以有限政府、有效政府为目标。相对于无限政府,有限政府职能、权利和规模都受到宪法和法律的限制,以公众的认可为前提,并公开接受社会监督和制约。政府职能的限度应该取决于市场和社会的需要,并主要集中于承担保持社会总需求与总供给的动态平衡、保证宏观经济稳定协调发展的职责;健全市场法规,建立市场规则,维护经济秩序;组织与实现公共产品的供给,调节社会分配,实现社会保障。② 有效政府是从政府行为模式的有效性来衡量的。作为一种行为模式的有效政府包括三个方面:明晰政府角色、增强政府能力、完善公共权力监督机制。③ 有效政府应具有很高的技术效率,即尽可能汲取更多的财力、人力和最先进的组织技术;有效政府应能充分利用先进组织技术和高级人才,使物尽其用,人尽其力,实现高效益回报;有效政府应以社会的需求为导向,提供高质量的公共服务,提高社会资源配置的效率;有效政府应有适当的制度激励机制。为了实现这一目标,就需要在厘清政府原有的职能体系基础上,消减、限制政府不应涉足的权利,并将这部分权力让渡给市场、企业和社会,同时加强一定的职能以切实弥补市场和社会的缺陷。在具体的实践中,要求政府必须强化社会协调、社会服务和监督的职能,弱化政治统治职能和微观管理职能,致力于基层社会的经济发展和社会发展的宏观调控上,保证社会经济平衡,促进社会公正和社会福利,积极维护地方

---

① 刘明君:《当代中国政治文明走向》,湖北人民出版社 2004 年版,第 396 页。
② 世界银行:《1997 年世界发展报告:变革世界中的政府》,中国财政经济出版社 1997 年版。
③ 吴开松:《论有效政府》,载《江汉论坛》2002 年第 1 期。

第五章　协商民主视角下基层群众自治的完善与发展

的安全。

(2)精兵简政,重组基层政府结构。机构臃肿、人员庞大必将导致政府权力的过度膨胀,并且由于缺少相应的监督和制约机制,政府的权力力量远远大于普通公民的权力力量。在政府权力与公民权利博弈的过程中,普通公民的权利力量根本无法与政府权力力量相抗衡,公民的基本权利和根本利益难以得到切实的保障,因此精简机构人员,重组政府结构一直是我们行政体制改革的重中之重。基层政府应该以维护公平、消除冲突、有效竞争、有利节约、减少官僚主义为原则,进行合并或整合。一方面要减少基层政府的层级,将没有实际功能和功能相似的部门进行重组;另一方面要简化行政审批的过程,精简不必要的审批程序,从而提高政府的行政效率。

(3)积极推动公民的政治参与,鼓励协商对话。长期以来,基层政府主要依靠强制性的行政手段和封闭式决策等途径来实现基层管理的目标,但在社会利益主体多元化的背景下,为了避免矛盾和冲突,基层政府必须要对这些不同主体间利益关系进行协调。因此基层政府应改变传统的治理方式,要以公共利益为导向,尽可能地把多方利益主体纳入到决策过程,保证公共政策的合法性和科学性。这就要求政府要积极推动公民的政治参与,鼓励对话协商,改变现有的利益表达机制,形成一个上下互动的公共事务管理模式。首先,政府需要在现有的制度框架内,为公民的政治参与创造更为丰富的样式,为公民的利益表达提供更为广阔的制度化空间,使公民在自身所处的环境中享有更自由、更充分的发言权;其次,政府要充分依靠与群众的协商交流来处理公共事务;最后,在制定决策和法规过程中,要与民众进行协商讨论,充分征求民意。

(4)加强基层群众自治的法制建设,实现基层群众自治的自我完善。在基层治理的过程中,由于利益关系的复杂性,每一项制度的建立或废止,都会牵扯到利益格局的重新调整,因此大家对某种制度的态度不可能完全一致的接受或认可,有支持的也有反对的。并且我国长期以来"强政府、弱社会"的国家社会关系使得任何制度的变迁都是在政府主导下完成的,协商民主在我国大部分地区都是在当地政府的推动下,以一种乡规民约的形式存在,缺乏法定的地位,协商民主在具体实施过程中具有很大的或然性和不确定性。政府主导作用下基层群众自治,其发展状况与领导人的态度和能力有着很大的关系,同时领导人的变换也会对其产生很大的影响。为了避免人走政息,限制政府在治理过程中的自由裁量权,必须加强基层群众自治的制度化建设,不断提高协商民主的制度化与规范化水平,实现基层群众自治的自我完善。第一,协商机构制度化:要建立专门的协商组织,并且以法律的形式界定其性质、权利和义务,确定其独立性,说明协商组织与其他自治组织间的关系,协商制度与现有的自治制度间关系,将协商民主纳入基层群众自治制度框架内。第二,协商议题制度化:界定议题提出的权利主体和议题接受的义务主体;规范协商议题的选择,明确哪些问题必须经由协商解决;规定议题产生和出题的时效。第三,参与代表制度化:规定参与协商的民意代表的条件、产生的方式以及结构。第四,协商程序制度化:规定协商的启动时间、议程安排,保证协商过程的每个环节都能按规范的步骤进行;规范主持人对协商意见的处理程序和模式,克服因主持人主观因素而造成的意见处理不当行为。第五,监督制度化。将基层群众民主协商的监督职能上升为制度,纳入基层人大系统,实现对基层自治组织的有效监督。

3. 大力发展和培育第三部门

第三部门是指介于政府与企业之间的社会组织,也称为非营利组织、非政府组织、民间组织等。第三部门实际上是一种民间社会性组织,是独立于政府之外的;第三部门是一种非营利性的组织,这就意味着组织的利润不能分配给所有者和管理者,而是要服务于组织的基本使命,这是与其他私营组织的最大差别所在。第三部门具有以下特点:一是组织性,它有负责人,有活动人员和组织机构,有规章制度和经常性活动;二是自治性,它独立于政府和企业,实行自主管理;三是自愿性,成员自愿加入组织,组织活动没有强制性。

在现代世界,随着市场经济的发展,社会领域逐渐从政治领域中分离出来,形成国家与社会二元结构,即意味着国家之外存在着一个独立于国家的公民社会。在地方公共管理中,行为主体已经由多层级的政府部门延伸至社会领域即公民社会。公共责任由过去政府独自承担演变成政府与其他非政府组织共同承担。"在某种意义上,公共行政问题已经跳出了公共机构的边界,现在,一种宽泛的第三部门正密切地进入公共事务的执行和管理中。"①一方面,市场经济条件下,社会事务呈现出多样性、复杂性、动态性的发展趋势,政府工作日益"超载",第三部门作为公民社会发展的产物,有利于减轻政府的负担,削减政府不必要的开支,限制政府权力的无限扩张,克服"统治失效"。另一方面,"在宏观协商中,公民社会发挥着一种支配性的作用。宏观理论家要求公

---

① L.Salamon,The Tools of Government,a Guide to New Governance,Oxford University Press,2002.p.38.

第五章　协商民主视角下基层群众自治的完善与发展

民社会中的各种行动者,如社会运动和赋权的公民都站出来,积极地参与公共话语。在宏观协商理论中,人们希望通过参与交往行动使公民社会发挥一种对抗国家的不受限制甚至是对立的作用。"[1]当前我国协商民主的方式比较单一,渠道也比较狭窄,主要只是集中在国家层面,即中国共产党领导的多党合作和政治协商,而第三部门的发展无疑是协商民主基层化的契机,"它能够将不同的社会群体和利益群体通过阶层、行业、信仰和其他社会特征组织起来,公民在组织中能够修正甚至放弃自己的狭隘目标而与其他派别达成某种妥协,相互宽容和相互理解,从而达到价值认同,形成良好的社会规范和秩序,从而发展人与人之间的互信、平等和合作。"[2]因此第三部门同时也是协商民主重要的社会平台。相关资料统计,我国农村各类社会组织约有200万个,主要包括各种公益组织、互助组织以及经济合作组织,如环境保护协会、老年协会、各类专业经济协会、庙会等,它们构成了农村社会中的一种重要力量,成为联系政府与群众的重要纽带。

(1)建立畅通的利益表达机制,拓宽第三部门协商民主的渠道和方式。参与渠道是基层自治得以实现的现实依托,而形式则是人们政治参与的具体表现,因此拓宽第三部门协商渠道和方式对于协商民主的发展和基层群众自治制度的完善有着重大的意义。首先健全第三部门组织类型,依据第三部门的政治素质和参政资源建立经济组织、政治组织、文化组织、社会公益事业组织等,门类齐全的第三部门组织可以为不同利益主体的诉求提供合法可控的表达渠道,公民可以根据自己的需要参加相关的组织来表达自己的利益诉求,行使自己的权利。其次,第三部门要充分利用现代科学技术,使政治参与的有效性能够高于公民个人参与的有效性。例如互联网,网络的发展打破了信息传递的时空界限,为社会组织提供了一个高效的协商平台,第三部门可以建立自己的网站,通过互联网收集代表自己阶层的意愿,经过整合再将这些意见反馈到相关政府部门,使决策者能够及时、快速地对这些利益诉求作出反应,这样可以大大提升协商的效率。

(2)割断第三部门与政府部门的利益关系,培育第三部门的独立性。尽管

---

[1] Carolyn M. Hendriks,"Intergrated Deliberation:Reconciling Civil Society's Dual Role in Deliberative Democracy",*Political Studies*,2006. vol.54, pp.486-508.

[2] 吴光芸,社会资本:《链接公民社会与协商民主的桥梁》,载《理论探讨》,2009年第3期。

理论上第三部门组织独立于政府之外,但由于我国正处于体制转轨时期,因此一部分的社会组织仍是在政府的扶持下创办的,尤其是一些商会和行业协会组织,因此这些社会组织必然和政府存在一定的利益关系,而这些利益关系正是当前我国社会组织所有问题的根源所在。我们应该割裂第三部门与政府的利益关系,停办一切以行政权力为背景的或者作为政府预算外收入来源的不规范的社会组织,真正实现第三部门的自主管理、自主决策、自主发展的管理体制和运行机制。

(3)加强第三部门的法制建设,保证第三部门的正常运作。第三部门法律制度的两个目标应当是,实现公民的结社自由,促进公益事业的发展。① 中国政府允许民间组织存在的时间并不长,政府缺乏管理上的经验,相关的法律制度也存在着许多缺陷和不足。先前出现的第三部门中,有很大一部分成员因为某种共同爱好和兴趣等在无意中自发组成的,并且在此过程中形成了一系列大家认可并遵循的活动规则,它并没有遵循有关的法律规定到有关部门登记,也没有任何系统的成文的规则和章程。由于法律制度的不完备和相关部门依法行政意识淡薄,这些第三部门随时面临着被清除而消失的危险。因此,第三部门的法制建设不仅关系到其本身的正常运作,也关系到公民政治参与的合法性、持续性和稳定性。我们应该精当具体地完善第三部门的立法,明确划分合法与违法的界限。规范第三部门的性质、地位、职能、分类、作用、权利与义务;规范第三部门组织的设立条件、审批程序、运行机制等;规范第三部门的组织行为,防止不正当的组织行为,维护服务对象的合法权益。加强第三部门的法制建设,依据法律对其进行规范、引导和监督,使第三部门的运行和管理走上法制化的轨道。

(三)协商民主视角下公民文化的建设

公民文化的培育是协商民主得以有效开展的根本要件。协商民主的要旨在于真正确立社会公正、平等,塑造全面发展的自由人。协商民主要求给予所有公民平等、自由的参与机会,因此需要公民确立主体意识,积极地参与到协商中来;协商民主要求参与者对自己的观点予以佐证,并在参与过程中调节和控制自身的欲望和行为,通过理性的探讨和说服最终达成分歧与共识的平衡,因此需要公民拥有一定的政治参与技能和相互理解、相互妥协的宽容精神。

---

① 吴锦良:《政府改革与第三部门发展》,中国社会科学出版社2001年版,第128页。

第五章　协商民主视角下基层群众自治的完善与发展

然而数千年君主专制的传统,以及长期以来自给自足的小农经济影响,形成了中国政治文化中根深蒂固的臣民意识、臣民文化。由此导致社会成员权力崇拜、特权等级观念盛行、上下级之间单向服从、理性自主精神缺失、公民意识严重匮乏,极大地阻碍了我国民主政治发展的进程。因此培育并形成现代公民意识,实现由臣民向公民的转型,是我们建设基层群众自治制度能否成功的关键。

1. 提升公民的民主意识和民主能力

民主政治的发展需要民主意识和民主能力的支撑。民主意识是指人们关于民主的思想、观点、知识和心理的总称,它是民主政治的一种能动反映,是广大人民当家作主的迫切愿望和自觉要求。民主意识的提升主要通过政治思想教育和宣传的手段来实现:一是将自由、公正、平等、人权、法制等现代民主的核心理念深深植入到公民的社会文化心理结构中,积淀为公民的民主心态和政治人格,并表现为自觉的政治行为。二是在思想意识上,对公民进行平等意识、参与意识、自主意识以及责任意识的教育和灌输,使他们清醒地意识到自己的公民身份,意识到自己已经摆脱了人身占有关系、人身依附关系,成为人格独立的政治权利主体;使他们明确地知道到政治参与是自己的权利也是自己的责任;使他们全面地了解自己参与国家政治生活和公共事务的内容,以及行使这些权利的途径,并且在行使自己权利的同时,懂得尊重他人的权利,不损害他人和社会的公共利益。民主能力是指人们在政治参与过程中运用民主知识和方法,按照一定的规则和程序参与国家和社会事务管理的能力。民主能力的提升主要通过经常性的政治参与来实现:一是认识层面上,培养出一定的政治敏锐性,对政治态势有洞察能力,对政治问题有分析能力,对政治观点具有鉴别能力。二是在实践层面上,要充分重视、珍惜公民政治参与的热情,鼓励公民积极地参政、议政和监督,并在不断的参与过程中,提升公民的民主能力。

2. 弘扬良好的公民美德

公民美德具有两层含义,一种是具有政治属性的公民所拥有的政治美德,即一个好的公民必定要行使公民权利、履行公民义务,积极参与国家政治事务。另一种是具有公共属性的公民所拥有的公共美德,即个体以公民身份出现于公共领域所展现出来的具有示范意义的社会美德,包括公共交往的美德,如尊重、宽容、礼貌、得体等公民风范;以及配合他人共同维护公共环境,追求公共利益,甚至牺牲个人利益求得妥协以实现公共利益最大化的美德。公民美德是公民独立自主、平等参与公共事务、努力实现公共利益的内在保障。因此弘扬良好的公民美德有助于公民在参与协商的过程中,能够自觉地形成一个理想的民主所必需的自主、宽容、理性精神。

3. 塑造理性化的价值观

基层群众自治建立在理性合作基础之上。民主协商过程依靠理性的观点和批判,而不是情绪化的利益表达。这就要求人们在调节利益纷争的时候,不要采取你死我活的"零和"方式,而是利益冲突的双方在承认、尊重彼此利益的前提下,相互理解,相互宽容,在少数服从多数的同时尊重少数人的权益,以协商的方式解决问题,化解矛盾,实现"双赢"。另外协商民主作为一种外来的民主范式,我们在移植的过程中,要克服激进主义心态,不能原封不动地照搬照抄,我们需要清醒地意识到协商民主栽培需要本土文化的滋养,协商民主发展的过程是一个因地制宜、循序渐进的过程。

我国基层群众自治的完善和发展有赖于各方力量的共同作用,而协商民主只是其中的一个重要维度。基层群众自治的完善很大程度上取决于公民高度地政治参与,因此如何实现公民有序的政治参与是我们首要考虑的问题,而协商民主的引入给我们提供了一个新的发展思路。尽管作为协商式治理模式,民主恳谈的初衷只是为了获得村民的认可和支持,但是随着其深入和发展,它所导致的基层治理样式的革新以及公民民主意识的强化却能够为基层群众自治的发展开辟出一条新路。这些具有协商民主特征的创造对于中国基层群众自治的完善具有重要的意义,对于促进公民政治参与,养成健康的公民文化等具有重要的意义。

但是当我们协商民主理论时,既要考虑其产生的历史背景和体制渊源,又要尊重我们自身的历史背景、文化传统、经济社会发展水平等因素。作为一种民主样式,协商民主并不是对选举民主的否定,选举民主是多元利益主义以自身利益为基础竞争公共权力的机制,而协商民主是立法和决策领域的治理形式,是权力行使过程中的民主。选举民主是前提和基础,没有完善和发达的选举民主,就不会有真正的协商民主,协商民主是对选举民主的补充。只有实现二者的共生发展,才能促进基层群众自治的完善。

第六章

新时期党内基层民主建设的探索与实践

一、党内基层民主的基本内涵、特征和功能

(一) 党内基层民主的基本内涵

什么是"党内基层民主",学术界存在各种说法而并没有明确的界定。而且对党内基层民主理论系统化的研究也寥寥无几,更多的是实践层面的探索,包括党内基层民主的制度、程序、载体以及实现的形式等。

1. 关于民主

民主一词源于希腊文"demos",意为人民。马克思主义将民主看成特定经济基础上保障公民权利的一种国家形式或国家形态,并毫不讳言地承认民主具有鲜明的阶级性、历史性和具体性。阶级立场是二者之间最根本的差别。以马克思主义为指导的中国共产党,其民主理论既具有马克思主义民主理论的一般内涵,又具有中国化特色。人民当家作主是中国共产党民主理论的核心内涵;完善人民代表大会制度、中国共产党领导的多党合作和政治协商制度、民族区域自治制度以及基层群众自治制度是党的民主理论的四大建设领域;建设社会主义的民主政治是党的民主理论建设的目标。①

作为研究和认识党的基层民主建设的基础,我们一般将民主定义为:"在特定的经济关系和利益关系基础上,保障公民权利得到平等实现的政治形式",从逻辑上讲,民主是民主理念、民主制度和民主行为的内在统一。② 中国特色社会主义民主与近代西方民主是有明显区别的,西方民主的核心是解决"权利"与"权力"的关系问题,而中国特色社会主义民主的核心问题是把人民

---

① 参见雒军:《改革开放以来党内基层民主建设及基本经验研究》,2009 年。
② 王浦劬:《政治学基础》,北京大学出版社 1995 年版,第 417 页。

组织起来,调动人民的积极性实现中国的解放、发展、富强。①

2. 关于党内民主

一般而言,党内民主是指在党内生活中,根据党章和党的其他有关规定,党员按照有关的民主程序和形式,对党的事务的参与、决定与管理,是广大党员民主意识、党内各项民主制度和党员领导干部民主作风与民主方法的有机统一,发展党内民主是党的生命。

党内民主是组织内部的民主,组织的功能是统一人们的行动以便高效率达到组织的目标。② 中国共产党作为组织同样为了组织目标的实现而统一党员的行动,调动党员的积极性,建立在全体党员基本权利的平等基础之上的党内民主就成了调动党员积极性的根本手段。由于中国共产党所处的历史地位,党内民主又超出了组织内部民主的范畴,以扩大党内民主带动人民民主是十七大确定的推进社会主义民主政治的基本思路,广大的基层党组织存在于社会各个领域,每个党员又有不同的社会身份,党内基层民主状况对基层的民主政治建设有着直接的影响,党内基层民主建设必然提上我党基层工作的重要日程。

3. 关于党内基层民主

中国共产党作为一个严密的政治组织实体,包括党的中央组织、地方组织和基层组织三层组织体系。所谓党的基层组织,根据党章规定,是指企业、农村、机关、学校、科研院所、街道社区、社会组织、人民解放军连队和其他基层单位的党组织,凡是有正式党员三人以上的,都应当成立党的基层组织"③,"是党在社会基层组织中的战斗堡垒,是党的全部工作和战斗力的基础"④。党的基层组织的基本任务党章也做了明确的规定。党内基层民主更加凸显党员的主体地位,以保障党员的民主权利为取向,增强基层党组织的合法性,以直接选举、参与决策、党务公开、监督考核、完善党代会等多种实现形式对党内民主制度和程序进行探索与实践,可以说党内基层民主是党内民主的基础性工程。党内基层民主属于党内民主的范畴,但党内基层民主又具有直接性、灵活性、

---

① 维基百科,http://zh.wikipedia.org/wiki 民主词条。
② [美]唐纳德·怀特,大卫·B.贝登纳:《组织行为学》,中国财政经济出版社 1989 年版,第 57 页。
③ 《中国共产党章程》第五章,党的基层组织,第二十九条。
④ 《中国共产党章程》第五章,党的基层组织,第三十一条。

第六章 新时期党内基层民主建设的探索与实践

多样性的特点,同时基层党组织面临的任务与中央、地方有所不同。

由以上分析我们可以给党内基层民主做这样的定义:党内基层民主就是在中国共产党党章规定的基层组织层面,基于党的基层组织的基本任务,围绕党员的民主权利而对基层组织所做的民主的制度规定和程序设计以及由此形成的党内基层民主生活。

(二)党内基层民主的基本特征[①]

1. 党员的主体性

党的基层组织是党的组织体系中的基础层级,也是党员参与党内事务、行使民主权利的基本单位,无论是基层选举、决策,还是监督、考核都需要党员的直接参与。同时基层党组织、党员与群众、社会组织又有着密切的联系,群众、社会组织的直接利益诉求也是要靠社会基层民主和党内基层民主来实现的,因此党内基层民主不仅关系着基层党员的政治权利,还关系着党员、群众、社会组织的直接利益的实现和生活需求的满足。而且随着社会阶层和利益的不断分化,对直接利益的诉求也逐渐多样化。利益直接相关性要求党内基层民主不仅要保障党员的民主权利,还要满足党员的多样性利益的诉求,调动党员的积极性和创造性。

2. 形式的多样性

党的基层组织数量庞大,分布在不同的地区、部门和行业,每个基层党组织所处的经济、政治、人文社会环境不尽相同,基层党组织的党员、干部的素质参差不齐,这样使党内基层民主的实现形式也灵活多样。十七大报告指出要"探索扩大党内基层民主的多种实现形式",基层党组织要根据组织的实际情况,探索适合自己的党内基层民主的多种实现形式。党内基层民主的探索与实践如火如荼地展开,党内直接选举从"两票制""三票制"到公推直选,甚至是海推直选,党务公开从丰富公开内容、灵活公开方式到公开制度的健全,从党代表的直选到党代表常任制的试行等,都表现出了党内基层民主实现形式的灵活多样性。

3. 实践的目的性

民主究竟是目的还是手段?从理论角度讲民主应该是目的性与手段性的

[①] 刘明君、李丹:《党内基层民主的创新路径与动力机制探讨》,载《中共福建省委党校学报》2010年第5期。

统一,马克思主义民主观也认为民主既是目的又是手段。① 邓小平在《改革的步子要加快》中指出:"调动积极性是最大的民主。"② 可见在实践当中民主侧重于手段,党内基层民主具有更强的实践性,对于党内基层民主来说更多的是手段。保障党员的民主权利、调动党员的积极性;整合党员、群众的利益,形成决策;党员民主素质的培养和操作经验的积累;巩固和发展保持共产党员先进性教育活动成果等都需要党内基层民主来实现。可见党内基层民主是一种工具性的民主,具有很强的目的性。

(三)党内基层民主的功能

1. 党内基层民主具有基层社会的整合功能

政党最基本的功能是利益表达和利益综合功能,作为执政党的中国共产党,不仅要整合党内的利益,还要整合群众、社会组织的多元化的利益,以此来有效地领导社会。社会基层包括基层政权、基层党组织、基层社区、民间组织等,如何更好地协调各方、实现党对基层的政治引导和社会的调控是党执政的首要问题。而党内基层民主的发展是党整合基层社会多样化的利益,协调基层社会各个方面的有效途径。

2. 党内基层民主具有党内民主制度的更新功能

党内民主通过民主的制度建设,能够形成一种促进新陈代谢的推动力量,形成一种自我更新机制。③ 党内基层民主是党内民主制度创新的源泉,是党内民主制度的生成路径,党内基层民主能够更直接实现党内民主的更新功能。

3. 党内基层民主具有对党员群众的教育功能

民主素质需要在民主的实践中才能提高,党内基层民主的推进,可以使党员、群众的民主意识、权利意识、民主实践得到提升和拓展。

4. 党内基层民主具有党内权力运行的监督功能

党内基层民主建设的推进,必然要求党内事务的公开化,透明度提高,党员通过对党的政策的了解,对权力运行的评估,对违反党规纪法、国家政策和

---

① 中央文献出版研究室:《毛泽东传(1949—1976)》,中央文献出版社 2003 年版,第 635 页。

② 《邓小平文选》(第三卷),人民出版社 1993 年版,第 242 页。

③ 高新民、邹庆国:《党内民主研究——兼谈民主执政》,青岛出版社 2007 年版,第 6 页。

第六章 新时期党内基层民主建设的探索与实践

法律行为的检举揭露,形成对党组织对党员领导干部和党员相互之间的监督制约,从而促进各级党组织维护中央权威,落实党的路线、方针、政策,用权为民、廉洁从政,体现出党内基层民主的有效监督功能。

5. 党内基层民主具有完善基层党组织服务体系的功能

民主是人们基于维护自己利益的需要而产生的政治诉求①,党内基层民主维护的是党员、群众的直接利益,这种直接利益与生活事务密不可分,党内基层民主的发展以服务党员、服务群众、服务基层为价值取向,有助于基层党组织服务体系的完善。

二、中国共产党党内基层民主建设的历史进程

中国共产党成立近90年来,党内基层民主的发展历史概括起来可以分为三个阶段,即三个30年:第一个30年是从1919年前后"南陈北李、相约建党"到1949年新中国成立前,党内基层民主的发展呈现出"放—收—放"的阶段性特征;第二个30年是从1949新中国成立到1978年"文革"结束,党内基层民主的发展可以概括为"两起两落",留下了宝贵教训;第三个30年是从1978年底十一届三中全会召开到2009年党的十七届四中全会召开,党内基层民主建设呈现出"建章立制,有序推进"的特征,开启了党的基层民主建设新阶段。

(一)初创试验时期

第一个30年(1919—1949),初创试验时期。党内基层民主呈现出"放—收—放"的阶段性特征。

1. 从党的创立到党的"八七会议"

第一个"放"是从各地成立共产主义小组到"八七会议"期间。由于中国共产党是依靠各地共产主义小组采取自下而上、融而为一的方式成立,受国际国内各种因素制约,在建党之初发展较为缓慢,从1921年7月中共一大到1925年1月中共四大,党员人数仅由50多人发展到994人,组织体系和组织制度尚未有效建立,是一个比较松散的党。党的中央领导机构与基层组织之间、党的领袖与党员之间、党员与党员之间没有明显的区别与界限。这一时期的党员,由于普遍受过西方民主思想的熏陶和"五四运动"启蒙,民主氛围比较浓

---

① 王长江:《关于民主的几点再认识》,载《理论动态》,2007年3月30日,第1738期。

厚,党的基层民主呈现出"放任"状态。国共第一次合作期间,党获得了空前的发展,由隐蔽性小党发展成为有全国影响的大党,到1927年五大时,党员猛然发展到57967人,基层组织空前活跃,加剧了党内民主的"放任"状态,以至于"四一二""七一五"反革命政变中,基层组织出现了思想混乱和组织涣散。

2. 从"八七会议"到"遵义会议"

"八七会议"以后,鉴于严峻的斗争形势并借鉴布尔什维克建党原则,党内民主进入了"收"的阶段,上级党组织对基层党组织的"命令主义"倾向不断强化,这种做法虽然有利于集中革命力量开展武装斗争,但却为"左"倾错误开辟了道路。"八七会议"以后,中央连续出现了三次"左"倾冒险主义错误,广大基层党组织也相继参与了"肃反"、肃清"AB团"运动,党内基层民主遭受重大破坏,各根据地和红军损失惨重,被迫开始"长征"。

3. 从"遵义会议"到党的"七大"

红军长征到达遵义之后,中共中央召开了政治局扩大会议,研究了一系列重大议题,并且将中央讨论的意见油印发到支部去讨论,形成了一系列正确决议,通过基层党组织的普遍参与,扩大了党内基层民主,也调动了基层党员和红军指战员的积极性。遵义会议以后形成的以毛泽东为核心的新的中央领导集体,认真汲取"左"倾思想教训,注重发展党内民主,特别是涉及全党全军的重大问题十分重视向基层组织征求意见,实行官兵平等、军民平等、把支部建到连上,形成了一系列发展党内基层民主的好做法。全面抗战开始以后,党的基层组织很快得到了发展和壮大,党员从1937年的4万人猛增至1940年的80万人。为适应党的建设新形势需要,从1941年起,全党开展了历时四年的"整风运动",统一了全党思想,并创造了一种适合中国国情和党情的开展对党员思想教育的新形式新方法:"团结—批评—团结",这是党内基层民主建设规范化、制度化的起点。七大以后,全党实现了思想上、政治上和组织上的空前团结和统一,七大制定的新党章,第一次用"在民主基础上的集中和在集中领导下的民主"来概括党的民主集中制;第一次规定了党员的各项权利和义务,谱写了党内基层民主的新篇章。

(二)曲折探索时期

第二个30年(1949—1978),曲折探索时期。

1. 1949—1962年

1956年9月,中国共产党召开了八大,明确提出"必须在党的各级组织中

第六章 新时期党内基层民主建设的探索与实践

无例外地'扩大党内民主'"。邓小平会上所作《关于修改党的章程的报告》中明确指出,"使党内民主得到重大的发展",持续"促进党内民主的高涨。"①八大在探索和发展党内民主方面,就健全民主集中制、实行党务公开、建立党代会常任制、实施严格有效的党内监督、实行党的领导职务任期制、保护和扩大党员民主权利等重大事项作出了非常及时而重要的决定。党对实行党内民主以及推动党内基层民主建设的认识达到了一个前所未有的高度。

但很快由于 1957 年反右扩大化和 1959 年庐山会议"反右倾"斗争,错误地把彭德怀等同志打成"反党集团",打乱了党内民主继续前进的步伐,党内基层民主很快就遭遇了挫折。②

2. 1962—1978 年

1962 年 1 月 11 日,在京召开了扩大中央工作会议,即"七千人大会"。会上总结历史经验教训,尤其是 1958 年以来"大跃进"运动及人民公社化运动的失败教训,上下统一认识,加强民主和法制,切实做好国民经济工作。会议充分发扬了党内民主,开展了批评和自我批评,强调要恢复实事求是以及要走群众路线的优良作风。毛泽东在会上做了自我批评并系统阐述了民主集中制的原则,强调不能书记"个人独断""个人说了算"。邓小平也提出了关于发扬党内民主,克服少数人或个人独断专横现象的措施,强调对党的各级领导人必须实行监督。大会还强调了"不抓辫子、不打棍子、不扣帽子"的"三不主义"。中央各部委、各大区、省委的负责同志都进行了自我批评并听取了地、县同志的批评意见。会议前后还为"反右倾"中被错判的大多数同志进行甄别平反。"七千人大会"形成了浓厚的党内民主风气和"又有集中又有民主,又有纪律,又有自由,又有统一意志,又有个人心情舒畅、生动活泼,那样一种政治局面"。先后制定了"人民公社管理 60 条""工业 70 条"等条例,党内基层民主随之出现新的气象。

不过,由于当时党在指导思想上已经形成了"左"的路线,党的主要领导人对当时的国内矛盾作了不恰当的估计,将干部与群众之间的人民内部矛盾上升为尖锐的阶级矛盾,从而主张自上而下地广泛发动群众,以革命的方式加以解决。直至"文化大革命",导致党内出现更为严重的集权专制。党内民主随

---

① 参见《邓小平文选》(第 1 卷),人民出版社 1994 年版。
② 参见许耀桐:《新中国 60 年来中国共产党党内民主的发展》,http://www.chinareform.org.cn/gov/governance/Forward/201102/t20110224_61088.htm。

之跌入谷底,党内基层民主遭到严重破坏。

党内基层民主的探索实践留下了宝贵的历史教训,如基层民主的发展与经济基础政治管理体制密切相关,不改变高度集权的管理体制,基层民主的发展空间就会受到限制。民主必须充分实现和保障公民权利,没有经济发展和民生改善的民主动力是不可持续的。党内基层民主的发展是民主制度的根基,依靠政治运动和政治激情来维持的"大民主"破坏有余,建设不足。

(三)健全发展时期[①]

第三个30年(1978—2009),健全发展时期。在这30年间,党内基层民主建设出现了建章立制、有序推进、健全发展的局面。

1. 邓小平时期

1978年中国共产党十一届三中全会开启了党自身的民主化、现代化的进程。1981年党的十一届六中全会通过了《关于建国以来党的若干历史问题的决议》,对建国32年来中国共产党的历史进行了科学的分析和正确的总结,进一步指明了中国社会主义事业和党的工作继续前进的方向。[②] 1987年党的十三大报告,首次提出要"切实加强党的制度建设";1992年党的十四大报告继续指出,"要进一步发扬党内民主,加强制度建设"。

2. 江泽民时期

1994年党的十四届四中全会所作《关于加强党的建设几个重大问题的决定》,提出了"新的历史时期,党的建设是新的伟大的工程","进行党的领导制度改革,完善党规党法,实现党内生活民主化、制度化"。2001年十五届六中全会作出《中共中央关于加强和改进党的作风建设的决定》,集中解决党的思想作风、学风、工作作风、领导作风和干部生活作风方面的突出问题。2002年党的十六大报告第一次明确提出"党内民主是党的生命",确立了党内民主至高无上的战略地位。2002年制定的《党政领导干部选拔任用工作条例》,强调党政干部选拔任用的民主性。

[①] 本书写作于2011年、2012年,故最新文献未纳入。

[②] 参见百度百科《关于建国以来党的若干历史问题的决议》,http://baike.baidu.com/view/665575.html? wtp=tt。

第六章　新时期党内基层民主建设的探索与实践

3. 胡锦涛时期

2004年党的十六届四中全会通过了《关于加强党的执政能力建设的决定》，指出党的执政能力有五个方面，在党的五个执政能力中，包含"发展社会主义民主政治的能力"，逐步扩大基层党组织领导班子的直接选举。2004年颁发的《中国共产党党内监督条例（试行）》进一步明确地规范了党内的民主监督，加大了监督的力度。2006年颁发的《中国共产党党员权利保障条例》完整地赋予党员的党内生活民主权利。2006年下发的《党政领导干部职务任期暂行规定》《党政领导干部交流工作规定》《党政领导干部任职回避暂行规定》等文件，健全了对干部的民主管理。2007年党的十七大报告中提出了尊重党员的主体地位的理念和实行决策权、执行权、监督权相互制约的权力监督体制。2008年制定了《中国共产党全国代表大会和地方各级代表大会代表任期制暂行条例》，为充分发挥各级党代表大会代表的作用指明了方向。2009年7月印发了《关于实行党政领导干部问责的暂行规定》，规定了党政领导干部受到问责的主要内容。2009年党的十七届四中全会通过了《中共中央关于加强和改进新形势下党的建设若干重大问题的决定》，提出"以改革创新的精神推进党的建设新的伟大工程"，并就怎样推进党内民主，提出要"以保障党员民主权利为根本，以加强党内基层民主建设为基础，切实推进党内民主"，要"完善党代表大会制度和党内选举制度，完善党内民主决策机制"。中央的一系列举措，循序渐进，一步一个脚印，卓有成效地加强了党的自身建设，同时也为党内基层民主建设注入无穷活力，提供了强大动力，党内基层民主建设，出现了前所未有的崭新局面。基层党组织在实践中创造出民主选举、民主决策、民主监督的一系列经验和做法，党中央给予高度重视，及时总结提升，上升为国家法律和党内基层民主建设的制度和规范，并把坚持党的领导、人民当家作主、严格依法办事三者有机统一起来，形成党员和人民群众有序的政治参与机制，全面推进了党内基层民主建设。

三、新时期党内基层民主建设的新要求

经过30年的改革与发展，中国在经济建设、政治建设、文化建设和社会建设诸领域都取得了非凡的成就，但是，随着经济全球化趋势和市场化改革的逐步深入，国际地缘政治的沧海桑田，多元利益格局的逐步形成，社会矛盾、社会分化逐步显现，我们党的民主建设遇到了前所未有的挑战。适应国内外形势

的新变化,顺应各族人民过上更好生活的新期望,明确新时期党内基层民主建设的新要求,是我们把握基层民主建设特点规律,更好地推进党的基层民主政治建设的前提。

(一)处于国际复杂局势的敏感期,党内基层民主建设的政治原则要求更强

当今世界,国际社会不稳定、不确定因素增多,我国发展的外部条件复杂多变。政治上,霸权主义和强权政治依然存在,单极和多极斗争仍然尖锐,西方敌对势力加紧对我国实行西化、分化战略,境内外敌对势力颠覆、渗透活动十分严重,发达国家在经济科技上占优势的压力长期存在。经济上,世界经济增长放缓,金融市场出现动荡,南北差距拉大,全球经济失衡加剧,世界经济形势更为严峻复杂。文化上,西方国家推销自己的意识形态、社会制度、发展模式,竭力促动"颜色革命"①,千方百计对我国进行思想文化渗透,散布各种版本的"中国威胁论"。这就要求我们在基层民主建设时有更开阔的世界眼光和更高的政治识别能力。在指导思想上,要坚持中国特色社会主义理论为指导,全面贯彻落实科学发展观;在信念上要坚定不移地坚持走中国特色的社会主义道路,巩固和发展中国特色社会主义制度;在价值判断上要更加自觉地坚持和巩固中国共产党的领导,始终坚持党内基层民主建设的正确方向。

(二)处于经济发展的黄金期,党内基层民主建设的组织动员任务更重

经济发展的黄金期是指中国正处在"五化"的加速、深入发展时期。它们之间相互需求拉动,相互供给支撑,成为中国高速、全面发展的五大动力,创造了巨大的发展空间和市场空间。②

一是工业化加速发展。2001年以来,第二产业(主要是工业)进入新的高增长周期,从主要工业产品产量来看,中国已经超过了美国。中国工业制成品有210种居世界第一,成为工业产品生产第一大国。制造业总收入,中国

---

① 吕东升:《中国特色社会主义的发展观——关于科学发展观的学习报告》,新华网湖北频道,2009年4月。
② 胡鞍钢:《关于"十二五"规划相关访谈》,载《北京周报》,2010年11月4日。

第六章　新时期党内基层民主建设的探索与实践

2008 年超过美国,居世界第一位;按制造业增加值,中国是第二大国,有可能在 2013 年之后超过美国;①在工业增加值比较方面,中国与美国的相对差距由 1980 年的 10.33 倍缩小为 2007 年的 1.93 倍。到 2015 年,有可能接近美国。

二是信息化加速发展。20 世纪 90 年代初期,中国迅速引进了互联网、移动电话等信息技术,开放国内制造业和服务业市场,鼓励市场竞争,刺激私人消费和政府基础设施的投资,在使用信息技术方面再次"后来者居上",成为科技舞台上的"新兴"科技国家,正在向世界创新型国家进军。

三是新型城镇化加速发展。中国正在经历世界上速度最快、规模最大的城镇化过程。② 城镇化伴随着大规模的人口迁移,包括农民向城市流动、迁移和农业劳动力向非农转移,这是中国经济增长的强大推动力。2000 年以来,全国新增加了 1 亿多城镇人口,城镇人口比重从 36.2% 提高到 2008 年的 45.7%,城镇化率年均提高 1.2%。

四是市场化深入发展。中国的市场化率已经达到 96.8%。

五是国际化深入发展。加入 WTO 后,中国对外开放取得重大进展,形成了全方位、多层次、宽领域的对外开放格局,成为中国"全面进入对外开放时代"的重要标志。

党的十七大,为我们确定了 2020 年全面建成小康社会的奋斗目标。党的基层民主建设必须与实现党和国家的奋斗目标紧密结合。以党内基层民主建设服务和推动经济社会发展,组织动员广大党员,带领亿万人民群众共同实现发展目标。今天的发展,是经济建设、政治建设、文化建设、社会建设的全方位发展。党的基层民主建设,要着眼于调动一切积极因素,组织动员带领人民群众坚定信心,埋头苦干,致力于增强发展协调性和可持续性,实现经济又好又快发展;致力于扩大社会主义民主,保障人民权益和社会公平正义;致力于加强文化建设,明显提高民族文明素质;致力于加快发展社会事业,全面改善人民生活;致力于加快发展社会事业,全面改善人民生活;致力于建设生态文明,基本形成节约能源和保护环境的产业结构、增长方式、消费模式。由此可见,党的基层民主建设的组织动员任务比过去任何时期都重。

---

① 《中国如何追赶超越美国》,载《瞭望》新闻周刊 2011 年 1 月 4 日。
② 胡鞍钢、鄢一龙:《中国:走向 2015》,浙江人民出版社 2010 年版。

（三）处于社会矛盾的凸显期，党内基层民主建设的调控引导责任更大

一是改革攻坚期（广义改革）。从改革主体上看，我们确定了改革是一个调整既得利益的过程，过去改革的推动者由于从某项改革中获益，成为既得利益群体，可能会蜕化为下一步改革的阻碍者；从改革进程上看，经过30多年的改革，好改的都改了，今后的改革要在综合配套、协调推进上做文章，牵一发而动全身，因此改革可能会越改越难，已进入"深水区"，尤其是后危机时期中国与西方大国之间的贸易摩擦、汇率斗争将呈常态。

二是重要转型期。我国人均GDP已接近4000美元，已经进入中等收入水平阶段。根据国际经验，人均GDP从3000美元到10000美元之间是一个国家的重要转型期。转型期如同快速行驶中的火车转轨一样，巨大的惯性与阻力叠加在一起，不可避免地会产生一些振动和震荡。如果转型成功则进入现代经济发展方式，保持经济持续增长；如果不能成功转型，则可能进入"中等收入陷阱"，经济潜在增长力难以实现并持续低迷。

三是矛盾凸显期。我国已经进入中等收入水平阶段和现代化建设的新阶段，这一时期既是转型阵痛期也是矛盾凸显期。我国发展中不平衡、不协调、不可持续问题仍然突出，主要是经济增长的资源环境约束强化、投资和消费关系失调、收入分配差距较大、科技创新能力不强、产业结构不合理、农业基础仍然薄弱、城乡区域发展不协调、就业总量压力和结构性矛盾并存、社会矛盾明显增多、制约科学发展的体制机制阻碍仍然较多。成为中国社会面临的严峻挑战。

党的基层组织，责无旁贷地承担着调控引导、维护社会稳定的繁重任务。既要推进现代化建设又要保持政治稳定；既要注重效率，又要兼顾公平；既要参与全球化，学习借鉴先进的科技管理经验，又要防范分化、西化的图谋；既要大力推进经济转型，转变发展方式，又要防止加剧干群之间、劳资之间、城乡之间的矛盾。这无疑是党的基层民主建设中必须回答的重大课题和历史责任，必须有效调控引导社情民意，及时妥善化解各类社会矛盾，保证党的领导、人民当家作主与依法治国的有机统一，保证我国社会的长治久安。

（四）处于党的建设的创新期，党内基层民主建设服务群众的要求更高

当前，我们党自身的历史地位已经实现三大转变，一是由革命党向执政党

第六章 新时期党内基层民主建设的探索与实践

转变;二是由封闭的计划经济条件下领导经济建设转变;三是由1921年只有50多名党员的新党到建党90周年拥有7000万党员的老党、大党转变。现在我们党已成立90周年,执政62年,基层党组织达35000多个,党的自身建设任务比过去任何时候都繁重(编者注:本书写作于2011年)。党的十七大创造性提出以改革创新精神全面推进党的建设的新的伟大工程,明确提出,必须把党的执政能力建设和先进性建设作为主线,坚持党要管党、从严治党。贯彻为民、务实、清廉的要求,以坚定理想信念为重点加强思想建设,以造就高素质党员、干部队伍为重点加强组织建设,以保持党同人民群众的血肉联系为重点加强作风建设,以健全民主集中制为重点加强制度建设,以完善惩治和预防腐败体系建设为重点加强反腐倡廉建设,使党始终成为立党为公、执政为民、求真务实、改革创新、艰苦奋斗、清正廉洁、富有活力、团结和谐的马克思主义执政党。[①] 党的建设又跨入一个新时期,我们称之为创新期。党的基层组织作为党的创新的伟大工程的基础工程,得到高度重视和全面加强,以基层民主建设为主要内容的创新成果丰富多彩,坚持用中国特色社会主义理论体系武装全体党员,科学发展观的学习教育深入人心,扩大党内民主,推进党务公开,党员的民主权利得到有效保障;加强作风建设,密切联系群众,推进反腐倡廉有了新的局面。同时,我们党也清醒地看到,基层民主建设如何更有效地推进党员联系和服务群众还存在差距,对党员联系和服务群众提出了更高要求,明确提出要着重维护群众的合法权益,听取和反映群众意见,帮助群众解决实际困难,虚心向群众学习,做好群众的思想政治工作。以此进一步密切党群关系,巩固党执政的群众基础,促进社会主义和谐社会建设。不仅丰富了党的基层民主建设的内容,也为党内基层民主带动和促进人民民主指明了方向。

四、宜昌市党内基层民主建设的探索和实践

湖北省宜昌市辖13个县市区,87个乡镇、20个城市街道,1366个村、227个社区。截至2010年底,全市基层党组织11195个,其中党委513个、党总支

[①] 胡锦涛:《中共中央关于加强和改进新形势下党的建设若干重大问题的决定》,人民出版社2009年版。

1117个、党支部9565个,全市党员234458名。① 近年来,宜昌市按照党中央"以改革创新精神全面推进党的建设新的伟大工程"的要求,在尊重党员主体地位,保障党员民主权利,推进党务公开,改革党内选举制度,探索扩大党内基层民主多种形式等方面做了大量有益探索,政治文明建设取得了突破性进展。

(一)基层直选全面推开

1. 较早地在乡村选举中全面推行"两推一选"

借鉴村"两推"(党员、群众推荐。召开党员大会选举)经验,2004年起,全市乡镇党政班子换届实行"两推一选(召开党代表大会选举)"。2006年7月,市委组织部在龙泉镇开展了乡镇党委换届"直选"试点。② 2008年8月,湖北省村"两委"班子换届选举"一票制"试点工作在宜昌市秭归县茅坪镇建东村进行,经过两轮投票、一票直选,村民委员会4个职位平均得票率达94.7%,村党总支4个职位平均得票率达99%,此次选举取得了圆满成功。"两推一选"让广大群众多数人说了算,强化了乡村干部的竞争意识和宗旨观念。

2. 在社区不断探索完善"三推一选"办法

2004年,宜昌市在主城区123个社区居委会和党支部换届选举中,推行"三推一选",即社区"两委"班子候选人由社区居民、社区党员、社区单位推荐,再由社区居民和社区党员直接差额选举产生。之后在社区换届中不断完善。2007年,宜昌市伍家岗区有32个社区居民参选率达92.9%,其中有690名外来务工人员。新的社区居委会成员结构发生了很大变化,社区单位代表、新建小区业主代表、企事业单位退休干部及其他社区志愿者182人,占委员总数的71.7%。

3. 探索实行党代表直选

结合常任制试点,宜昌市辖的宜都市规范党代表五步直选(报名、推选、公示、审查、直选)办法,2006年该市党代表人数为249名,比上届增加36名。降低领导干部代表结构比例,控制在50%左右(上届占65%)。在党代表选举中,市委书记在陆城办事处机关党总支与另外3名普通党员同台发表演讲,公

---

① 《宜昌市2010年度党的基层组织建设情况汇报》,中共宜昌市委,2011年2月28日。

② 《夷陵区龙泉镇党委换届"直选"和党代会常任制试点工作情况汇报》,中共夷陵区委组织部,2007年1月23日。

第六章　新时期党内基层民主建设的探索与实践

平竞选。

4. 探索实行机关党组织负责人直选

2005年宜都市委全面实行市直机关党组织班子"直选",被党员群众选上的机关党组织成员自然享受副科级干部待遇。全市57个市直机关新当选的书记31名、副书记19名、委员126名;原班子成员落选的58名,其中书记21名,副书记9名。有5名过去的普通党员入选。此举给机关党建注入了活力。①

(二)党务公开全面推行

2006年以来,宜昌市委统一部署并从自身做起,下发了《关于全面开展党务公开工作的意见》和《宜昌市委党务公开实施细则》,按照一把手负总责、专门机构推进、专职人员实施、专项经费保障的模式。各级党组织全面推行了党务公开。

1. 合理界定公开内容

在全面公开党建基本情况、市委基本工作制度以及市委各部门常规工作的基础上,将市委重大决策、重要部署、重要干部任免、党组织和党员评先表彰等群众切实关心的问题列为公开的重点内容。对党员群众普遍关心的热点问题,只要不违反保密规定,坚持最大限度地公开。在农村基层,还应群众要求实行点题公开,将新农村政策落实到户情况、村干部待遇执行标准、村级重点项目开支情况等利用公开栏进行公开。汶川地震发生以后,基层党组织及时公布党员交纳"特殊党费"情况,保护和激发了党员热情,全市交纳特殊党费的人数比例全省第一。

2. 不断丰富公开形式

适宜在党内公开的,通过党内会议、文件、简报、机关局域网等多种形式,及时向党组织和党员通报。对适宜向社会公开的,采取固定公开栏、互联网、广播电视、党报党刊、新闻发布会等形式,扩大公开内容的覆盖面与影响力。宜昌市重点在"三峡党建网"、"三峡宜昌网"、《三峡日报》、宜昌三峡电视台设置专栏,并确定专人管理维护更新,定时发布信息,及时收集反馈意见,与党员群众密切互动。同时,市委还建立了党务公开新闻发言人制度,坚持每季度召开一次新闻发布会,就市委工作的热点问题向社会发布。

---

① 参见中共宜昌市委组织部:《宜昌市党内基层民主建设情况》,2008年11月。

3. 严格规范公开程序

在《党务公开实施细则》中,明确规定了公开内容的提出、审核、公开、反馈等环节,重要公开事项由市委和各部门主要负责同志亲自签发对外公布,初步形成了"部门提出拟公开事项——部门党委(组)书记初审——报市委党务公开工作办公室——办公室提出公开方案并按程序报审——将审核后内容公开——收集整理意见建议——将处理情况二次公开"的"七步工作流程"。

4. 准确把握公开时限

实行常规性工作定期公开,阶段性工作及时公开,临时性工作随时公开。市党务公开办公室建立了信息快速收集发布机制,对各部门上报内容与时限作出了明确规定。

(三)议事恳谈会制度全面建立

1. 在乡村推行议事恳谈会制度

议事恳谈会是由乡村党组织、政府(村委会)组织,乡村干部、党员、村民代表以及自愿参加的农民群众组成的"圆桌恳谈"式会议制度,[①]其主要任务是学习政策法规、评议乡村工作和干部作风、议论政务村务、反映征求意见、交换思想,达到沟通干群关系、促进乡村事务科学管理的目的。议事恳谈会原则上每季度召开一次,由乡镇党委、政府和村党支部、村委会主持,参会对象具有开放性,除根据议题邀请部分参会人员外,愿意参加的群众都可参加。有的县市总结了"五步议事法",即公开征集议题、形成备选方案、提前发布公告、一事一议一决、督促落实兑现[②]。目前,全市共召开乡镇级议事恳谈会203次,村级议事恳谈会3378次,群众共提出各类问题15746个,化解各类矛盾2252起。

2. 在社区实行议事协商制度

伍家岗区制定了《社区共建协商议事规则》《社区一事一议办法》,采取"说事、议事、评事、行事"四步工作法,共同商讨"社会性、群众性、社区性、公益性"事项。西陵区实施"两制一评"制度(即社区"两委"班子面向居民代表年度述职制度、重大事项重大决策召开议事恳谈会制度、年度工作居民测评制度),把社区

[①] 刘明君:《和谐视野下基层民主样式的创新》,载《民主政治与和谐发展》,人民出版社2010年11月版。

[②] 《宜都市基层党组织领导班子成员民主选举暂行办法》,中共宜都市委,2008年8月18日。

第六章　新时期党内基层民主建设的探索与实践

重大事项决策权、社区工作评议权交给居民,激发了社区居民主人翁意识。

3. 在企业坚持职代会制度

凡关系企业发展及职工切身利益的重大改革方案,都坚持召开职代会。党组织通过源头参与企业经营方针、工资奖金改革、下岗分流再就业方案的制定,做到参与酝酿有调查,参与制订有思路,提出修改有建议,参与监督有依据,奠定了坚实的群众基础。如宜化集团职工代表在职代会上提出了企业在追究决策失误责任上存在管理漏洞的问题后,企业领导班子迅速作出反应,制定了企业决策失误责任追究制度。

(四)组织制度不断创新

1. 深化县乡两级党代表大会常任制试点工作

宜都市党代表大会常任制试点工作主要实行党代表直选和委员推选、党代表常任、党代表年会、党代表评议和重大事项决策票决等五项制度,并重点围绕发挥党代表在闭会期间参与决策、联系群众、带头示范、民主监督等作用进行了探索。2006 年,在夷陵区龙泉镇启动了乡镇党代会常任制试点工作。建立了党代表大会年会制度、党代表活动制度、党代表联系制度、党代表述职评议制度、党代表视察工作制度,以及党代表议案、质询回复制度等六项制度。① 经过几年的试点,有效创新党委工作机制,发挥了代表作用。

2. 深入开展民主评议领导人员工作

在乡村、企业和社区坚持民主评议干部制度。在国有企业开展职代会民主评议企业领导人员工作。西陵区学院街规定,凡社区居民两次评议不满意率超过 1/3 的,可以举行社区居民代表大会对社区干部实施罢免。

3. 在机关事业单位广泛开展行风评议活动

各单位聘请义务监督员广泛开展自查自纠。市监察局定期聘请特邀监察员参与行政监察事务。今年,远安县让群众评说领导,组织人大代表、政协委员、乡镇和企业群众代表,对县直部门 65 名主要负责人进行民主评议。县委县政府根据民主评议结果,对 1 人实行免职,对 3 人实行诫勉。

---

① 《夷陵区龙泉镇党委换届"直选"和党代会常任制试点工作情况汇报》,中共夷陵区委组织部,2009 年 5 月中组部"两推直选",试点工作座谈发言材料。

五、宜昌市党内基层民主建设的启示和存在的不足[①]

宜昌市加强党内基层民主建设的成功实践,给了我们研究党内基层民主的创新与发展极为深刻的启示。

(一)宜昌市党内基层民主建设的启示

1. 党内基层民主建设发展与创新必须制定明确目标

制定党内基层民主建设的总体目标,一要充分吸取我们党的建设经验教训,二要善于借鉴国外执政党推进党内基层民主实践经验,三要围绕我们党的建设和党内民主建设的总目标来定位,并体现出党内基层民主自身的内在规律和特点,从而引导党内基层民主建设发展与创新。

第一,尊重主体地位,落实和保障广大党员的民主权利。要改变长期以来形成的党的领导机关和领导干部是党内民主的主体,广大普通党员处于被动参与的现状,确保所有党员在党内政治生活中当家作主,广大普通党员的主体地位得到充分尊重,民主热情得到激发,民主意识得到明显增强,以知情权、参与权、选举权、监督权为核心的民主权利得到有效保障。

第二,完善民主制度,提高党内基层民主科学化水平。实现党内基层民主制度化、规范化、程序化,是党内基层民主走向成熟的关键和标志。要通过对党内基层民主的探索,进行理性分析,科学实践,逐步建立起工作程序规范、权力分配合理、功能健全、监督有效的党内基层民主制度体系和工作体系,保障党内基层民主健康、科学、有序发展。

第三,增强创新活力,促进党内中高层民主发展。发展党内民主,重心在基层,基础在基层,活力源泉也在基层。邓小平在《改革的步子要加快》中指出:"调动积极性是最大的民主。"[②]要通过党内基层民主实践,让一切有利于增强党的创造力、凝聚力、战斗力的创新理念得到尊重、创新举措得到鼓励、创新才能得到发挥、创新成果得到肯定,使改革创新成为广大党员自觉行动,广泛凝聚全党的智慧和力量,最大限度地激发全党的创新活力,进而拓展党内基

[①] 刘明君、李丹:《党内基层民主的创新路径与动力机制探讨》,载《中共福建省委党校学报》2010年第5期。

[②] 《邓小平文选》(第3卷),人民出版社,1994年版,第242~252页,第336~338页。

第六章　新时期党内基层民主建设的探索与实践

层民主建设的空间,为党内中高层民主的发展积累经验,提供参考和借鉴,促进党内民主的深化和发展。

第四,带动基层人民民主,保证两者良性互动。党内基层民主和基层人民民主共同构成了我国基层民主政治的有机整体,二者相互依存、互动共进。目前,在部分领域和一些地方,党内基层民主滞后于基层人民民主,因此要加大党内基层民主的推进力度,以党内基层民主带动基层人民民主,发挥党内基层民主对基层人民民主建设的示范作用、带动作用和保障作用,保证两者的良性互动。

2. 党内基层民主建设发展与创新必须坚持基本原则

推进党内基层民主建设事关保持和发展党的先进性,事关党的事业兴旺发达。需要宏观考虑,整体把握、缜密谋划,分步实施,在发展创新中应当注意把握以下基本原则。

第一,坚持中国特色社会主义理论体系为指导,在坚持正确方向的前提下,推进党内基层民主建设。推进党内基层民主建设,必须坚持用中国特色社会主义理论体系武装头脑、指导实践、推动工作。中国特色社会主义理论体系,凝结了几代中国共产党人带领人民不懈探索实践的智慧和心血,是马克思主义中国化的最新成果,是党最可宝贵的政治和精神财富,是各族人民团结奋斗的共同思想基础。在新的历史条件下发展党内基层民主,没有成熟的经验可循,在探索前进的道路上不可能一帆风顺,只有始终坚持中国特色社会主义理论体系指导,党内基层民主发展创新才能始终保持正确的政治方向,健康地向前发展。

第二,坚持以党的执政能力建设和先进性建设为主线,在紧密结合党的先进性建设的基础上,积极推进党内基层民主建设。党的执政能力建设是党执政后的一项根本建设,关系党的建设和中国特色社会主义事业全局。保持和发展党的先进性是马克思主义政党的永恒课题。党的十七大报告指出,必须把党的执政能力建设和先进性建设作为主线,全面推进党的建设新的伟大工程。党内基层民主建设与党的先进性建设是紧密联系的有机整体。发展党内基层民主,是党的先进性建设的题中之义;保持和发展党的先进性,离不开党内基层民主建设。因此发展党内基层民主必须紧紧围绕党的执政能力建设和先进性建设这条主线进行,朝着保持和发展党的先进性这个目标不断前进。

第三,坚持以尊重党员的主体地位和维护党的集中统一为着眼点,在团结和谐氛围中,积极推进党内基层民主建设。党的十七大明确指出"要尊重党员主体地位,保障党员民主权利"。同时也指出"全党同志要坚决维护党的集中统一,自觉遵守党的政治纪律,始终同中央保持一致,坚决维护中央的权威,切实遵守纪律,始终同中央保持一致,坚决维护中央的权威,切实保证政令畅通。"①这就是要求我们在党内基层民主建设中,正确处理民主与集中,自由和纪律的关系。党内民主从本质上讲,就是全体党员在党内当家作主的政治权利和政治制度。因此,党员主体地位的实现程度是衡量党内民主发展程度的重要标尺,必须把尊重党员主体地位,保障党员民主权利摆在突出位置。维护党的团结统一,是民主集中制的一条基本原则,也是一条重要的党内纪律。推进党内民主建设,必须坚持民主集中制原则,既要发扬党内基层民主,使各级党组织和广大党员的意愿充分表达,防止个人专断,又要加强在民主基础上的集中,统一思想认识,保持步调一致,坚决维护中央权威,切实保证政令畅通,防止极端民主化倾向。

第四,坚持以求真务实的作风和改革创新精神为根本动力,积极探索,循序渐进,推进党内基层民主建设。党内基层民主建设是一项长期艰苦复杂的系统工程。发展党内民主,不可能一蹴而就,必须正确面对前进中的矛盾和问题,既要积极推进,又要循序渐进。我们要大力弘扬改革创新精神,自觉适应广大党员民主意识普遍增强,了解和参与党内事务的愿望日益迫切的新情况,加快党内基层民主建设进程;又要从实际出发,坚持实事求是,自觉适应生产关系的发展水平,稳步推进,绝不脱离实际,急于求成。党中央提出的发展党内基层民主的一系列新措施,为发展党内基层民主提供了新的思路。实践永无止境,创新永无止境。我们要按照党中央的部署,以求真务实的工作作风和改革创新的时代精神,坚持从基层做起,从基础做起,大胆探索、积累经验,有组织、有步骤、有计划、有秩序地扎实推进党内基层民主建设。

3. 党内基层民主建设发展与创新必须抓住工作重点

第一,丰富民主形式。党员当家作主是党内基层民主的本质要求。实现这个本质要求,要积极探索党内基层民主的多种实现形式。党员大会、党员代表大会,是党内基层民主的基本组织形式。在实践中要按照发挥党员主体作用、符合中国国情党情、借鉴世界政治文明优秀成果的基本要求,进一步完善民主恳谈、党务公开、社会公示、党员听证、党员评议等党内基层民主形式。特别是要利用网络沟通快速、同步、直接、互动、廉价、跨区域等特点,丰富党内基层民主形式,使党员的政治参与更加直接、平等、便捷。

---

① 胡锦涛:《高举中国特色社会主义伟大旗帜,为夺取全面建设小康社会新胜利而奋斗》,人民出版社2007年版。

第六章　新时期党内基层民主建设的探索与实践

第二，拓宽民主渠道。衡量党内基层民主水平的一个重要标志就是党内民主参与度，只有拓宽民主渠道，才能提高党员对党内事务参与度。拓宽民主渠道，要着重拓宽参与渠道、监督渠道、信息渠道。拓宽参与渠道，要善于利用现代信息手段，依托基层党组织，特别是非公企业党组织、社区党组织、行业党组织，通过开展党员主体实践活动，建立必备的参与阵地，搭建稳固的参与平台，提供常设的参与载体。拓宽监督渠道，要发挥人大监督、司法监督、群众监督、舆论监督的各方面的监督作用，有效整合监督力量，形成监督合力。拓宽信息渠道，既要疏通党内上情下传的渠道，增强党员对党内事务的了解、知情和参与，又要疏通下情上达的渠道，保证广大党员和基层党组织的意见和诉求能够及时、准确反映到上级党组织。通过拓宽民主渠道，既充分发挥基层党组织和党员领导干部政策引导、指导服务、沟通协商、保证监督的作用，又能激励党员、凝聚党员，使党员真正投入到党内主体生活中来并发挥主体作用。

第三，健全民主制度。制度建设是发展党内基层民主的关键。其核心是党员的民主权利和基层党组织领导权力之间的关系如何达到相对平衡，使党员真正能够在党内作为党的事业的主人参与党内事务，对基层党组织的权力能够控制和监督。发展党内基层民主，要从完善党内基层民主的机制入手，坚持用制度化的方法解决问题，用制度权威代替领导权威，建立健全充分反映党员和基层党组织意愿的、体现发展党内基层民主各项要求的、贯穿于发展党内基层民主各个环节的制度体系和行之有效的工作机制。对党内基层民主建设中出现的有价值、规律性的东西，要注重从理论上去总结，从制度上去完善，帮助基层总结提高，逐步形成指导性的政策原则。

4. 党内基层民主建设发展与创新必须注重激发内在动力

第一，提高基层党组织对党内基层民主实践的积极性和创造性。上级党组织要统一部署、明确目标、布置任务、加强监督，提高基层党组织对党内基层民主的总体认识，增强自上而下的压力，鼓励基层党组织实践创新的积极性。要加强对基层党组织的引导，鼓励基层领导干部切实通过党内基层民主方式处理党内事务，尤其是党员群众比较关心的热点、难点问题，增强基层党组织将内外的压力转化为实践的动力。要营造基层党组织争做党内基层民主建设示范者的氛围。每个基层党组织面临的实际情况各不相同，在保持党内基层民主建设目标一致性的同时，允许其实现形式的多样性，并且通过激励措施增强基层党组织创新的动力。要提高党员的民主意识、主体意识、以党员的权利为核心释放党内基层民主建设的主体力量,培育和发展民主的内动力。[①]

第二,建立推进党内基层民主建设的考核机制。建立基层党组织推进党内基层民主建设的目标考核体系,制定考核的标准,落实民主实践创新的责任,提高党内基层民主建设的质量。完善党内基层民主制度运作过程中的监督考核,监督党内基层民主制度的宣传、动员、实施和反馈的各个环节,真正将考核落到实处,激发基层党组织实践和创新党内基层民主制度的积极性和创造性。将党内基层民主建设的成果纳入基层领导干部的测评考核体系,对政绩平平、没有开拓创新精神的干部进行激励、督促,甚至是罢免,调动基层领导干部创新的积极性。

第三,完善对基层党组织推进党内基层建设实践创新的奖励和激励制度。对取得优秀成果的基层党组织和党员、干部进行必要的奖励,在资金、政策上给予更多的支持。设立"党内基层民主学术成果奖""实践创新奖""卓越贡献奖"等相关奖项,通过发放奖金、颁发证书等奖励措施挖掘基层党组织实践创新的动力。

第四,健全党内基层民主建设的保障性制度。为基层党组织的实践创新提供源源不断的动力保障。上级党组织应成立党内基层民主建设的相关领导小组,为基层党组织的实践创新提供指导和支持,监督考核实践创新的过程和成果。建立成本预算和资金配备机制,保障党内基层民主实践创新的资金来源,可以从专项资金、党费以及成立相关的基金会募集社会资金来拓宽党内基层民主建设的资金来源。完善专家咨询制度,为党内基层民主实践的各个环节提供政策咨询,降低实践创新过程中的风险,及时根据反馈来进一步优化制度,从而进一步提升基层党组织实践创新的积极性,增强创新的动力。

(二)党内基层民主发展过程中存在的不足之处

民主永远处于尚待改进的状态,而改进的过程是永远不会完成的。[②] 近年来宜昌市在党内基层民主的探索中所取得的成效是明显的,然而,在发展党内基层民主过程中,我们发现仍然存在一些不容忽视的问题,按照十七届四中全会的精神来衡量,目前基层党建领域与新形势的要求还有一定差距。

---

① 朱彦姝:《民主的内动力与党内基层民主的可持续发展》,载《新长征》2008 年第 4 期。

② [美]科恩:《论民主》,聂崇信、朱秀贤译,商务印书馆 2005 年版。

第六章 新时期党内基层民主建设的探索与实践

1. 部分党员民主素养与基层党内民主实践的要求还有一定的差距。

一是民主观念不够强。部分党员参与民主意识不够强烈,缺乏参与党内事务的主动性,问卷调查显示在问及"影响党员参与民主议事决策的主要原因"时,除了缺乏有效参与渠道外,有24%的"党员参与意愿不强"。

二是民主主体意识缺失。由于长期以来强调党员义务多、奉献多,强调党员权利少。部分党员更注重党组织的主导作用,潜意识中认为党组织才是党的"主体"。不少党员反映所受到的教育是"服从党组织的安排,党叫干啥就干啥",否则就是没有跟党组织保持一致。从而,不少普通基层党员未能真正意识到自己的主体地位,凡事靠组织,党员民主身份感不强。

三是民主权利意识淡漠。有的基层党组织的负责人反映,在党内生活经常出现"弃权"现象。部分党员对自己的民主权利认识模糊,部分做专业技术的党员不关心党内事务、党务工作,缺乏对党的工作纪律与规则的了解,对自己的民主权利更无从认识。

四是民主能力弱化。不少基层党组织干部反映有部分党员不知道如何正确行使自己的民主权利,有了意见不知道该如何去表达,缺乏参与议事决策的能力。

2. 党内民主的实现程度与基层群众的民主愿望还有一定差距

一是当前党员的主体地位落实得还不够,党员的知情权、参与权、表达权和监督权还落实得不够好,党内民主的步伐在地域与地域之间差距明显,有些地区还比较滞后。比如,少数党组织的决策听取党员群众的意见不够充分,党务公开工作不够及时、不够深入,党员对党内事务的参与、监督还比较有限,党内民主选举的范围还有待于拓展、办法也有待于进一步规范,等等。

二是党内民主制度的实体性规范多,可操作的程序性规范少。如基层党组织在选举实践中遇到的一系列操作性问题,是《党章》和《基层组织选举工作暂行条例》等有关党规党法没有涉及的。又如,《中国共产党基层工作条例》和《村民委员会组织法》对于党支部如何体现领导核心作用,村委会如何依法行使村务管理权都有相关规定,在实际工作中如何正确认识和处理二者的关系,一些规定尚缺乏可操作性,有待进一步健全和完善。

3. 党员教育管理的理念、方式方法与新形势新任务的要求还有一定差距

一是流动党员教育管理机制有待进一步完善。目前对流动党员管理力度加大、成效不小,但并未从根本上解决问题。少数流动党员即使领取了《活动证》,到了流入地也不主动亮明身份。反映出对流动党员的教育管理还缺乏一

套与现代社会管理格局相适应的、对流动党员有吸引力的管理体系。需要在严格管理的同时按照以人为本的理念增添新举措。

二是农村和"两新"组织党员发展工作面临新的问题。农村党员年龄结构老化，后继乏人，年轻人对党组织的向心力减弱，入党积极性不高。"两新"组织党员力量比较薄弱。

三是党员的教育管理方式滞后。一些地方党员教育管理的观念不新、手段方式与市场经济、信息时代、和谐社会的要求还不完全适应，缺乏吸引力。

4. 党内基层民主建设保障与其重要地位和作用不相适应

当前，广大基层党组织承担着党建工作繁重的任务，但是，在对基层民主建设工作力量和经费保障方面，缺乏稳定的投入保障机制。中央对新农村建设的投入巨大，但目前农村、社区和新经济组织民主建设中还存在人员相对不足，工作经费和活动经费缺乏固定来源的问题。一些山区村除了村干部有转移支付工资外，村级组织没有活动经费。

第七章
改革开放以来我国乡村民主政治发展的困境与对策

一、改革开放以来我国乡村民主政治发展的历程及成就

"民主作为一种政治制度,在实际的社会历史里面,始终是由一些人倡议并建立起来的,并且不可能在其初期就以完善的形式出现,而只能是逐渐地成熟起来"。① 回顾乡村民主政治发展的历程,我们发现,乡村民主政治的发展不是一蹴而就的,是一个乡村民主政治制度的建立和不断完善的过程,又是一个由人民群众不断探索和实践民主的过程。学者赫尔德指出:"民主思想的历史是奇特的,而民主实践的历史则是令人困惑的。"② 乡村民主政治发展也是如此,是在特定的社会环境中进行的,社会环境影响着乡村民主政治制度的效果。从《宪法》中关于农村基层群众自治组织的提法到村民委员会组织法的产生和修订,从村委会的萌生到实现全国范围内的村民自治,乡村民主政治发展的每一步都离不开党的正确领导,都是由当时的社会环境和历史条件决定的。改革开放以来,我国建立了以村民自治制度为核心的乡村民主政治制度,村民自治的民主实践赋予了广大人民群众民主的权利,推动了国家民主的发展。通过回顾乡村民主的发展历程和主要成就,对于当前社会主义民主建设具有重要意义。

(一)改革开放以来我国乡村民主政治发展的历程

1. 乡村民主政治的萌生阶段

20世纪70年代末,以家庭承包责任制的经济体制改革推动了农村经济

---

① 韩水法:《民主的概念》,载《天津社会科学》2007年第5期。
② [英]赫尔德:《民主的模式》,燕继荣译,中央编译出版社1998年版,第1页。

的发展,增强了农村公民的民主观念。农民群众的政治参与意识增强,他们开始通过报纸、电视等媒介向政府来表达自己的利益诉求,期望参与到治理与自身相关的事物。在农村生产力得到发展的同时,旧的人民公社的政治管理体制已经不能够适应经济体制改革的需要,人民公社体制的瓦解也带来了新的农村社会问题。当时出现了"农村一部分社队基层组织涣散,甚至陷于瘫痪、半瘫痪状态,致使许多事情无人负责,不良现象在滋生蔓延"的问题。① 面对农村社会秩序和公共事务的管理混乱,在中国共产党的正确领导下,废除了人民公社体制,在乡镇一级的行政单位建立了人民政府。

乡一级人民政府的建立缓解了国家对农村社会的管理压力,但是如何解决农村新的治理模式仍是一个问题。乡村社会的政治危机唤醒了农村公民的自主意识,他们自发地建立起自治组织,自己管理自己的事务,乡村民主政治开始萌生。我国第一个农村村民自治组织建立在广西壮族自治区宜山县的合寨村,该村通过召开村民大会,选举出了村委会主任和委员,全村成员通过共同签名的方式制定村公约。合寨村的民主实践有效地改善了该村的社会治安情况,解决了村内的矛盾和难题,得到了群众的支持。与此同时,合寨村周边的村子也开始效仿这种村民自治方式,"截至 1982 年 4 月,广西宜山和罗城两县就有 675 个村庄相继建立起了村民委员会"。② 广西的做法引起了中央的关注,中央在广西宜山县做了大量的调查研究后,充分肯定了这一做法。1982年中共中央下发的第 36 号文件中,要求在全国各地建立村民委员会的试点工作。村民自治在得到中央的肯定和鼓励后,开始以燎原之势在全国范围内的广大农村中展开,在山东、河北、湖南、四川、江西等地都迅速建立起来了农村基层自治组织。

乡村民主政治的萌生得益于三个方面的条件,第一是国家的经济体制改革,经济体制改革是乡村民主政治萌生的催化剂;第二是人民公社的瓦解,旧的管理体制适应不了新的经济发展要求,人民公社完结是乡村民主政治萌生的助推剂;第三是党的正确领导,在农村社会政治结构变革的关键时刻,中国共产党抓住了历史的机遇,正确做出了决策,引导全国农村群众走上了乡村民主之路。

---

① 中共中央文献研究室编:《三中全会以来重要文献选编》,人民出版社 1982 年版,第 1061 页。

② 刘丹:《乡村民主之路》,湖南人民出版社 2001 年版,第 60 页。

第七章　改革开放以来我国乡村民主政治发展的困境与对策

2. 乡村民主政治的制度化探索阶段

乡村民主的萌生引起了国家的重视和认可，并且迅速在全国范围内建立起了农村自治组织。如何调整新的乡村民主实践，加强制度建设和程序化设计，使之能够更有助于国家治理农村的事务，我国的乡村民主政治发展进入了制度化和程序化阶段。

1982年通过的宪法对村民委员会做出了规定，将村民委员会定性为基层群众性自治组织，规定了村委会的主要机构和基本职能。通过宪法的形式肯定村民委员会的法律地位，将乡村民主发展纳入了制度化建设的轨道当中，对于乡村民主政治发展产生了重要的意义。1985年，民政部在经过对各地村委会建设的调查研究的基础上，做出了《村民委员会组织条例》的初稿，经过修订，在全国各地征求意见后，上报国务院。1987年11月，全国人大常委会第23次会议审议通过了《村民委员会组织法》。该法的颁布试行，标志着乡村民主法律地位的确立。《村民委员会组织法》坚持了宪法关于农村群众自治规定的性质和方向，规定了农村村民委员会的性质、地位、职能、产生的程序等内容，确立了群众自治、直接民主和由民做主等几项基本原则。但是，这部法律中有很多内容是原则性的，随着村民自治的广泛深入，这部法律开始暴露出了问题。例如在村民选举过程中，由于缺少对选举程序的具体内容的规定，在现实的选举过程中就会出现矛盾和异议。1998年11月，九届全国人大代表大会五次会议审议通过了《中华人民共和国村民委员会组织法》，再次确认了村民自治的法律地位。新的《村民委员会组织法》补充和完善了旧法，通过一系列规范化的程序完善了村民自治制度。新的村委会组织法颁布实施，是针对乡村民主政治发展中出现的新问题和新矛盾而提出的，并且有效地缓解了矛盾和冲突，为乡村民主政治发展进入制度深化和实践深化奠定了基础。

3. 制度和实践进一步深化阶段

村民委员会组织法修改后，乡村民主政治发展进入制度和实践进一步深化的阶段，主要表现在三个方面：乡村民主制度建设不断规范，乡村民主政治自治机制不断创新和多样化，党和国家更加重视农村公民的民主权利。

村民委员会组织法修改后，乡村民主制度建设不断规范。在中央政府的支持和鼓励下，地方政府开始制定村民选举的法律法规和实施细则，全国有24个省制定了《村委会选举办法》，形成了"由实体法（即《中华人民共和国村民委员会组织法》）和程序法（各省制定的《实施中华人民共和国村委会组织法办法》《村民委员会选举办法》)共同构成一个完整、配套的法律系统"。① 地方政府农村选举制度的建立和完善,提高了我国乡村民主制度建设的规范性。随着乡村民主政治发展的深入,乡村民主政治参与机制也不断创新和多样化。如村民代表会议,在村民中"海选"候选人,在选举中采用"组合竞选制",组建村民参政议政小组等政治参与模式,热心的农民群众通过发挥自己的创造力和进取精神,不断地去创新乡村民主政治参与机制。乡村民主政治发展的深化还表现在党和国家更加重视农村公民的民主权利,党的十六大报告提出了要保障人民群众的民主选举、民主决策、民主管理和民主监督的权利。事实证明,中央政府和地方政府在实际的选举、决策、管理和监督活动中,都十分重视广大农村公民的民主权利,为乡村民主政治发展提供了良好的政治环境。

(二)乡村民主政治发展过程中的主要成就

改革开放以来,我国的乡村民主政治实践取得了重要的进步,主要体现在:乡村民主政治的法律制度体系基本确立,全国广大农村普遍建立了村民自治组织,建立健全了村级规章制度;乡村民主政治建设的内容逐步充实,推动了基层民主政治建设和农村社会的全面进步;激发了农民群众的创造性,乡村民主政治的参与形式不断丰富,推动了国家民主的进程。

1. 乡村民主政治的法律制度体系基本确立

"为了保障人民民主,必须加强法制。必须使民主制度化、法律化,使这种制度和法律不因领导人的改变而改变,不因领导人的看法和注意力的改变而改变"。② 乡村民主政治的健康发展离不开民主的制度化和法制化,国家建立了一套完备的乡村民主政治法律制度体系来引导乡村民主政治的发展。

1982 年,全国人大审议通过的宪法中提到了在农村设立的村民委员会是基层群众自治组织,规定了村委会的性质、机构设置等方面的内容,赋予了村民委员会法律地位。1987 年,全国人大常委会第 23 次会议审议通过了《村民委员会组织法》,更加明确规定了村民委员会的性质、地位、组织架构和程序等内容。1998 年,九届全国人大代表大会五次会议审议通过了《中华人民共和国村民委员会组织法》,为推进乡村民主政治的发展提供了更加完善的法律保障。目前为止,全国大部分省、自治区和直辖市都制定了村委会组织实施办法

---

① 王在水:《程序与民主》,中国社会出版社 2004 年版,第 210 页。
② 《邓小平文选》(第二卷),人民出版社 1994 年版,第 146 页。

第七章 改革开放以来我国乡村民主政治发展的困境与对策

和村委会选举办法等地方性法律法规,形成了与中央相结合的乡村民主法律体系。党的十六大以来,中共中央、国务院、民政部等部门多次下发文件,对农村村民委员会的选举过程、村级事务的决策和村务的公开、村委会的管理问题、村民议事制度、农村基层的廉政建设等问题做出了调整,结合实践过程中遇到的问题,展开与之相关的法律制度建设,已经在广大农村地区建立了村民委员会由村民选举产生、村级事务由村民会议或村民代表大会决策、在村庄制定村规村约实现自我管理、建立财务审计、村务公开的监督机制等制度。这一系列法律制度体系的确立,将乡村民主政治发展纳入了法制化的轨道。

2. 乡村民主政治建设的内容逐步充实

随着城镇化的推进和农村税费体制的改革,农村的土地征收问题、村集体经济的债权债务、新型农村合作医疗服务、农业的四项补贴、农村最低生活保障、农村福利性和公益事业等问题都成了广大农村群众关注的新问题。中共中央在2004年下发的《中共中央办公厅关于健全和完善村务公开和民主管理制度的意见》中将这些问题及时纳入到了农村基层民主决策、民主管理和民主监督的范围中。2005年,党的十六届五中全会提出了建设社会主义新农村的重大战略任务,在新农村的建设过程中,我国许多地区在处理农村村庄的公共事业发展和村庄的规划等问题时,采用村民会议或村民代表大会的形式进行民主决策,及时有效地解决了新农村建设中出现的问题。随着改革开放的进一步深入,国家加强了对农村的惠农政策,在许多的惠农政策中,有许多政策是直接进入村民当中的,将与村民自身利益相关的村级事务、地方政府的各项政策和集体的资金项目、农村的集体经济的处理情况等问题以村务公开的形式展示给农村群众。这些实践丰富了乡村民主政治建设的内容,由此可以看出,乡村民主政治建设的内容随着社会生活和社会环境的变化而不断地发展和充实起来,体现在人民群众关心的是什么,我国的乡村民主政治建设的内容延伸到哪里。

3. 乡村民主政治的参与机制不断丰富

中国乡村民主政治的发展,离不开村民自治的制度化、规范化和程序化,也离不开农民群众的创造性。乡村民主的发展历程也是广大农民群众发挥聪明才智,不断创新乡村民主政治参与机制的过程。

村民自治章程和村规村约的创新。村民自治章程是:"村民自我管理、自我教育、自我服务的综合性规章,也是目前我国农村委员会中层次最高,结构最完善的规章"。①《中华人民共和国村委会组织法》的颁布实施,为全国各地的村民自治实践提供了指导,各省市根据本省、本地区的具体情况,结合《中华人民共和国村委会组织法》的相关原则和精神,建立了各自的村民自治章程和村规村约。最有代表性的村民自治章程是"埠西村民自治章程"。② 我国的江西、黑龙江、吉林、四川、湖北的一些村庄的村民自治章程,都沿用了"埠西村民自治章程"的形式。村民自治章程的创新是我国乡村民主制度化的重要标志,有助于乡村民主政治实践的深化。

乡村民主选举机制的创新。随着乡村民主政治发展的深入,乡村民主政治参与机制也不断创新和多样化,如村民代表会议,在村民中"海选"候选人,在选举中采用"组合竞选制",在选举过程中的"两票制"和"联选制"等方法,组建村民参政议政小组等选举机制,这些创新都是热心的农民群众通过发挥自己的创造力和进取精神,不断地去创新乡村民主政治参与机制的结果。

乡村民主决策机制的创新。民主决策是乡村民主政治发展的关键,人民群众在制度和法律的范围内创造出新的民主决策的方式。浙江温岭的"议事恳谈会""村民参政议政小组",这些民主决策机制方式的出现,丰富了乡村民主政治参与机制,缓解了乡村民主政治发展中的矛盾和困难。

综上所述,通过回顾改革开放以来我国乡村民主的发展历程和主要成就,有助于我们认识乡村民主政治发展的价值,乡村民主的发展价值在于国家通过制度化和程序化的法律法规和规章制度,按照民主的原则,使我国每一个农村公民平等地参与到社会主义民主实践中去。在民主的实践过程中,国家根据农村社会经济的发展、农村社会出现的新问题及时地调整农村的政策,促使村民自治的实践进一步深化,积极引导农村公民的思想资源,创新乡村民主政治建设的内容和政治参与机制。可以说,乡村民主的发展有助于推动国家民主的发展,推动着国家民主化的进程。然而,乡村民主政治发展也存在着不足之处,主要表现在政府的行政约束,乡镇政府通过行政权力干预乡村民主的问题日益严重;乡村经济资源与乡村民主的发展,农村税费改革以后,乡村的经济资源日益衰竭,乡镇政府和村委会的财政压力增加,争夺乡村资源的斗争更加激烈;乡村民主政治发展中的法律问题,相关的村民委员会组织法和村民选举实施办法对某些问题的规定过于简单,一些乡镇干部在具体的操作过程中

---

① 王振耀:《乡镇政权与村委会建设》,中国社会出版社1994年版,第153页。
② 赵秀玲:《村民自治通论》,中国社会科学出版社2004年版,第131页。

第七章　改革开放以来我国乡村民主政治发展的困境与对策

容易操作不当,出现问题;以及文化因素对乡村民主政治发展的冲击等,这些问题都值得我们去思考和研究。

二、乡村民主政治发展中存在的困境及原因分析

改革开放以来,乡村民主政治发展起源于经济体制的改革,依靠国家和政府的强力引导和制度化与程序化的法律法规的建立健全,促使我国乡村民主政治发展取得瞩目成就。乡村民主政治的发展改变了整个农村社会的方方面面,推动了农村社会的进步,然而,在乡村民主政治发展的深化过程中,因为受到乡镇政府,农村经济、法律和历史文化等因素的影响和制约,乡村民主政治的发展依然面临着困难与挑战。

(一)我国乡村民主政治发展中存在的困境

我国乡村民主政治发展中存在的困境包括政府困境、经济困境、法律困境和文化困境。其中,政府困境体现在乡镇政府在旧的基层管理机制的影响下对乡村民主的过度干预加剧了政府与乡村社会的矛盾;经济困境体现在农村集体经济的薄弱对乡村民主政治发展产生了不利的影响;法律困境体现在现行的法律体系结构不完善和一些地方性法律规章内容上不规范,产生了政府与乡村自治组织关系的不明确、村"两委"关系的紧张、乡村民主实践的形式化等问题;文化困境体现在农民的自我代表意识低,农村中的"人情"观念、家族主义的滋生等乡村社会的文化问题仍然困扰着乡村民主政治的发展。

1. 政府困境

政府管理与乡村民主政治发展不是一对矛盾问题,1982年的宪法取消了人民公社,建立了乡一级的人民政府,在农村发展基层民主政治,建立村委会,推行村民自治。"农村组织结构的变化也导致了农村权力关系的根本变化。"① 在广大农村实行村民自治,不仅改变了以往政府对于乡村社会绝对控制的局面,削弱了乡村政权的控制力,农民在政治上具有了独立性;也改变了以往乡镇政权与乡村的关系,将高度集中于国家的权力交还给了农民群众,使

---

① 刘丹:《乡村民主之路》,湖南人民出版社2001年版,第246页。

"农民个人利益的合理性和合法性再次的确认"。① 关于乡镇政府与农村基层自治组织的关系,法律明确规定,乡镇人民政府对村民委员会的工作应该给予指导、支持和帮助,不能干预法律范围内的村民自治的事项,村委会应该协助乡镇政府的工作。可见,两者的关系是指导关系,不是领导关系。事实证明,从乡村民主政治发展中村委会的萌生开始,就立刻引起了国家和政府的关注,其后的每一步发展都离不开政府的推动和指导。从宪法中关于基层民主自治组织的定性,到形成《中华人民共和国村民委员会组织法》,在这一时期的实践过程中,各级政府通过解决在民主实践过程中遇到的问题,不断总结经验,给乡村民主政治的活动提供了指导。正是由于政府强有力的政策指导,我国的乡村民主政治发展走向了民主选举、民主决策、民主管理和民主监督之路。中国农村的村民自治,同样也离不开政府的行政指导,各级政府只有在政策上和程序上为乡村民主的发展提供帮助和支持,乡村民主政治在广大农村才有如此好的发展。

然而,值得我们注意的是,随着村民自治的制度化和程序化的深入,乡镇政府与乡村基层组织、农民群众之间出现了矛盾和冲突。乡镇政府受旧的基层政治管理体制的影响,出现了"在村民自治的实施过程中,自治功能完备的并不多"的现象。② 长期以来,我国在乡镇政权中采用集权化的政治体制,一些干部对发展乡村民主政治存有抵触心理,担心村民自治过度发展会造成与乡政府的对抗。在乡村民主政治实践过程中,一些乡镇干部不按照民主的原则办事,肆意将行政权力强加于村民自治的事务中去。主要表现在以下三个方面:一是一些乡镇政府通过行政手段掌握或者直接干预村委会的选举和调换,而不按照法律程序进行撤换。按照村委会组织法规定,村民委员会由本村全体村民直接选举产生,但是,乡镇政府在批准村民推选出的候选人时,往往会决定谁当选,不让谁当选,造成了暗箱操作的可能。在撤换和罢免村干部时,不是经过正常的法律程序进行,而是以种种理由和借口进行撤换和罢免。二是一些乡镇政府直接对村委会布置工作,规定其必须承担完成。法律规定,村委会是协助乡镇政府开展工作,在实际的工作中,村委会却成为乡镇政府的下属机构。乡镇政府通过一系列的行政管理办法将定期考核和检查布置给村

---

① 于建嵘:《岳村政治:转型期中国乡村政治秩序的变迁》,商务印书馆2001年版,第7页。

② 张厚安:《中国农村基层政权》,四川人民出版社1992年版,第476页。

第七章　改革开放以来我国乡村民主政治发展的困境与对策

委会,使村委会忙于应付上级的工作,无暇去关注乡村的事务,在无形中给乡村民主造成了损害。三是有些乡镇政府直接干涉村民自治范围内的事项,借用行政权力否决村民民主决策后决定的事务。乡镇政府对于乡村民主发展的过度干预不仅加剧了与乡村社会的矛盾,使农村村民自治孤立的困境,转变了村民自治组织和农民群众对于乡镇政府工作的态度,他们开始抵触政府的政策执行,对乡镇政府布置的工作采取消极和冷淡的态度,甚至是公开不履行乡镇政府的政策。

乡镇政府对乡村民主的过度干预加剧了农村社会的矛盾,使村民自治的实践成为形式,而村民委员会由于承担了太多行政任务,成为乡镇政府的代理机构,结果使农民群众的民主权利被削弱,造成了干部和群众之间关系的紧张,也违背了农村民主的精神,对乡村民主政治的发展产生了阻碍作用。

2. 经济困境

农村经济的发展是乡村民主政治发展的物质基础,乡村民主政治的发展也促进了农村经济的发展。首先,农村经济的发展决定着乡村民主政治的发展。改革开放以来,经济体制的改革促进了农村经济的发展,农民群众产生了民主的要求和愿望,要求获得相应的政治上的民主权利。农村经济的发展为乡村民主提供了经济基础和物质条件,民主的发展离不开物质条件的支持,乡村民主的实践也离不开物质条件,而乡村民主实践中所需要的公共设施、办公场所等物质条件以及活动的开展都需要村集体经济的支持。实践证明,在经济发达地区,村民自治的实践更容易开展,相反,在经济落后的地区,农村的自治程度比较低。其次,乡村民主政治的发展也促进了农村经济的发展,乡村民主政治实践调动了广大农村群众的积极性,保障了人民群众的民主权利,维护了农村群众的切身利益,使广大农村公民积极地参与到社会主义新农村的建设中去。

通过前文所述,乡村民主的发展有赖于农村经济的发展,更离不开村集体经济的直接支撑。村集体经济是村委会开展活动的基本条件,没有村集体经济。基层自治组织名存实亡,乡村民主政治发展更是无从谈起。邓小平指出:"我们总的方向是发展集体经济"。[①] 江泽民指出:"抓住村级组织建设,要做到两条,一条是有人办事,一条是有钱办事。有钱办事就是村集体经济要有一定的实力,集体经济没有一定实力,村级组织就很难从物质条件上为群众的生

---

① 《邓小平文选》(第二卷),人民出版社1994年版,第315页。

产和生活提供服务"。① 在改革开放初期,在我国广大农村基本上没有村办企业,村集体经济基础差。随着改革的深化,一部分能干的村干部带领本村群众通过创办村办企业,发展村集体经济,有的还形成了较大的规模,比如江苏省江阴的华西村和河南省临颍的南街村等。乡村民主政治实践需要实力雄厚的村集体经济的支持,但是,目前我国乡村社会仍以个体经济为主,在一些村集体经济的发展中面临着分离成个体经济和私营经济的趋势,而村民自治的推行又要求村集体经济走向合并发展,分与合的趋势导致了矛盾的出现,给乡村民主政治发展带来了制约和困难。总体来讲,我国的村集体经济的发展不太理想,呈现出发展不平衡的特点,在东部沿海地区的发展较好,但是在我国的中西部地区,村集体经济的发展则比较落后。村集体经济的薄弱对乡村民主政治发展带来了不利的影响,具体来讲,包括以下几个方面:第一,村集体经济薄弱,导致了农村公民对乡村民主的实践兴趣不大。村集体经济关系着农民群众的切身利益,村集体经济发展好的地区,农村群众对于乡村民主的关注度和政治参与的积极性比较高,而村集体经济薄弱的乡村地区,农民群众对乡村民主政治实践的兴趣不大。第二,村集体经济的薄弱,不利于村党支部和村民委员会在群众中开展工作。村民自治组织不属于政府的系统当中,政府只是适当给予少部分的经费补贴,不承担所有的经济经费。只有依靠村集体经济,才能使村委会更好地为人民群众办事。第三,村集体经济薄弱,村干部的补贴也随着减少,影响了村干部的工作积极性。农村税费改革以后,国家为乡村干部提供了相应的工资补贴,但是标准太低。村干部需要处理大量而繁重的村级事务,获得的报酬与付出的劳动不对称,从而影响了村干部在乡村工作中的积极性。

3. 法律困境

乡村民主政治发展的法制建设始于 1982 年的国家宪法关于村民自治组织的规定,经过近三十年的发展,我国已经形成了以宪法为基础,以村民委员会组织法为核心,以地方性法律规章制度为补充的村民自治法律体系。其中,村民自治法律体系分为"宪法、专门法律、省级法规、市县级规定、村规民约和村民自治章程五个层面"。② 通过审视现有的乡村民主法律体系,目前的法律

---

① 江泽民:《加强农业基础建设,深化农村改革,推动农村经济和社会全面发展》,载《人民日报》,1996 年 7 月 5 日。

② 潘嘉玮:《村民自治与行政权的冲突》,中国人民大学出版社 2004 年版,第 50 页。

第七章　改革开放以来我国乡村民主政治发展的困境与对策

体系和制度还存在一些问题。主要表现在三个方面：第一，现行的村民自治法律体系结构不完善，缺乏规范的程序；第二，地方性的法律法规内容不规范，一些地方性的法律规章有违宪法精神；第三，现行的法律体系没有明确的惩戒机制，村民自治实践中不按照法律程序的事件屡有发生。

现行的村民自治法律体系结构不完善，缺乏规范的程序。首先，现行的村民自治法律体系围绕的是农村村民委员会的建设而展开的，而不是以村民自治为核心，造成了"村委会组织法突出的是村民自治的组织而不是村民自治本身"的现象。① 现行的村民委员会组织法规定了村民委员会的性质、地位、职能和村委会选举的产生，但是却缺少对村民自治的规范，比如农村公民的权利和义务，忽视了农村公民在乡村民主政治发展中的地位和作用。其次，现行的法律体系强调了乡村自治组织的地位和作用，以及与其他组织之间的关系，却缺少对乡村自治组织与其他组织关系的处理的规范性程序，由于规范性程序的缺失，造成了乡镇政府与村民委员会之间的误解和矛盾，造成了村民委员会和村党支部之间关系的紧张和摩擦。

地方性法律法规内容不规范，一些地方性的法律规章有违宪法精神。村民委员会组织法一经确立，我国的各级地方政府便制定了大量的地方性法律法规来规范乡村民主活动。这些法律法规的制定将国家的村民自治政策具体化，从一定程度上推动了村民自治在乡村社会的发展。但是，很多地方性法律法规的内容不规范，在内容上笼统重复，不结合本地区的实际情况，有些规定还违背了宪法关于村民自治组织的规定，违背了宪法的精神。比如有的省关于村委会选举的实施办法规定，村民委员会的主任可以由乡镇政府经过村民的同意后直接任命。这种规定显然侵犯了村民的自治权，违背了法律的规定。还有的地方政府的规章制度规定，农村集体经济的财务归属于村集体，但是要交由乡镇政府保管。现行的村民委员会组织法规定了村民委员会具有经济管理的职能。地方政府的这种规定显然违反了法律的精神。

现行的法律体系没有明确的惩戒机制，村民自治实践过程中不按照法律程序的事件屡有发生。现行的法律体系"缺乏对组织或个人任意指定、委派、撤换村民委员会成员等侵犯村民民主权利的行为的处罚规定"。② 由于法律体系设计的缺陷，在村民委员会选举的过程中不按照法律程序办事，出现了

---

① 徐勇：《中国农村村民自治》，华中师范大学出版社1997年版，第73页。
② 刘丹：《乡村民主之路》，湖南人民出版社2001年版，第345页。

"当村民选出村主任后,乡政府竟然以不是党员为名不让其上任,另外指定一个票数相差甚远的人担任村主任"的事件。① 这种做法也引起了农民群众的严重不满。在村民自治中的民主决策和民主管理方面,与现行的法律规定存在一定的差距,民主决策和民主管理的实行停留在表面工作上,乡村民主政治实践流于形式。

4. 文化困境

乡村民主政治的发展促使广大农民群众的政治参与状况得到了改善,但是,现实的民主政治的实践难度很大,不仅由于乡村社会缺少民主法制的传统,还因为"从国外引入的民主形式制度与农民的社会心理文化还存在着一定的差距"。② 乡村民主政治的发展要求与农村社会的文化的实际情况存在着一定的差距,农民的自我代表意识低、农村中的"人情"观念、家族主义的滋生等乡村社会的文化问题仍然困扰着乡村民主政治的发展。

农民的自我代表意识低。中国传统文化中,统治者将权力的合法性认定为来源于"天意",农民深受君权神授的思想影响,存在着统治阶级"为民做主"的政治传统,不能实现自我代表。改革开放以来,国家通过确立了一系列乡村民主政治的法律体系,确保了广大农民群众能在各自利益的基础上,经过平等协商形成共同的利益,并建立起实现共同利益的自治组织。但是,在现实的实践过程中,农民往往要借助于他们的代表或者代理人实现他们的共同利益。比如体现村民民主决策自己事务的村民代表大会,往往会有"村民代表的大会的决策权基本掌握在村干部手中"的情况发生。③

中国乡土社会中的"人情"观念浓厚。"人情是一个文化概念,它不仅普遍存在于中国社会个人的意识层里,而且是外在于个人的意识层,并对于社会关系是具有拘束力的"。④ 民主强调对权利的争取,而中国社会是一个人情和关系相互编制的社会体系,人情是一种被大众默认了的社会规范,它运作于社会关系之中,影响着中国社会的每个角落。"人情"的观念影响了乡村民主政治的发展,在民主实践中出现了问题。比如,在村委会的选举过程中,"人情"在

---

① 刘友田:《关于村民自治的调查研究》,载《青岛农业大学学报(社会科学版)》2008年第3期。

② 聂德明:《乡村民主建设的文化探源和出路》,载《南方论坛》2004年第1期。

③ 陈蔚:《必须重视提高村民自治的质量——对苏北村民自治存在的问题的剖析》,载《调研世界》2001年第4期。

④ 杨国枢:《中国人的心理》,桂冠图书股份有限公司1988年版,第289页。

第七章 改革开放以来我国乡村民主政治发展的困境与对策

农民群众中显得十分重要,对于选举候选人来说,选举不仅是利益之争,还是"人情"之争。这种观念使农村公民在民主选举时做出了不正确的选择,影响了选举的公平性,降低了村民自治的效率。

家族主义来源于中国传统社会中的自给自足的小农经济和封建的政治制度,随着中国经济体制的改革,瓦解了旧的经济体制,在广大农村建立了新的政治管理体制。但是,家庭在当前农村社会中仍然占据重要地位,家庭的功能和作用激发了乡村社会中家族主义的滋生。家族主义的影响开始波及农村社会的各个方面,也包括农村的政治生活中。家族主义通过家族的力量进入了农村基层自治组织,有的甚至演变成了恶势力,形成了所谓的"村霸"。有的地方的村委会选举中"村霸的势力有膨胀趋势,在有的地方竟然发展到肆无忌惮的地步"。[①] 这些问题对我国的村民自治实践和农村社会的稳定带来了影响,阻碍了乡村民主政治发展之路。

(二)我国乡村民主发展中困境的成因分析

导致乡村民主政治发展中困境的原因是多方面的,既有乡镇政府的因素,也有农民群众的因素;既有政治体制的因素,也有经济体制的因素;既有法律制度的因素,也有历史文化的因素,这些因素相互作用,影响着乡村民主政治的发展。本节通过分析乡镇政府、农民自身、法律制度和历史文化四个因素,探讨造成前文所述的困境的原因。

1. 乡镇政府的原因

乡镇政府是国家权力在基层的延伸,是联结国家与乡村社会的重要桥梁。在乡村民主实践中,乡镇政府在工作中存在着在思想上对乡村民主缺乏正确的认识,在推行政策方面选择不当,工作方式和方法不按法律程序办事的问题。

乡镇政府在思想上对乡村民主缺乏正确的认识,乡村民主政治的发展需要乡镇一级政府的推广与引导,乡镇政府人员的思想认识,对民主的实践和发展有着巨大作用。但是目前有许多乡镇基层干部的思想观念依然很陈旧,看待农村的民主问题简单而片面,由于这种思想认识上的局限,对乡村民主政治发展存在偏见。他们常常抱着这些观点:"农民素质低,搞不了民主,搞民主就乱了套。我们基层干部都是为人民服务的,放手直选容易选上不称职的人。

---

① 赵秀玲:《村民自治通论》,中国社会科学出版社 2004 年版,第 338 页。

实行了村民自治,架空了党支部,削弱了党的领导"。① 在看待乡镇政府与村民委员会的关系的问题上,认为乡政府"不领导村委会,还领导谁"。② 这些思想认识上的偏差导致了乡镇政府工作人员在乡村民主的工作中出现偏差,在处理民主过程中的问题简单消极,不能深入细致地解决问题,甚至会对乡村民主产生抵触情绪。

乡镇政府在国家的政策选择上存在不当行为。《村民委员会组织法》的颁布和实施,促使农村事务的管理权回归到了村民自治组织和村民手中,但是有些乡镇对不满足于对村委会的"支持、指导和协助"方面,在农村事务的决策权上,仍想由自己"说了算"。乡镇政府通过在村委会主任的职位上安排自己的人,或者在村委会选举中,推行村支书和村主任的"一肩挑"。为了达到"两委"的"一肩挑"的目的,在民主选举的过程中,采用简化选举程序,或者直接包办村民选举,或是运用行政手段进行宣传误导,对候选人施加压力等不良手段。这种做法不仅影响了村委会作用的发挥,也不利于乡村民主的推行。

乡镇政府的工作方式和工作方法不按照法律程序。乡镇政府在处理乡村事务的工作中,往往是采用"领导"的工作方式,而不是"指导"工作。如在面对村干部的职数和补贴的问题上,大多数乡镇政府具有决策权,可以通过自己制定的一整套绩效评估体系来考评村干部,从而给予补贴的标准,这种做法看似合理,但是却违背了村委会组织法的精神。根据法律规定,村干部的补贴标准属于村民自治的事项,应该由村民大会或村民代表大会决定。还有有些乡镇政府通过建立村财乡管的方法来控制村民委员会。这种工作方法将村内所有的收入交由乡财政管理,支出需要由乡政府审批,并由乡纪检部门监督实施。这种做法一定程度上缓解了村财政问题混乱的局面,但是这种工作方法使村民自治变成了政府行为,剥夺了农民群众的民主权利。

2. 农民自身的原因

农民群众是乡村民主政治发展的主体,没有农民的积极参与,乡村民主就不能得到真正的推广。但是,我们也注意到,由于农民自身缺乏民主和法治的意识,政治参与能力比较差,这些问题影响和制约了乡村民主政治的发展质量和水平。

农民群众缺乏民主意识,政治参与能力差。民主政治的进程,始终与民主

---

① 张乐生:《破解村民自治的十大难题》,中国社会出版社 2002 年版,第 2~10 页。
② 潘嘉玮:《村民自治与行政权的冲突》,中国人民大学出版社 2004 年版,第 104 页。

第七章 改革开放以来我国乡村民主政治发展的困境与对策

意识联系在一起。中国有着长达两千多年的封建社会,封建文化中的神权、君权、族权的文化元素深深地扎根在了农民的意识中,这些封建政治的思想扼杀了农民群众的民主意识。在社会主义民主政治建设中,封建思想仍然对农民群众的民主意识产生了不良的影响。表现在农民群众存在"等级森严的宗法思想、自甘示弱的小农观念、官本位的意识浓厚、家族观念突出、主体意识缺乏、奴性心理严重"等问题。① 这些表现对广大农民群众的民主能力产生了损害,使乡村民主政治流于形式。在实际的乡村民主实践过程中,看似农民群众在行使自己的民主权利,但是由于缺乏对国家政策、村级事务的了解,使大部分农民群众没有真正参与到乡村民主中去。比如在民主选举的过程中,大多数村民存在从众心理,大家选谁自己也选谁,这种盲目的心理对乡村民主的实践带来了困难。

由于传统观念的影响,农村公民缺乏法治精神。民主和法治互相联系、互相统一。没有广泛的乡村民主,法治就不能体现广大农村公民的意志。同时,没有法治,乡村民主就不可能实现。乡村民主政治发展中的法治建设取得了巨大成就,不仅规定了农村公民的民主权利和民主程序,还规范了农民群众的民主权利受到损害时的解决方案。但是,由于传统观念的影响,农民群众的"人治"的观念远远超过"法治"的观念。他们不会用法律的手段来保障自己的民主权利。在自身权益受到损害时,只是通过向上级政府上访反映问题。出现"片面寻求行政机关的救济"的情况,而不是通过民主法律的程序去解决问题。②

农民的文化素质低,乡村民主的质量不高。农民群众的文化素质是影响其民主能力的众多因素之一,农村公民的文化素质低的问题影响了乡村民主政治的质量。在乡村内部推行民主活动,只需要农民群众熟悉民主的权利和程序,不需要太高的文化素质,也能够参与到乡村民主实践中去。但是,如果农民群众有更高的文化素质,其自身政治参与的积极性也会更高,民主才能更深入地推广和发展。相反,文化素质低的农民群众,在乡村民主政治实践的过程中,容易受眼界和思维的限制,常常只看到眼前利益,将民主当成了一种实现自己愿望的投机行为。出现了"在民主选举过程中,把自己的经济利益与民

---

① 杨德聚:《民主建设论》,山东人民出版社 1989 年版,第 264~265 页。
② 仝志辉:《村民选举权力救济与村民自治的社会基础建设》,载《江苏社会科学》2004 年第 1 期。

主挂上钩,希望这些能人能帮自己脱贫致富,一旦愿望落空,便消极对待民主"的情况。①

3. 法律制度的原因

在乡村民主政治发展中,我国已经形成了以村民自治为核心的基本法律体系,建立了《村民委员会组织法》和各个省份的《实施村民委员会组织法办法》和《村民委员会选举办法》的法律制度和规章。但是在乡村民主政治的实践中,这些法律法规存在着一些问题,具体体现在以下几个方面:

第一,《村委会组织法》和各省的选举办法对于某些规定过于简单,在内容上表达不明确。这些问题导致了乡镇政府和农民群众在民主实践中产生误导和偏差。如在村委会的定位问题上,将村委会定位为基层群众性自治组织不恰当,村民委员会应该是农村民主的执行机关。自治组织具有更广大的范围,村民小组、村民代表大会都可以称作自治组织,而村委会则是这些自治组织中的执行机关,是农村自治组织中的一个重要组成部分。

第二,对于农村党支部的法律地位的规定的缺失,导致了农村社会中"两委"关系的矛盾。按照法律规定,村委会的法律地位是基层群众自治组织,负责全村的公共事务的管理。村党支部是农村基层的领导核心,领导和支持乡村民主的活动。这些规定规范了两者之间的关系,但是没有具体地提出基层党组织该如何去领导和支持村民开展乡村民主的活动,缺乏明确的权限界定和工作范围,操作性不强,从而在民主实践过程中出现了"两委"关系的紧张和摩擦。

第三,《村委会组织法》中关于罢免程序的设计不妥,在实践中难以操作。根据法律规定,对于不称职的村委会成员的罢免,首先要由村民内1/5以上的有选举权的村民联名提出罢免要求和理由,然后村委会召开村民大会,对罢免要求进行投票表决。然而在现实的民主实践中,农民群众往往提出的是罢免本村村主任的要求,就出现了村主任开会罢免自己的局面,从而导致了罢免程序不妥当的格局,失去了进行该程序的公正性和公平性。虽然有些地方性的法律规章规定了乡镇政府在罢免程序上的作用,但是乡镇政府起到的作用是有限的。有一些乡镇政府甚至会阻挠罢免程序,使得一些不称职的农村干部不能及时罢免更换。

---

① 刘友田:《村民自治——中国基层民主建设的实践与探索》,人民出版社2009年版,第139页。

第七章 改革开放以来我国乡村民主政治发展的困境与对策

第四,现行的法律体系缺乏惩戒机制,对于民主实践中不良行为,法律没有明确规定相应的惩罚措施。例如乡村民主中的选举活动,存在着不按照法律程序进行选举、恶意破坏选举活动的不良行为,按照法律规定,应对此类问题的措施是经过查实后,当选结果无效。这些法律规定和措施过于简单笼统,操作性不强,也造成了农民群众的民主权利难以保障的局面。

第五,《村委会组织法》中村主任的任期的问题。按照法律规定,村主任的任期是三年,村民委员会成员可以连选连任。这些规定导致了两个方面的问题,一方面是村主任的任期时间太短,不利于国家政策和本村政策的连续性。"村委会任期短、选举频繁、选举成本高,不仅占用了人们大量的时间,还耗费了大量的物力、财力,无形中增加了农民的负担"。① 另一方面是村委会成员可以连选连任的问题,这个规定不利于村民自治组织新成员的产生,容易在乡村形成派系势力,还容易滋生村干部的腐败问题。在我国的一些农村地区,有一些村干部基本上是做了十几年村主任,在面临换届的问题上,往往采用一些在宣传中误导群众或者直接对群众施加压力的不良手段干扰选举活动,以期达到自己的目的。

4. 历史文化的原因

中国有着长期的封建社会历史,农民群众受到封建思想的严重影响。在封建专制的历史文化中,人民群众的民主权利和民主意识得到了扼杀,主要表现在"人民长期处于无权的地位,一切政治和民主的权利遭到剥夺;人民被剥夺了选择和监督官吏的民主权利;剥夺了人民的思想、言论、结社等民主权利;封建法律都是维护封建制度和扼杀民主权力的工具"。② 人民群众长期受到这种历史传统的影响,这种影响在中国的广大农村更加明显。因此,在我国的乡村推行民主活动,并且要保障民主活动走向制度化和法制化,需要一个长期而且艰巨的实践过程。

新中国成立之初,我国的政治体制的惯性对乡村民主政治发展产生了阻碍作用。那时,我国的基层政权单位是人民公社。人民公社制度是领导权高度集中的政治制度,是一种融政治、经济和文化为一体的组织体系。人民公社

---

① 刘友田:《村民自治——中国基层民主建设的实践与探索》,人民出版社2009年版,第142页。

② 王继平:《什么是封建主义 怎样肃清封建主义》,湖南教育出版社2000年版,第52~53页。

时期,加强了国家权力对村一级的严格控制,强调了公社与村一级的隶属关系。但是,随着改革开放以来,我国在基层政权进行了政治体制改革,废除了人民公社制度,在人民公社的基础上建立了乡一级的人民政府,在农村建立了村民自治组织,实行村民自治。新的政治体制改变了乡政府和基层群众自治组织的隶属关系,但是由于旧的政治体制的历史惯性,使一部分乡镇干部和村干部在很长时间内不适应这种变化,在实际工作和处理问题时,还采用固有的工作方式和工作方法,不能够领会乡村民主的精神和本质。

通过阐述和分析乡村民主政治发展中的困境与原因,使我们更加深刻认识到这些问题在实际的工作中带来的不利影响,为我们思考乡村民主健康发展的对策提供了借鉴。

三、推动我国乡村民主健康发展的主要对策

乡村民主政治的健康发展,既是发展社会主义民主政治的基本要求,又是维护农村社会稳定的必然选择,也是完成我国新农村建设的重要保障。通过上述乡村民主政治发展中存在的困难和问题,要推动我国乡村民主政治的健康发展,需要采取以下对策。

(一)发展农村经济,增强乡村民主的物质基础

马克思认为:"随着经济基础的变更,全部庞大的上层建筑也或快或慢地发生变革"。[①] 诚如前文所述,中国乡村的政治体制改革来源于经济体制改革,农村的经济问题是农村工作的重点,也是乡村民主政治发展的关键。从西方民主的发展历程来看,民主化的进程往往离不开经济的推动,经济上发展培育了西方政治个体的民主和平等的观念。同样,中国的乡村民主政治的萌生和发展也离不开农村经济的培育,使"与自然经济相联系的家族、宗族等落后观念让位于现代政治观念",[②] 使民主的思想深入农村公民的内心,为乡村民主政治的发展提供物质基础。

乡村民主来源于我国农村经济的发展,是在农村公民经济上获得独立以

---

① 《马克思恩格斯选集》(第2卷),人民出版社1995年版,第33页。

② 刘友田:《村民自治——中国基层民主建设的实践与探索》,人民出版社2010年版,第149页。

第七章 改革开放以来我国乡村民主政治发展的困境与对策

后,要求维护自身利益的背景下产生的。乡村民主政治的深化需要经济的进一步发展,从中国农村发展的实践过程看,发展农村经济,主要从两个方面入手:一方面是大力发展农村集体经济。前文提到,村集体经济关系着农村公民的切身利益,还影响着农民群众政治参与的积极程度。村集体经济薄弱,会带来一系列的难题,只有发展和壮大村集体经济,才能增强村干部在群众心中的地位,才能调动农村干部的工作积极性,才能更好地推动农村社会的公共事业和公益事业的完成。另一方面是发展商品经济。发展商品经济可以开阔农民群众的视野,使农村公民更加深入地认识自身和社会的各种关系。发展商品经济,可以激发农民群众的创造性,可以推动"人民群众去掌握科学文化知识和管理知识,从而摆脱愚昧无知的状态,在市场经济的发展中,能够造就村民的管理能力,为他们参与国家和村级事务管理创造条件"。[1] 因此,发展商品经济是培育农村公民民主意识的关键和重点。

然而,从我国农村经济发展的现状来看,以上两个方面的工作开展得都不太理想。20 世纪 80 年代的经济体制改革,解放和发展了农村的生产力,使农村社会的各个方面发生了巨大变化,"但由于未能建立起有效的社会整合机制,难以将众多农户的利益有机地联系起来,使农业生产的社会化、现代化受到一定程度的限制"。[2] 从而产生了农民经济负担加重、基层政府腐败严重、乡镇企业大量破产倒闭等情况,村集体经济的发展情况更是举步维艰,从而致使大量农民群众外出打工,这些问题的产生制约了乡村民主政治的发展。就目前的乡村经济形势来看,乡村社会存在着大量的以农民个体为主的私营经济,而乡村民主的发展必须建立在现代化的市场经济之上,因此,我们要将农民群众的私营经济的资源整合起来,走农业产业化的道路,通过壮大村集体经济来为乡村民主政治发展提供动力和支持。整合农村经济资源,不是简单地将农民的私营经济进行合并,而是建立现代化的企业制度,通过明晰产权,走农业产业化经营的道路。发展村集体经济,对于乡村民主政治的发展有着重要的意义:一方面可以减轻农民群众的经济负担,缓解基层干部与农民群众的关系,提高农民群众的政治参与的积极性;另一方面是推动了乡村社会的各项事业的发展,保障了农村公共事业和公益事业的完成,提高了村级组织工作的

---

[1] 董德刚:《经济哲学》,中共中央党校出版社 2003 年版,第 296 页。
[2] 徐勇:《论中国农村"乡政村治"治理格局的稳定与完善》,载《社会科学研究》1997 年第 5 期。

积极性,增强了村级组织的凝聚力和战斗力。

(二)理顺村党支部和村民委员会的关系

"党的领导与基层民主建设的关系,落实到农村的基层,就是村委会与村党支部的关系"。① 理顺村基层党支部和村委会的关系,必须通过制度化的规定,明确划分村委会和村党支部的职权。通过合理的职权划分,既可以保证村民委员会能够充分地开展农村工作,又可以保证党支部对村委会的领导和监督。村党支部是农村各种组织和各项工作的领导核心,村党支部对村委会的领导体现在政治领导方面,即领导村委会在处理村级事务过程中坚持党的基本政治原则和政治方向。村委会是在党的领导下,依照法律的相关程序和规定,在农村推行村民自治的自治组织。根据《农村基层组织工作条例》的相关规定,农村中村级事务需要由村委会或村民代表大会决定的,村党支部不能以加强领导为名,代替村委会行使决策农村事务的权力。总之,"党支部和村委会是当前农村社区权力结构中两个不同性质的村务管理组织"。② 村党支部负责领导乡村组织和乡村工作的政治方向,村委会负责村民自治的具体工作,在实际工作中,明确两者之间的职权,有助于村党支部将工作重心放置于整个村子的整体发展上,也有助于村委会独立地开展农村的各项工作。

理顺村党支部和村民委员会的关系,不仅要明确两者各自的职权,还要积极探索"两委"之间相互协调的方法。随着乡村民主政治实践的深化,村民委员会的产生越来越走向程序化和规范化,基本上改变了以往乡镇政府对配备村委会班子的掌握权,而是由全体选民直接选举产生。但是,根据法律规定,村党支部的产生由本村党员大会选举产生。从两者的产生过程来看,村党支部的选举过程在群众中影响较少,没有普通农民群众的参与,从而缺乏广泛的群众基础。而村委会及成员则是由村民直接选举产生,村委会主任和委员比村支书有更强的号召力和群众基础。这种情况下,如果村主任不服从村支书的领导,村支书就无法领导村委会开展工作,甚至造成村委会和村党支部的对抗。因此,积极探索"两委"之间相互协调的方法,成了理顺村党支部和村民委

---

① 张湘涛:《中国农村基层民主政治的探索与实践》,湖南人民出版社2003年版,第42页。

② 张湘涛:《中国农村基层民主政治的探索与实践》,湖南人民出版社2003年版,第43页。

第七章　改革开放以来我国乡村民主政治发展的困境与对策

员会的关系的关键。在乡村民主政治实践中,借鉴村委会选举的办法,直接选举村党支部就是一种有效提高群众政治参与的方法。在村党支部换届时,首先由全体村民在全村党员的范围内选举产生党支部候选人,然后交由村党员大会进行差额选举产生村党支部。这种类似于村委会选举的"两票制"办法是"党内民主与村民自治之间的直通桥"。① 还有农村地区通过实行村党支部和村委会成员交叉任职,通过控制"两委"班子的职数,明确各自的分工,进而也提高了工作效率。

总之,农村党支部和村委会这两个不同性质的基层组织,将根据各自不同的功能为乡村民主政治的发展发挥其独特的作用。其中,党对村委会的领导将伴随着乡村民主的进一步推进而变得愈发紧密。村党支部和村委会之间职权分明、互相协作、相得益彰,才能推进农村社会的进步和发展。

(三)理顺乡镇政府与村"两委"的关系

理顺乡镇政府与村"两委"的关系,乡镇政府要加强农村党支部的建设的领导。在我国的一些农村地区,村党支部的建设工作滞后,存在着权力封闭性的问题,即出现该村长期不发展党员或者发展党员只限于"两委"成员的亲属之间。有学者指出:"由于党支部书记由党员选举,而党员资格又由党支部确定,这实际上形成了一个封闭的权力体系"。② 面对这一问题,乡镇党委政府不仅要加强自身建设,还要进一步加快村"两委"的组织建设。首先,要提高村党支部成员的素质,组织好村党支部的建设工作。要在村民中选拔那些能够坚持党的原则、贯彻党的路线、积极为群众办事的人担任村党支部的书记或成员。要将那些在工作中不认真为群众办事、家族主义思想严重的村党支部干部进行罢免和撤换,积极地调整村党支部的班子,要通过舆论来引导更多有才能的人加入到党的队伍中去,为基层党组织输入新鲜的血液。通过"不断改善农村党员队伍的年龄、文化和知识结构,增强农村党员队伍的生机和活力"。③ 其次,要根据不同的情况,调整村党支部的设置。在一些经济发达、党员人数较多的地区,要成立村党委或村总支;在一些党员人数较少的村子,可以与邻

---

① 傅伯言、汤乐毅、陈小青:《中国村官》,南方日报出版社2001年版,第239页。
② 党国英:《中国乡村自治:现状、问题与趋势》,载《江苏社会科学》2004年第4期。
③ 张耀光:《建设社会主义新农村与加强党的基层组织建设》,社会科学文献出版社2006年版,第80页。

村建立起联合党组织。这些做法有助于乡镇政府便于对村党组织的领导。再次，乡镇党委政府要加强对农村党支部和党员的教育，提高农村党员的党性。要根据农村发展的新形势，结合发展中出现的问题，抓好党员教育工作，保持基层党组织的先进性。最后，在党支部成员的确立过程中，要采用支部选举与村委会选举同步进行的方法，由群众确立支部候选人，增强村党支部在群众中的影响力。

理顺乡镇政府与村"两委"的关系，乡镇政府要积极转变工作方式，落实好对村委会工作中指导、支持和帮助作用。乡镇政府要改变对村委会上下级领导关系的观念，必须根据宪法和法律关于村委会工作的规定程序办事，对村委会的各项工作依法进行指导，通过培训、宣传和动员的方式正确引导村委会开展农村的各项工作。乡镇政府对村委会的支持和帮助的作用体现在，要及时对村委会工作中遇到的困难和问题进行协调和沟通，及时在信息和资源上提高帮助，有效地解决村委会工作中的矛盾和难题。

（四）完善村委会组织法，为乡村民主提供强有力的法制保障

乡村民主政治实践过程中，《村委会组织法》在乡村民主的运行过程中起到了关键作用，但是也存在着一些现实的问题和困难，必须完善《村委会组织法》的相关规定，结合实践中遇到的问题，解决问题，为乡村民主提供强有力的法制保障。具体来讲，完善相关的法律法规，应从以下几个方面入手：

第一，明确村级党组织的法律地位。村党支部对于村委会工作及村级事务的过度干预是由于法律中关于村党支部法律地位规定的模糊性。村党支部是农村各种组织和各项工作的领导核心，并不代表其管理农村的一切事务，而是要基于宪法和相关法律的规定程序，促进党的政策在农村的贯彻实施，积极地领导和督促村委会开展村民自治工作，在农村宣传党的政策和方针，监督村委会的工作。同时，村党支部不能代替村委会的职能，直接干涉村级事务。因此，有关乡村民主的相关法律应该明确村级党组织的法律地位，应该明确规定村支部在农村民主实践中领导作用是政治层面的领导、是思想方向的领导。以法律的精神确立村基层党支部的工作重点是领导和协调各种村级组织的关系，把握该村的整体发展方向以及自身组织的建设。

第二，修改法律中关于罢免权的规定。现行法律关于村委会成员的罢免程序不合理，根据《村民委员会组织法》中关于罢免程序的规定，由本村 1/5 以上具有选举权的村民联名，可以要求罢免村委会成员。但是罢免村委会成员

第七章 改革开放以来我国乡村民主政治发展的困境与对策

必须由村委会召开村民大会,这就产生了村委会召开村民会议自己罢免自己的问题,使村委会成员的罢免难以实行。应该修改法律中关于罢免权的规定,修改关于村委会召集村民大会开展罢免工作的规定,改由提出罢免的带头人召集有选举权的群众,以村民大会的形式进行投票表决,民主选出罢免大会的召集人,再由召集人出面召开村民大会,乡镇政府的驻村干部列席监督,按照程序进行投票表决,开展罢免工作。通过这种形式,可以及时罢免不称职的村委会成员。同时,法律还应规定,受到罢免的村委会成员在罢免大会上的申诉权。

第三,增加对于破坏乡村民主的行为的法律责任的追究。如前文所述,村委会组织法缺乏对于破坏农村民主的行为的惩戒措施,在乡村民主实践中产生了许多问题。如在民主选举过程中村霸的恶意破坏、乡镇干部对村委会选举和农村事务的过度干预问题。由于缺乏相关的惩戒措施和应承担的法律责任,使他们更加有恃无恐地破坏和干扰乡村民主。因此,《村民委员会组织法》应该增加对于破坏乡村民主的行为的法律责任的追究,对于非法干预乡村民主的行为追究法律责任,使之进入法院诉讼程序。如果乡镇政府非法干预乡村民主,不按法律程序办事,村委会可以直接去法院起诉,由法院依法追究其责任。在乡村民主实践中,乡党委和乡政府在农村工作中往往是步调一致的。因此,既要增加法律中关于乡政府不能干涉乡村民主的规定,又要增加法律中关于乡镇党委也不能干涉乡村民主的规定。

第四,实行村委会管理权和监督权的分离。在乡村民主政治实践中,村民委员会不仅是农村事务的管理者,又是监督自身工作的监督者。根据法律规定,村委会享有对村各项事务的管理权,负责召集村民开展村民大会或村民代表大会,实行村务公开。而村民大会和村民代表大会是监督村委会各项工作的重要形式,这就造成了村委会集管理权和监督权于一身的情况。因此,必须实行村委会管理权和监督权的分离,将农村的各项事务的管理权交由村委会管理,将监督权赋予村党支部,即由村党支部负责召集村民开展村民大会或村民代表大会和开展村务公开的工作,通过调整权力运行的机制,从而实现村党支部对村委会的监督作用。

另外,现行的法律法规中的有关问题的法律解释不明确。在村委会组织法当中有很多的"应该""不得""人口较多的村"等关键词,这些词语的约束性不强,并且所指的范围不明确。还有村主任的任期问题,应该修改村委会组织法中关于村主任可以连选连任的规定,规定村主任的连任不能超过三届,同时设置年龄限制。还应该"选聘高校毕业生到村任职工作",①为村级组织增加活力。

(五)建设农村政治文化,提高农村公民的整体素质

政治文化是"客观政治过程在社会成员心理上的积累,包括政治认识、政治信念、政治感情、政治态度和政治价值观等"。② 中国传统的政治文化影响着中国社会的各个角落,对中国的乡村社会的影响力更甚。农村社会中的家族主义和权威主义的思想严重,这些传统的政治文化阻碍了乡村民主的健康发展。只有通过建设农村政治文化,培育农民群众民主和法制的意识,通过宣传和教育,提高农村公民的整体素质,才能推动乡村民主政治的良好发展。

首先,应该在农民群众中加大教育和宣传力度,培育农村公民的民主和法制的思想意识。"思想是行动的先导,行动受思想的支配"。③ 在民主的实践中,通过宣传和教育工作,引导农村公民在思想上具有民主和法制的意识。中央和各级政府应该加大政策的宣传力度,让各级政府和农民群众切实以实践科学发展观等重要思想为出发点,加强党在农村的执政地位,让农民群众认识到乡村民主政治的必要性。各级政府可以采用基层党校、电台、报纸、宣传车、村学习小组等形式向村民宣传乡村民主对于国家、乡村社会发展以及农民自身的重要意义。通过向群众发放宣传册和宣传单来宣传中央和地方的文件精神,使农民群众深入认识和理解国家和地方政府的政策法规。进行宣传和教育的对象既包括农村的广大农民群众,又包括各级干部,尤其是在乡镇干部和村干部中间,要通过不断宣传和学习政策的精神,才能更好地保证他们在日常工作中的应用。进行宣传和教育的内容不仅是向农民群众传授政治常识和政治技能,还要培养农村公民的权利意识,当他们认识到自身的权益受到损害时,敢于表达出来,并且能够以法律的途径去解决问题。通过宣传和教育,既保证了乡镇政府和村干部能够依照法律规定的程序去处理农村的各项事务,又保障了农村公民政治参与的民主权利。

---

① 《中共中央关于加强和改进新形势下党的建设若干重大问题的决定》,人民出版社2009年版,第28页。
② 《中国大百科全书 政治学》,中国大百科全书出版社1992年版,第504页。
③ 刘友田:《村民自治——中国基层民主建设的实践与探索》,人民出版社2010年版,第153页。

第七章 改革开放以来我国乡村民主政治发展的困境与对策

其次,加强对农村干部的培训工作,通过学习提高村干部的素质。"政治路线确定以后,干部就是决定的因素"。① 农村干部的素质高低关系着农村各项工作的顺利与否,对乡村民主政治的良好发展至关重要。加强对村干部的培训工作可以从以下几个方面入手:一是针对农村村委会换届前的培训工作,培训的对象是选举候选人和选举工作人员,选举工作人员又包括政府派驻村里监督选举的人员和村选举委员会的人员。对这些人员进行培训,使他们深入认识相关的法律规章和选举程序,为做好乡村民主选举工作奠定基础;二是定期组织乡镇干部学习农村民主相关的法律法规,学习中央关于基层民主政治建设的文件精神。通过学习,提高乡镇干部对乡村民主政治的认识,在工作中更好地处理乡镇政府与村"两委"的关系,为落实乡村民主的健康发展创造条件;三是要加强对村"两委"干部的培训工作,在村"两委"换届工作结束以后,乡镇政府要组织村"两委"成员进行培训学习,通过基层党校的教育形式,组织村干部学习党在农村的工作路线、有关乡村民主的法律制度和程序、农村经济常识等知识,教育村干部树立为农民群众服务的意识,正确处理好村"两委"与乡镇政府的关系,在处理农村事务时能够坚持依法办事。通过对村"两委"成员的培训工作,提高村级组织的政策执行水平和工作能力,为促进村级组织的各项工作的顺利进行发挥有力的作用。

最后,加大对农村的文化教育力度,提高农民群众的文化素质。民主和法制的观念的建立离不开科学文化的支持。如果农民群众拥有较高的文化素质,就能够充分理解乡村民主政治的意义,就会去接受和实践乡村民主政治,进而推动乡村民主政治的发展。值得注意的是,一些发达国家也很注重乡村社会的文化教育。有学者指出:"美国的乡村人民从最早期就把教育看成民主生活中的重要柱石。必须全社会的人民都受到相当程度的教育,这个社会才能有真正的民主生活"。② 发达国家的事例告诉我们,农民群众具有较高的文化素质,民主的进程更容易前进。加大对农村的文化教育力度不仅要重视农民的文化知识和各种技能教育,还要加强对农民群众的道德思想教育。通过在广大农村建立起教育保障制度,通过制定教育计划、规定教育奖惩措施、建设教育设施等具体工作来推动乡村文化教育事业。在一些偏僻的农村地区,"应当充分发挥政府的优势和作用,这是解决农村文化落后状况的一个切实可

---

① 《毛泽东选集》(第2卷),人民出版社1991年版,第526页。
② 杨懋春:《乡村社会学》,台湾编译馆中正书局1984年版,第112页。

行的有效办法"。① 同时,乡镇政府要积极做好农村义务教育的政策的工作,在此基础上,在广大农村要开展各种有益活动,对农民群众进行思想政治教育,培育农村公民的民主和法制观念,使乡村民主的政治文化深入人心,为农民构建一个浓厚的文化氛围。

(六)强化监督机制,保证乡村民主的时效性

监督机制是确保乡村民主政治健康发展的重要保障,如果没有完善的监督机制,乡镇政府和村干部的权力就会不受约束,就会发生损害农民群众权益的事件,乡村民主就难以取得实效。

强化监督机制,保证乡村民主的实效性。具体来说,包括以下几个方面:一是做好对乡镇政府工作的监督和检查。县市各级职能部门要及时检查乡镇政府在指导农村民主实践是否有力,在处理乡村问题中是否合理公平,是否非法干涉乡村的民主选举,是否不按法律程序随意撤换村委会干部的问题,是否有增加农民负担的行为等方面的内容;二是加强对村委会换届工作的监督。村委会换届选举工作是农村民主实践的重点,必须加大对换届工作的监督和检查,才能确保换届工作按照法律程序进行。在换届的过程中,乡镇政府和乡人大要加派驻村干部和选举监督员,监督整个选举过程,防止舞弊行为。在换届工作结束后,要组织相关人员对整个选举过程进行自查,检查在选举前是否对选举候选人进行了培训、是否对选民进行了教育、村民的参选率程度、村委会的产生是否依照法律程序、村委会成员及村民小组的组长是否由村民直接选举产生等方面的内容;三是强化对村级民主制度的运行情况的监督和检查。要监督检查村民大会和村民代表大会是否按照法律程序开展,村民自治章程和村规村约的建立以及执行情况,村务公开的工作是否使群众满意。同时,要对不按规定实行村务公开的干部进行批评和教育,对在农村财务中出现贪污现象的村干部依法处理,检查村委会的工作计划以及实行情况等。通过这一系列的监督和检查的机制,积极推动乡村民主政治的良性运行。

通过前文的分析,我们认识了乡村民主政治的概念、发展历程和主要成就,以及改革开放以来乡村民主政治发展中遇到的困境,并且分析了关于解决这些难题的对策。我们认为,乡村民主政治实践是影响我国乡村社会的一场伟大革命,它产生于我国政治和经济体制改革中,随着改革的深入而不断地发

---

① 赵秀玲:《当前村民自治的难题及其突破》,载《社会科学辑刊》2003年第6期。

第七章　改革开放以来我国乡村民主政治发展的困境与对策

展壮大,对我国实现基层民主和维护农村社会的稳定起到了关键作用。我们有理由相信,乡村民主政治发展在党的正确领导和引导下,迈着更加坚定的步伐,去取得更大的成就和进步。

四、新时期中国共产党党内基层民主创新与发展的对策分析

党的十七大报告提出,要把发展基层民主作为"基础性工程重点推进",要"探索扩大党内基层民主多种实现形式,健全党内基层民主制度。"[1]宜昌市的经验表明,发展和落实党内基层民主,必须以尊重党员主体地位,推动和实现尊重人民主体地位,以保障党员民主权利,推动实现和保障人民民主权利,正确处理民主和集中的关系,构建以党员参与和分享党内权力为核心的基层民主制度体系。当前,应着重从以下几个方面着手:

(一)以教育培训为着力点,夯实党内基层民主的思想基础

党内基层民主意识是党内民主的思想基础,只有党员具备良好的党内基层民主意识和修养,才能促使党内基层民主制度化建设做到合理科学。培育党内民主意识优先在于强化宣传教育培训,切实增强党员的民主教育的针对性和实效性。

一是建立科学的党内基层民主教育制度体系,重视党员个体的利益追求和价值实现,不断增强党组织建设的内在动力。

二是促进民主教育长效机制的建设,不断丰富民主教育内容。通过对《党章》《中国共产党党内监督条例》《中国共产党党员权利保障条例》以及有关党内法规的宣传教育,引导党员增强民主意识、平等意识、参与意识和责任意识,提高发挥党员民主主体作用的素养。

三是多种渠道拓展民主教育培训方式、方法。可以利用网络等形式,创新民主素养的培育。充分发挥基层党校的主渠道作用,拓展党课教育内容,改革党课教育课程设置,增设与民主有关的知识讲座,增强教育实效。

四是加强民主实践。要在党内民主生活会、党员活动日、民主评议、创先争优等活动中充分调动党员参与的积极性,开展自我民主教育和民主实践,强

---

[1] 胡锦涛:《高举中国特色社会主义伟大旗帜,为夺取全面建设小康社会新胜利而奋斗》,人民出版社2007年版。

化党员的民主能力。

(二)以扩大党员选举权为根本,创新和完善党内选举制度

基层党内选举制度是基层党内民主的一项根本制度,是基层党内民主发展程度的重要标志。根据中央文件精神,进一步推进基层党内选举的重点在于:

一是完善候选人提名制度。建立和健全自上而下与自下而上相结合的候选人提名制度,采取组织推荐、党员推荐、个人自荐相结合的办法产生基层党组织领导班子成员候选人;进一步扩大候选人差额比例,逐步实现由低比例的差额选举向高比例的差额选举的转变。探索扩大差额选举的范围,创造有利于选举人充分表达意愿的环境和条件,尊重和保障选举人的权利。要完善组织考察、考核和候选人公示等资格审查机制。

二是改革和完善选举方式。适当引入竞职演说个人陈述,组织候选人与选民代表见面并回答提问等竞争机制,使选举人对候选人有更多、更全面的了解;减少选举的盲目性。探索设立独立填票室、秘密写票处,营造良好的民主选举氛围,保障党员民主权利不受干扰。

三是建立与选举制度配套的制度。要进一步建立健全选举监督制度、罢免制度、民主评议制度、激励保障制度等,要严格实行任期制。经过民主选举产生的领导干部,特别是从事组织、纪检、政法工作的同志,一般情况下在任期内不宜调动,到期须换届改选。

(三)以尊重党员主体地位为核心,创新和完善党员民主权利保障机制

一是进一步推进党务公开,落实和保障党员知情权和参与权。要健全党务公开制度,规范公开程序,拓宽公开内容,严格责任落实,做到党务信息"公开是原则,不公开是特例"。创新公开方式,探索建立党员旁听党委会和党代会等制度,搭建党员参与党内事务和重大决策的有效平台,健全重大决策征求意见制度、建立重大事项社会公示制度和社会听证制度,完善专家咨询制度,实行决策的论证制和责任制,落实党员知情权、参与权和监督权。

二是畅通反映党员权益诉求的民主渠道,完善党内民主沟通制度。要畅通上下沟通机制,搭建党群互动沟通平台,进一步细化党员对党组织意见、建议的反映渠道和收集处理办法;建立党内下情上达的呈报制度和反馈制度;采

第七章 改革开放以来我国乡村民主政治发展的困境与对策

取党员谈心、信件等方式,确保党员真实表达自己的意见和想法;建立以互联网为基础的党员与党组织的交流沟通平台,开设如党员论坛、党员信箱以及党员领导干部在线交流,让普通党员自由表达权益诉求和心声;继续坚持定期或不定期开展民主恳谈会、党员议事会等活动;要出台党内民主讨论相关规则,可规定党的会议上,党员在讨论党组织的议题时,不论观点对错,是否存有异议,均不以党纪论处。但在形成决议以后,有不同意见可以保留,也可以向上级组织反映,但行动上必须坚决执行。

三是推行党代表常任制,发挥基层党代表在闭会期间的作用。参照中共中央颁发的《中国共产党全国代表大会和地方各级代表大会代表任期制暂行条例》,健全制度,完善机制,着力发挥基层党代表的经常性作用。为此,应着力探索并实施以下制度:一要完善年会制。明确党代会年会报告工作,重大事项决策,加强党内监督等职能任务明确会议的组织方式和主要议题,规范年会上代表的活动方式,理顺党代会与人代会、政协会的关系,整合会议资源,降低会议成本,提高会议效率。二要推行党代表建议提案制度。为党代表履行职权,推进决策民主化、科学化,促进工作落实,创造必要条件。三要建立党内情况向党代表通报的制度和重大决策征求党代表意见机制。四要建立党代表监督评议制度。定期组织党代表对党政领导和党政部门工作作风、廉洁情况开展评议和测评。五要健全"委员联系代表、党代表联系党员、党代表联系群众"的联系、沟通制度。

四是健全党内关爱机制,维护党员群众切身利益。党员是党组织的细胞,是推进党内基层民主创新发展的动力。加强基层民主建设,必须从党员需求入手,注重从工作上帮助党员,生活上关爱党员,政治上凝聚党员,切实维护党员群众的切身利益。要进一步强化"服务"理念,根据农村、社区、机关、企业、事业单位等领域党组织的不同功能和党员利益需求的不同特点,建立和健全党员关爱和服务机制,着力实施与基层党员利益密切相关的举措,使他们感受到党组织的关怀和温暖。

(四)以健全监督机制为关键,创新和完善基层党内民主监督

建立健全监督机制,疏通党内监督渠道,保障党员监督权的实现,充分发挥基层党员在民主监督中的作用,是实现党内基层民主的重要途径。

一是加大源头监督。把党内基层民主监督的关口前移至民主选举、民主决策、民主管理环节,从源头抓起,全程跟踪监督。避免"无力监督"和"事后监

督"现象发生。

二是强化日常监督。通过建立党内事务旁听制度、党代表大会制度,扩大党员和代表列席、旁听上级会议的范围,完善党员向党组织和党员领导干部询问、质询制度等措施,强化对监督主体的日常监督。

三是落实自我监督。定期召开党内民主生活会,提高生活会的质量,认真开展批评与自我批评,严防生活会上"表扬与自我表扬",把自我监督落到实处。

四是全面实行基层党组织书记双向述职制度。每年年终组织党员群众听取基层党组织负责人述职述廉,并进行民主测评和评议。测评情况作为领导干部和领导班子考核的重要依据。

五是整合社会监督力量。聘请社会监督员,逐步采用社会公示、社会听证、社会评价等形式,不断规范网络举报、媒体曝光、电话举报以及信函举报的程序和处理办法,形成社会监督合力。

党内基层民主建设是党内民主建设的基础性工程,也是一项长期的系统工程。伴随整个国家民主政治的进步,党内基层民主必将不断走向成熟,不断提升水平,近而整体上推动党内民主的发展,进一步带动人民民主的进步。

参考文献

一、中文类

（一）专著类

1. 中央文献研究室：《毛泽东选集》，人民出版社1991年版。
2. 邓小平：《邓小平文选》（第一卷），人民出版社2004年版。
3. 邓小平：《邓小平文选》（第二卷），人民出版社2002年版。
4. 《列宁全集：第24卷》，人民出版社1972年版。
5. 《马克思恩格斯选集》（1—4卷），人民出版社1995年版。
6. 《彭真文选》，人民文学出版社1991年版。
7. 卡尔·科恩：《论民主》，商务印书馆2005年版。
8. 亚里士多德：《政治学》，商务印书馆1982年版。
9. 阿克顿：《自由的历史》，王天成、林猛、罗会钧译，贵州人民出版社2001年版。
10. ［英］密尔：《代议制政府》，汪瑄译，商务印书馆1982年版。
11. 费正清编：《剑桥中华人民共和国史（1966—1982）》，中国社会科学出版社1992年版。
12. 国防大学党史党建政工教研室：《中共党史教学参考资料》，国防大学出版社2010年版。
13. 马德森：《毛泽东时代的中国群众动员》（4卷），中国工人出版社1997年版。
14. 《建国以来重要文献选编》，中央文献出版社1997年版。
15. 韩延龙、常兆儒：《中国新民主主义革命时期根据地法制文献选编》（第1卷），中国社会科学出版社1981年版。
16. 胡锦涛：《高举中国特色社会主义伟大旗帜，为夺取全面建设小康社会新胜利而奋斗——在中国共产党第十七次全国代表大会上的报告》，人民出版社 2007 年版。

17. 邓泉：《中国城市社区居民自治》，辽宁人民出版社 2004 年版。

18. 马小泉：《国家与社会：清末地方自治与宪政改革》，河南大学出版社 2001 年版。

19. 费正清、费维恺主编：《剑桥中国晚清史（下）》，中国社会科学出版社 1994 年版。

20. 《孙中山全集》（第一卷），中华书局，1981 年版，（第六卷），1985 年版。

21. 米迪刚、尹仲材：《翟城村》，中华报社，1925 年版。

22. 刑振基：《山西村政纲要各论》，山西村政处，1929 年版。

23. 米有录、王爱平主编：《静悄悄的革命——中国村民自治历程》，中国社会科学出版社 1999 年版。

24. 李德芳：《民国乡村自治问题研究》，人民出版社 2001 年版。

25. 中央档案馆编，《中共中央文件选集（第 1 册）》，中共中央党校出版社 1989 年版。

26. 中共中央文献研究室编，《三中全会以来重要文献选编（下）》，人民出版社 1982 年版。

27. 中共中央文献研究室编，《十六大以来重要文献选编（上）》，中央文献出版社 2005 年版。

28. 徐勇、陈伟东：《中国城市社区自治》，武汉出版社 2002 年版。

29. 秦兴洪：《共和国农村的发展道路》，广东高等教育出版社 2002 年版。

30. 何包钢、郎友兴：《寻找民主与权威的平衡》，华中师范大学出版社 2002 年。

31. 田强、刘学著主编：《地方政府治理创新研究》，湖北人民出版社 2007 年版。

32. 王邦佐：《中国政党制度的社会生态分析》，上海人民出版社 2000 年版。

33. 刘丹：《乡村民主之路》，湖南人民出版社 2001 年版。

34. 江泽民：《在中国共产党第十五次全国代表大会上的报告》，人民出版社 1997 年版。

35. 江泽民：《论有中国特色社会主义（专题摘编）》，中央文献出版社 2002 年版。

36. 刘明君、王炳华:《当代中国政治文明走向》,湖北人民出版社 2004 年版。

37. 陈家刚:《协商民主与当代中国政治》,中国人民大学出版社 2009 年版。

38. 陈剩勇、何包钢:《协商民主的发展》,中国社会科学出版社 2006 年版。

39. 何包钢:《协商民主:理论、方法和实践》,中国社会科学出版社 2008 年版。

40. 俞可平:《治理与善治》,社会科学文献出版社 2000 年版。

41. 阿克顿:《自由与权利》,商务印书馆 2001 年版。

42. 刘明君:《当代中国政治文明走向》,湖北人民出版社 2004 年版。

43. 王浦:《政治学基础》,北京大学出版社 1995 年版。

44. 世界银行:《1997 年世界发展报告:变革世界中的政府》,中国财政经济出版社 1997 年版。

45. 胡鞍钢、鄢一龙:《中国:走向 2015》,浙江人民出版社 2010 年版。

46. 吴锦良:《政府改革与第三部门发展》,中国社会科学出版社 2001 年版。

47. 唐纳德·怀特,大卫·B.贝登纳:《组织行为学》,中国财政经济出版社。

48. [英]赫尔德:《民主的模式》,燕继荣译,中央编译出版社 1998 年版。

49. 王在水:《程序与民主》,中国社会出版社 2004 年版。

50. 王振耀:《乡镇政权与村委会建设》,中国社会出版社 1994 年版。

51. 赵秀玲:《村民自治通论》,中国社会科学出版社 2004 年版。

52. 于建嵘:《岳村政治:转型期中国乡村政治秩序的变迁》,商务印书馆 2001 年版。

53. 张厚安:《中国农村基层政权》,四川人民出版社 1992 年版。

54. 潘嘉玮:《村民自治与行政权的冲突》,中国人民大学出版社 2004 年版。

55. 杨国枢:《中国人的心理》,桂冠图书股份有限公司,1988 年版。

56. 张乐生:《破解村民自治的十大难题》,中国社会出版社 2002 年版。

57. 潘嘉玮:《村民自治与行政权的冲突》,中国人民大学出版社 2004 年版。

58. 杨德聚：《民主建设论》，山东人民出版社 1989 年版。

59. 刘友田：《村民自治——中国基层民主建设的实践与探索》，人民出版社 2009 年版。

60. 王继平：《什么是封建主义 怎样肃清封建主义》，湖南教育出版社 2000 年版。

61. 张湘涛：《中国农村基层民主政治的探索与实践》，湖南人民出版社 2003 年版。

62. 张耀光：《建设社会主义新农村与加强党的基层组织建设》，社会科学文献出版社 2006 年版。

63. 徐勇：《村干部的双重角色：代理人和当家人》，华中理工大学出版社 1999 年版。

64. 荣敬本等：《从压力型体制向民主合作体制的转变——县乡两级政治体制改革》，中央编译出版社。

65. 唐铁汉：《中国公共管理的重大理论与实践创新》，北京大学出版社 2007 年版。

66. 刘厚金：《我国政府转型中的公共服务》，中央编译出版社 2008 年版。

67. 郑功成：《中国农村社会保障制度变迁与评估》，中国人民大学出版社 2001 年版。

68. [法]孟德斯鸠：《论法的精神（上册）》，张雁深译，商务印书馆 1987 年版。

69. 刘亚伟编：《无声的革命——村民直选的历史、现实和未来》，西部大学出版社 2002 年版。

（二）论文类

1. 徐勇、刘义强："我国基层民主政治建设的历史进程与基本特点探讨"，《政治学研究》，2006 年第 4 期。

2. 张鸣："中共抗日根据地基层政权的选举与文化复归"，《浙江社会科学》，2001 年第 4 期。

3. 汤耀国："力推基层民主制度化"，《瞭望》，2006 年第 50 期。

4. 林为魏："农村民主制度的创新"，《瞭望》，2007 年 5 期。

5. 孟祥科："中国农村基层民主制度实现路径分析"，《中国特色社会主义研究》，2006 年第 5 期。

6. 林尚立:"公民协商与中国基层民主发展",《学术月刊》,2007年第9期。

7. 许耀桐:"推进党内基层民主的十件事项",《前线》,2008年第10期。

8. 周天勇:"改革'持非税自重'",《南风窗》,2008年第7期。

9. 刘尚希:"财政改革的分量",《中国改革》,2008年第3期。

10. 林尚立:"基层群众自治,中国民主政治建设的实践",《政治学研究》,1999年第4期。

11. 唐兴霖、马骏:"中国农村政治民主发展的前景及困难、制度角度的分析",《政治学研究》,1999年第1期。

12. 龙香玖:"村民自治中的贿选现象及其遏制的理性思考",湖南师范大学硕士论文,2003年。

13. 王振亚:"关于村民自治理性化的若干思考",《中国政治》,2002年第10期。

14. 冯涛:"新农村建设与村民自治制度的完善",《科学社会主义》,2007年第4期。

15. 党国英:"论乡村民主政治的发展——兼论中国乡村的民主政治改革",《战略与管理》,1999年第1期。

16. 沈延生:"村政的兴衰与重建",《战略与管理》,1998年第6期。

17. 毛丹:"乡村组织化和乡村民主——浙江萧山市尖山下村观察",《中国社会科学季刊》(香港),1998年春季卷。

18. 徐勇:"草根民主的崛起:价值与限度",《中国社会科学季刊》(香港),2000年夏季号。

19. 邹正金:"关于村级民主制度建设的实践与思考",《改革》,2003年第9期。

20. 薛和:"江村自治——社会变迁中的农村基层民主",江苏人民出版社2004年9月。

21. 陈家刚:"协商民主与政治协商",《学习与探索》,2007年第5期。

22. 乔治·瓦德拉斯:"协商民主",《马克思主义与现实》,2004年第3期。

23. 冯霞:"当代中国民主政治发展的价值取向",《人民论坛》,2009年第17期。

24. 徐勇:"现代国家构建与村民自治的成长",《学习与探索》,2006年第6期。

25. 林尚立:"行动者与制度效度:以文本结构为中介的分析——以全国人大预算核查为研究对象",《经济社会体制比较》,2006年第5期。

26. 虞崇胜:"上下联动:破解中国基层民主困局的应然路径",《学习与实践》,2010年第2期。

27. 叶汝贤:"公民社会、公民精神和集体行动",《马克思主义与现实》,2006年第3期。

28. 戴均:"协商民主:村民自治可持续发展的政治诉求",《人文杂志》,2009年第2期。

29. 方维规:议会、民主与共和概念在中国与西方的嬗变,《二十一世纪》(双月刊),2000年第58期。

30. 吴光芸:"社会资本链接公民社会与协商民主的桥梁",《理论探讨》,2009年第3期。

31. 刘明君、李丹:"党内基层民主的创新路径与动力机制探讨",《中共福建省委党校学报》,2010年第5期。

32. 王长江:"关于民主的几点再认识",《理论动态》,2007年3月30日,第1738期。

33. 朱彦姝:"民主的内动力与党内基层民主的可持续发展",载于《新长征》,2008年第4期。

34. 韩水法:"民主的概念",《天津社会科学》,2007年第5期。

35. 刘友田:"关于村民自治的调查研究",《青岛农业大学学报》(社会科学版),2008年第3期。

36. 聂德明:"乡村民主建设的文化探源和出路",《南方论坛》,2004年第1期。

37. 仝志辉:"村民选举权力救济与村民自治的社会基础建设",《江苏社会科学》,2004年第1期。

38. 吴开松:"论有效政府",《江汉论坛》,2002年第1期。

39. 徐勇:"论中国农村'乡政村治'治理格局的稳定与完善",《社会科学研究》,1997年第5期。

40. 党国英:"中国乡村自治:现状、问题与趋势",《江苏社会科学》,2004年第4期。

41. 陈蔚:"必须重视提高村民自治的质量——对苏北村民自治存在的问题的剖析",《调研世界》,2001年第4期。

二、英文类

1. Stephen Salkever, "The Deliberative Model of Democracy and Aristotle Ethics of National Questions", in Aristotle and Modern Politics: The Persistence of Politic Philosophy, ed.by Aristide Tessitore, North Dame: University of Notre Dame Press, 2002.

2. David Miller, "Is Deliberative Democracy Unfair Todisadvantaged Groups? in Democracy as Public Deliberation: New Perspectives", ed. by Maurizio Passerin D'entreves, Manchester University Press, 2002, p.201.

3. Carolyn Hendriks, "The Ambiguous Role of Civil Society in Deliberative Democracy", Refereed Paper Presented to The Jubilee Conference of the Australian Political Studies Association, Australian National University, Canberra, October2002.

4. Jorge M.valadez, Deliberative Democracy, Political Legitimacy, and Self-Democracy in Multicultural Societies, USA Westview Press, 2001, p.30.

5. Joshua Cohen, "Deliberation and Democratic Legitimacy", in James Bohman and William Rehg ed., Deliberative Democracy: Essays on Reason and Politics, The MIT Press, 1997, p.67.

6. Maeve Cooke, "Five Arguments for Deliberative Democracy", in Political Studies, 2000, Vol.48, pp.947-969.

7. James Bohman, Public Deliberation: Pluralism, Complexity and Democracy, the MIT Press, Cambridge, Massachusetts, London, England, 1996, p.72.

8. Michael Walzer, Spheres of Justice, New York: Basic Books, 1983.

9. James Bohman, William Rehg, Deliberative Democracy, The MIT Press, Cambridge, Massachusetts, London, England, 1997, p.409.

10. Amy Gutman and Dennis Thomapson, Why Deliberative Democracy? Princeton University Press, 2004, p.7.

11. Maurizio Passerin D'entreves ed., Democracy as Public Deliberation: New Perspective, Manchester University Press, 2002, pp.

90-92.

12. Jorge M. Valadez, Deliberative Democracy, Political Legitimacy, and Self-Determination in Multicultural Societies, USA Westview Press, 2001, p.31.

13. See R.Kent Weaver, "The Politics of Blame Avoidance", Journal of Public Policy, 1986, 6, pp.371-398.

14. L. Salamon, The Tools of Government, a Guide to New Governance, Oxford University Press, 2002, p.38.

15. Carolyn M · Hendriks, "Intergrated Deliberation: Reconciling Civil Society's Dual Role in Deliberative Democracy", Political Studies, 2006. vol. 54, pp.486-508.

后　　记

本书系三峡大学武陵山片区乡村政治治理协同创新中心之研究成果。

中国的民主政治理念和民主制度均从国外输入,嫁接于中国社会,但经过60年的发展,中国的基层民主制度体系已基本确立,组织载体日益健全,内容不断丰富,形式更加多样,城乡基层群众自治正在社会主义民主政治建设中发挥着越来越大的作用。而作为一种新的基层群众自治实践,"议事恳谈会"的出现,正是我国基层民主样式的创新与拓展,是基层民主参与的重要平台,推动了我国基层民主政治的发展。

当下,我国社会主义政治文明建设进入到了一个积极运作和全面发展的新时期,中国基层民主和政治治理已经走过30多年发展历程。中国基层民主政治的伟大实践在中国人民政治智慧的推动下不断创新与发展,取得了巨大的成就,展现出令人向往的政治图景。然而,在政治发展的历史纵深面前,背负着几千年封建政治文化的中国人民在政治文明与民主化建构道路上如何前行? 在社会转型引发的多元政治利益冲突的情形之下,作为我国民主发展之重要断面的乡村基层民主又如何推进? 这都需要学界给予理性的思考,也是本书命意的原点和基础。

在本书即将付梓之际,我们深感我国乡村基层民主与政治治理是新世纪中国社会发展中的一个重大理论和现实问题,运用马克思主义的世界观和方法论对这一问题进行探索是学界也是作者责无旁贷的使命。我们深知,我国乡村基层民主与政治治理是一个内容极广、涵盖面极宽的研究整体,对其进行全面系统的把握并非本研究能之所及。所以,尽管窃以为我们的研究是有意义的,但对一些问题的探索只是初步的。我们期待着今后对这一问题的进一步研究。

全书的命意、构思、基本架构和写作大纲由刘明君和胡孝红提出并最终定稿。

在写作过程中，本书借鉴了学界的一些相关研究成果，在此一并表示感谢！本书在写作和出版的过程中，自始至终得到了黎见春教授、骆东平教授、郑来春博士、刘天旭博士、闫少华博士等专家学者的关心与指导。厦门大学出版社的邓臻先生为本书的出版付出了辛勤的劳动。研究生徐汉军、武晓雅、李丹、胡琼、张萍等也做了许多方面的工作。在此一并表示感谢！

由于个人学识和水平的限制，书中的研究与表述会有许多不当和不足之处，至于挂一漏万的情形更会在所难免，在此恳请各位方家不吝赐教。

作者

2016 年 1 月